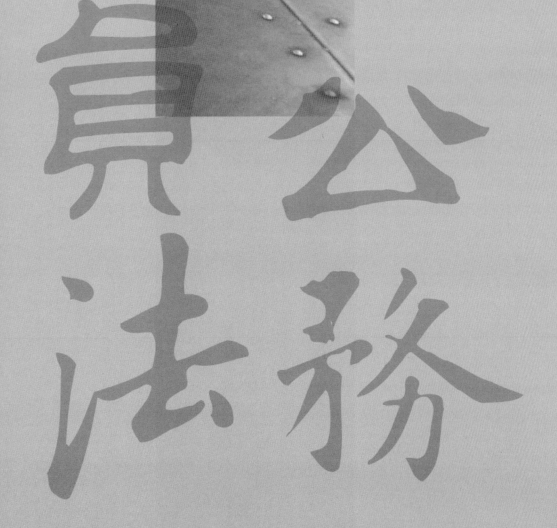

公務員法專論

劉昊洲 著

學術事書 升兄

修正增訂版序

　　「法與時轉則治」，近來時勢與環境快速變遷，公務員法規不斷地因應修正，本書自應調整配合。此次除增列公務員懲戒法、公職人員財產申報法與公職人員利益衝突迴避法等三法之探討外，其餘各章也參考各法修正情形，依最近修正的法律條文，重加審酌修正。特別是公務人員退休法與公務人員撫卹法在民國100年1月修正施行，幾乎重新翻修；公務人員考試法與公教人員保險法亦分別於103年1月經立法院三讀全文修正通過，也大幅修正，本書自應配合改寫。此外，亦增刪修正相關圖表，期使公務同仁、法律、公行系所師生及有心瞭解公部門的讀者，皆能得到最新，也最正確的公務員相關法律知識。

　　本書能夠順利增訂出版，要感謝的師長、長官、長輩、同學、同事、好友，真的很多，沒有他們的鼓勵、支持與協助，絕對不會有今天的我。特別感謝考試院關院長一中、伍副院長錦霖、張考試委員明珠、保訓會蔡主任委員璧煌、立法院司法法制委員會呂召集委員學樟、總統府陳前資政庚金的提攜與愛護之情，筆者方能留在公部門服務，除藉此表達由衷的感謝外，也要將本書獻給他們。

　　因為公務倥傯，能利用的時間本就不多，兼以個人資質駑鈍，學識能力有限，時間管理不佳，本書修正增訂工作已延宕許久。對於五南圖書出版公司甚感抱歉！對於期待本書早日修正面世的讀者更感愧疚！期盼新書的誕生能稍微減緩個人的虧欠，也能稍微有益於相關部門的政策思維；當

然書中所論如有任何謬誤不妥之處，筆者除應百分之百承擔責任外，也要請讀者先進前輩不吝海涵賜正。

公務員是人民的公僕、國家的治理者，更是整體社會前進的引擎。只有優秀且稱職的公務員善盡心力、勇於任事，國家才有希望，社會才有未來；所以我們不但不能排斥或仇視公務員，反而應以正面的積極態度鼓勵公務員，也期盼全體公務員切莫在意外面的颱風下雨，一定要謹守本分，勤於職責，做好「政府代理人」的角色。大家共勉之──

劉昊洲

103年2月12日寫於保訓會

自序

　　人是萬物之靈、宇宙的主導者，人力是所有組織中最珍貴、最有價值的資源。台灣地狹人稠，天然資源極度匱乏，這數十年來之所以能屹立世界、昂首向前，唯一依賴的就是人。因為人──包括政府部門公務員及社會各行各業人員，台灣創造了令人稱羨的經濟奇蹟，締造了不凡的民主成就；也因為人，台灣陷入了新一波經濟停滯、政治互鬥、信任不足的困境之中。人，實在太重要了，所以上自各國政府，下至各機關學校，幾乎沒有不特別重視的。

　　公務員是政府機器的組成份子，是國家統治的礎石與推動力，雖然站在幕後，但其職掌事項之推動，卻攸關國家社會的長遠發展。所以各國政府對其公務員之進用，無不採擇優出任之方式，也對其權利與義務特別予以考量。因此規範公務員進用、服務、管理、保險、退離等權利義務事項的法律規定，不獨是人事人員的職掌範圍、全體公務員關切的焦點，更是所有國人經常議論的公共課題。

　　懍於公務員法制的重要性，加上二十多年來對於人事業務的接觸與關切，筆者遂有系統性的、完整性的探索公務員法之構想出現並付諸實施。惟因法規異動頻繁，以及工作忙碌之故，本書撰寫工作始終陷於走走停停的地步，雖有進度，卻一直未能完成。此一情形在民國98年8月自立法院退下來，已找不到可以推託的藉口後，終於拿出來「獻醜」了。而能夠回

到考試院所屬的保訓會服務，略盡一己棉薄之力，也能再次檢視自己所學所思、所見所識，則是始料未及啊！不過因為筆者才疏學淺、能力不佳，內文不妥之處必多，尚祈諸先進學長不吝海涵並賜予指正！

本書能夠順利出版問世，應該感謝的人實在很多。早年茹苦含辛拉拔我們五個兄弟姊妹長大，迄今仍在鄉下從事農作的父母親，最應致上敬意與謝意。沒有父母的生養撫育，豈有今日的我？求學期間諸多師長的殷殷教誨、同學之間的互相切磋；服公職期間許多長官的提攜與指導、同事之間的相互協助、關懷與鼓勵，都是督促筆者不停往前邁進的主要動力來源，均應致上最大的謝意！特別要感謝恩師陳前局長庚金、李前校長建興、穆前立法委員閩珠的教誨，教育部老長官趙前政務次長金祁、林前副主任委員政弘、汪前處長國瑗，考試院老長官伍副院長錦霖、方前主任秘書炳麟，立法院王院長金平、劉前院長松藩、饒前副院長穎奇、吳前召集委員志揚、呂召集委員學樟、吳召集委員清池、潘召集委員維剛的指導，謝前主任秘書金坡、李主任秘書秋美、陳專門委員清雲、柳珮玲小姐及全體同仁的協助，對口機關首長、業務主管、國會聯絡人的照應，讓筆者在專業上能有些許長進，更是銘感於心，難以忘懷。考試院關院長一中、伍副院長錦霖、保訓會張主任委員明珠、李副主任委員嵩賢、葉副主任委員維銓及全體委員、同仁在工作上的鞭策、指導與協助，促使筆者繼續奮發向上，努力前進，亦要表達真誠的感謝。當然「內舉不避親」，內人的體貼照顧、弟妹們的關懷勉勵、三個女兒的乖巧貼心，亦屬「有功人員」，也應表達謝忱。五南圖書公司楊榮川董事長不計成本，慨允協助出版，藉此也要表達誠摯的謝意！

書是知識的源泉、人生的指南，一本書可以改變一個人的命運。這世間除了書本之外，還有什麼可以使人認識世界、掌握未來的呢？筆者雖曾側身行政實務工作、忝任大學教職，終究難登大雅之堂，卻也東施效顰，試圖撰寫此書，將一己淺見表達出來，自不量力，當不敢勞煩諸先進賢達的正思與清神，亦不敢奢求有助於我國公務員法的研究，只要對年輕後進

學子稍有啓迪之功，於願足矣！而文中謬誤與不成熟之處必多，如蒙諸位
方家不吝珠玉誨正，更是榮寵之至，永難忘懷！

　　　　　　　　　中年學究　劉昊洲　謹識於台中清水

　　　　　　　　　民國99年4月3日

目錄

表目次

圖目次

第一章　緒論

第一節　公務員的意義與性質

一、公務員的意義

「公務員」是個大家耳熟能詳、隨時可聞，卻也是難以精準定義、不易掌握的名詞，大致上是指由國家直接或間接進用，從事與公眾利益相關工作的特殊人群。我國在封建王朝，原無公務員之概念與說法，民國成立後，孫中山先生以「公僕」觀念勉勵政府官員應發揮「為民服務」的精神，逐漸的始有「公務員」此一名詞的出現。民國18年國民政府制定公布「公務員任用條例」，乃為我國政府部門法律文件正式使用「公務員」稱呼的開始。其後在20年公布「公務員懲戒法」，23年公布「公務員卹金條例」，24年公布「公務員考績法」，28年公布「公務員服務法」，均以公務員名之。雖然目前在法律條文中提及「公務員」者仍然所在多有，但冠以「公務員」名稱的法律，卻僅有公務員服務法與公務員懲戒法二法而已。

與公務員相近的名詞甚多，常見的有文官、官員、官吏、事務官、常任文官、公務人員、文職人員、公職人員、公教人員、文職公務員、常任公務員等。其中公務人員與公務員只有一字之差，不僅是使用量更大更多的法律名詞，也具有更明確的指涉範圍；更是經常與公務員混淆不分、難以區別。但大致言之，公務員的範圍較廣，公務人員的範圍較狹；以公務員為名的法律皆制定於行憲之前，以公務人員為名的法律均制定或修正於行憲之後。

　　不過由於我國係採「個別立法主義」——一事項即以一法律規定，而每一法律均對其規範對象分別定義之故，其實同一名詞在不同法律中的意義也不完全一致。即以公務員為例，國家賠償法第2條規定是指依法令從事於公務之人員；刑法第10條第2項規定，係指：（一）依法令服務於國家、地方自治團體所屬機關而具有法定職務權限，以及其他依法令從事於公共事務而具有法定職務權限者；（二）受國家、地方自治團體所屬機關依法委託，從事與委託機關權限有關之公共事務者；公務員服務法第24條規定，則以「受有俸給之文武職公務員及其他公營事業機關服務人員」為適用範圍。其定義既不一致，指涉意涵也各有不同。

　　至於公務人員，其指涉範圍較狹窄，也較為固定與精確，一般係以公務人員任用法施行細則第2條規定為準據。依該條文規定，所稱公務人員，係指：（一）中央政府及其所屬各機關；（二）地方政府及其所屬各機關；（三）各級民意機關；（四）各級公立學校；（五）公營事業機構；（六）交通事業機構；（七）其他依法組織機關之組織法規中，除政務人員及民選人員外，定有職稱及官等、職等之人員。

　　除卻各種不同法律規定之意義，在學理上對於公務員之定義亦見仁見智、莫衷一是，對公務員與公務人員的區分更是混淆與分歧。學者的用法與定義殊異，不過大致上行政法學者喜用公務員一詞，而人事行政學者常用公務人員一詞；其中以林紀東教授對公務員之定義：由國家特別選任，對國家服務，且負有忠實之義務者。（林紀東，1977：237）最被肯定。

　　要之，公務員是具有法定任用資格，為國家或地方自治組織所任用，而依法執行職務的人員。（劉昊洲，2008：36）雖以狹義的公務人員為核心主體，但也會因不同的法律規定而擴及周遭性質相近的人員。本書之探討雖以公務人員法制為主，但因有公務員服務法、公務員懲戒法、公職人員財產申報法、公職人員利益衝突迴避法及公教人員保險法等五法非公務人員所能含括，故採公務員之用詞；至於其指涉意義，在個別立法主義之

下，悉依各法律之規定，並未強求一致。

二、公務員的性質

人民是國家構成的三要素之一，具有公民權的人民，即一般俗稱的公民，不但可以行使選舉、罷免、創制、複決等四種權利，更有應考試、服公職的權利。公務員也是人民，一樣要受到國家一般統治關係的約束與保護。

不過，公務員既是國家或地方自治組織直接或間接依法進用，其僱主一定是公家——政府機關，所依之法必定是公法——行政法體系之人事法，所從事之工作必屬公務——與公權力、公資源或公利益有關。據此以言，公務員與一般勞工的僱主自有不同，在職務行使與身分保障方面，公務員受到的約束與保障更多，與國家的法律關係也不同於一般勞工。

正因為公務員與國家的法律關係與一般勞工有別，十九世紀德國學者拉班德（Paul Laband）與梅耶（Otto Mayer）等人遂提出「特別權力關係」理論加以說明。此一理論又稱特別服從關係理論，係指行政法主體的一方對於他得為無定量的命令強制，他方則有特別服從的義務。其特徵主要有五：（一）當事人地位不對等；（二）相對人義務不確定；（三）有特別規則；（四）對於違反義務之相對人有特別的懲戒權；（涂懷瑩，1980：143）（五）不得提起行政爭訟。（林紀東，1977：119）

其後，由於民主化與法治國的嚴格要求，認為公務員的權利若受到公權力侵害時，亦應允許向法院請求救濟。傳統的特別權力關係遂被修正調整為公法上職務關係，或稱特別權利義務關係，或特別法律關係。此一關係理論的特徵有三：（一）特別權力關係範圍變小；（二）涉及基本權利限制者，亦應有法律依據；（三）許可提起行政訴訟。（吳庚，1995：193）

綜上述之，公務員乃以一般公民為基礎，經由國家特別選任與進用，

直接或間接代表國家執行公權力或與公利益相關的事務；其僱主乃是國家，與國家的法律關係定位在公法上職務關係。既與一般勞工與其僱主之間的私法僱傭關係有別，亦與一般勞工與國家之間僅有一般統治關係不同。

第二節　公務員的範圍與法制概念

一、公務員的範圍

前言之，在學術上公務員的意義見仁見智，在法律上公務員的意義亦廣狹有別。從最廣義的國家賠償法與刑法規定，迄最狹義的公務人員任用法施行細則規定，（如圖1-1）其差別實不可以道里計。若依國家賠償法與刑法規定觀之，公務員之範圍不僅涵蓋所有國家直接或間接進用的人員，也包括國家依法委託（付託）的人員；亦非僅指一般文職公務人員而已，也將軍人、公立學校教師、公營事業人員包括在內。（如圖1-2）

不過若依一般觀念來看，所謂公務員通常僅指由國家直接或間接進用，支領一定薪水，直接或間接代表國家執行公權力或與公利益相關事務的人員；這顯然已將僅執行國家委託任務，而不支領薪水者排除在外。易言之，一般所指的公務員係指軍公教人員，包括文職人員、軍人、公立學校教師、公營事業人員，目前全國總數約在一百萬人之譜。如僅以公務人員人數論之，截至民國101年底，約近三十四萬人。（銓敘部，2010：1）

以政府機關文職人員論之，依其進用方式與職務性質加以區分，大致又可分為民選首長、政務人員、狹義公務人員、約聘僱人員、其他臨時人員、技工工友、民意代表等。其中民選首長與民意代表係經由選舉產生，人數均少，兩者卻是民主制度下的代表人物；但後者職責不在執行公務，而是審議法案與監督政府施政，通常說是公職人員，而非公務員。政務人

員指政治任命人員，乃委任產生，即由民選首長逕自任命，或提名經民意機關同意後任命之；通常又分為政務官與準政務官二者。政務官是為政策負責，隨選舉成敗或政黨更迭而隨時進退的高級公務員；準政務官是有任期保障，且依法獨立行使職權，但共同作成決策的高級公務員。約聘僱人員與技工工友等均非組織編制內正式人員，一般均以臨時人員視之；不過約聘僱人員、職務代理人所從事之工作屬職員層次，技工工友之工作屬勞力層次。其中約聘人員即聘用人員，指各機關以契約定期聘用之專業或技術人員，與國家之間具有公法上契約關係，其他則與服務機關間發生私法僱傭關係。

狹義公務人員乃以經依法考試及格而正式任用之公務人員為主，旁及派用人員、聘任人員與機要人員。聘任人員僅學術研究機關、科學機關、社會教育及文化機關有之，其進用、服務與退撫事項大致參照教育人員規定辦理。派用人員僅以臨時機關或有期限之臨時專任職務為限。機要人員係指各機關辦理機要職務之人員，機關長官得隨時將其免職。這三種人員雖非考試及格依法任用，但均佔有法定編制員額，且如符合法定資格條件，亦可依法辦理退休，一般均以正式公務員看待。

狹義公務人員依其適用法律及銓審單位為標準，又可分為一般公務人員與特種公務人員兩類。一般公務人員指行政職人員，乃直接適用公務人員任用法規定，由銓敘部銓審司銓敘審定之公務人員。特種公務人員指適用特種人事法律規定，而由銓敘部特審司銓敘審定之公務人員，包括司法、外交、主計、審計、警察、關務、政風、公營事業、醫事等9種人員。本書依個別法律規定，主要以一般公務人員為探討對象。

由上所述，可知公務員的範圍大小與公務員的定義廣狹密切相關，在個別立法主義之下，其定義廣時範圍就大，否則就小。照一般說法，主要有兩種認定範圍，一以軍公教人員為範圍，一以政府機關文職人員為範圍。兩種範圍明顯不同，但均以狹義公務人員為核心，二者卻無差別。

二、公務員法制的概念

所謂法制，有兩種不同的概念，一指法律制度，即一套以法律為骨幹而建構起來，為眾人所遵行，且具有強制拘束力量的人為規範；一指制法作業流程，通常僅指法規在行政部門草擬的作業過程，但也有人將立法部門的審議過程亦包括在內。前者較為靜態，但範圍十分廣泛，幾乎等同國家公權力的範圍；後者較為具體與動態，僅指流程程序，範圍相對狹小。（劉昊洲，2007：107）本書所指法制，乃法律制度之意。

公務員法制即指一套規範公務員權利義務相關事項的法律制度。由於公務員與國家具有特殊的權利義務關係，在法治國的要求下，其應享權利與應盡義務自應以法律明確規定；再者，我國專設考試院，在行政院下另設人事行政總處專責規範管理所屬公務員，層次甚高，在追求績效的政策中，也會盡力就相關事項依法律保留原則以法律明文規定。職是，我國公務員法規範的密度頗高，從考試任用迄至退休撫卹，幾無缺漏。這些法律屬於考試院主管者主要有考試法、任用法、陞遷法、俸給法、考績法、服務法、訓練進修法、保障法、行政中立法、保險法、退休法、撫卹法、協會法等十三個法律。（其相關性如圖1-3與表1-1）本書除緒論與結論外，主要以這十三個法律為探討對象，另亦包括與公務員權益相關，但分由行政院或司法院主管的財產申報法、利益衝突迴避法、懲戒法等三個法律。

由上述法律規定觀之，可知我國公務員係以同時取得身分與職務開始，往後在漫長的公務員生涯中，職務雖會有異動，甚或暫停的可能，但身分卻始終不變。就不同面向觀之，職務也可說是職掌、職權或職責。正因為公務員的身分與職務，被課以一定的義務，也被賦予一定的權利；如果公務員違反義務，將發生被處罰的結果，若不服處罰或自認權利被侵犯時，則可依法請求救濟。（如圖1-4）

不過，由於公務人員基準法草案仍未完成立法，在個別立法主義之

下，我國目前並無統攝公務員的基準法律，每一事項均以一法律加以規定，且每一法律均針對個別需要界定主要名詞之定義及該法之適用範圍。因此同一名詞在不同法律之間的意義可能不盡相同，公務員的定義自不例外。為忠於法律規定意旨，亦為方便探討考量，本書各章章名均依法律名稱定之，不予統一，尚請讀者督諒。

　　總之，公務員法制屬行政法體系之一環，從考試法之探討開始，至退休撫卹法而後止，旁及協會法規定。這些法律規定與公務員權益密切相關，深具重要意義，絕對值得吾人深入探討。

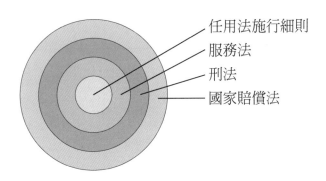

圖 1-1：公務員的範圍

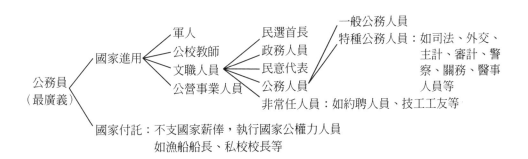

圖 1-2：公務員的分類

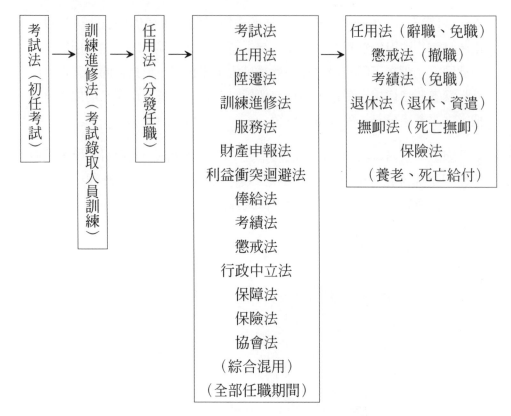

圖 1-3：公務人員適用公務員相關法律順序

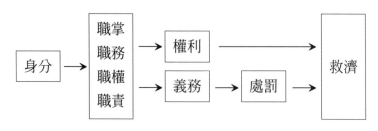

圖 1-4：公務人員身分與權利義務關係

表 1-1：公務員法律關係表

法律簡稱	主管部會	法律性質			最近制定或修正公布時間	適用對象
考試法	考選部	進用	輸入		103.1	任用人員
任用法	銓敘部	進用	輸入		102.1	任用人員
陞遷法	銓敘部	激勵	轉換		98.4	任用、派用人員
俸給法	銓敘部	激勵	轉換		97.1	任用人員
考績法	銓敘部	維持	轉換		96.3	任用人員
服務法	銓敘部	維持	轉換		89.7	文武職公務員、公營事業機關服務人員
財產申報法	法務部	維持	轉換		103.1	民選公職人員、政務人員、軍公教特定職務人員
利益衝突迴避法	法務部	維持	轉換		89.7	同財產申報法適用人員
懲戒法	公懲會	維持	轉換		74.5	同服務法適用人員
行政中立法	銓敘部	維持	轉換		98.6	任用、派用人員
訓練進修法	保訓會	發展	轉換		102.12	任用、派用、聘任、僱用、考試錄取人員
保障法	保訓會	維持	轉換		92.5	任用人員
保險法	銓敘部	維持	轉換	輸出	103.1	任用、派用、聘任人員、政務人員、公私立學校有給專任教職員等
退休法	銓敘部	維持	輸出		99.8	任用、派用、聘任人員
撫卹法	銓敘部	維持	輸出		99.7	任用、派用、聘任人員
協會法	銓敘部	發展	環境		95.5	任用、派用、聘任人員
備註						※ 以上均不含準用人員

第二章 公務人員考試法之探討

　　公務人員考試法是一部在民國75年元月制定公布，因實施兩制合一之新人事制度，而配合公務人員任用法、公務人員俸給法、公務人員考績法之修正，幾乎同時施行的重要法律，凡公務人員或有意從事此一行列的大專及社會青年未有不識不知者。近年來因有立法委員極力推動法官、檢察官、律師的三合一考試，以及婦運團體以性別主流化、兩性平等為由，要求所有考試錄取標準不能有性別設限等情，更受到社會大眾廣泛的矚目。正因為這部法律攸關全國人民應國家考試的憲定權利，也深切影響國家公務人員的素質，吾人自應予以高度的肯定與重視。

　　考試，係配合用人機關需要，運用抽樣原理，選擇適當方式，從應考人中遴選優秀人才之程序。（陳炳生，1988：37）顧名思義，公務人員考試法乃規範我國國民如何應公務人員考試，包括應考資格、考試等別、考試原則與錄取人員之處理等重要依據的法律。在個別立法主義的思維之下，我國所有法律幾乎都採一事項一法律規範的原則，特別是行政法；所以法律條文通常不會太長，本法自不例外。其規範對象乃參加公務人員考試者及主辦考試機關；規範事項則以考試為主，旁及相關事項，如訓練等。在民國75年1月，整併原有的考試法、分類職位公務人員考試法規定而制定公布後，復曾於民國84年1月、85年1月、90年12月、96年1月、97年1月、99年1月、102年1月、103年1月共八度修正，修正頻率與修正幅度大致均屬正常。

　　為進一步瞭解公務人員考試的面貌與精髓，分從法制面與實務面兩個角度論之，爰先行引述規範重點，再歸納其特色及探討相關問題如後。

第一節　公務人員考試法規範重點

　　本法全部條文共28條，不分章節，其範圍內容大致可歸納為下述22點。茲分別說明如下：

　　一、立法的目的：本法第1條明定，公務人員之任用，依本法以考試定其資格。即為本法的立法目的。又第2條後段規定：其他法律與本法規定不同時，適用本法。亦揭櫫本法在考試事項的基準法地位。

　　二、考試的原則：本法第2條前段規定公務人員之考試，以公開競爭方式行之；其考試成績之計算，不得因身分而有特別規定。可謂確立我國公務人員考試，應遵循公開競爭與平等兩大基本原則。

　　三、錄取之種類：本法第3條第1項規定公務人員之考試，應依用人機關年度任用需求決定正額錄取人員，依序分配訓練。並得視考試成績增列增額錄取人員，列入候用名冊，於正額錄取人員分配完畢後，由分發機關或申請舉辦考試機關配合用人機關任用需要，依考試成績定期依序分配訓練。第2項規定遇有同項考試同時正額錄取不同等級或類科者，應考人應擇一接受分配訓練，未擇一接受分配訓練者，由分發機關或申請舉辦考試機關依應考人錄取之較高等級或名次較前之類科逕行分配訓練。又第4條規定正額錄取人員無法立即接受分配訓練者，得檢具事證申請保留錄取資格，其事由及保留年限如下：1. 服兵役，其保留期限不得逾法定役期。2. 於公立或立案之私立大學或符合教育部採認規定之國外大學進修碩士學位，其保留期限不得逾二年；進修博士學位，其保留期限不得逾三年。3. 疾病、懷孕、生產、父母病危、子女重症或其他不可歸責事由，其保留期限不得逾二年。4. 養育三足歲以下子女，其保留期限不得逾三年。但配偶為公務人員依法已申請育嬰留職停薪者，不得申請保留。第5條則規定，正額錄取人員除保留錄取資格者外，應於規定時間內向實施訓練機關報到接受訓練，逾期未報到並接受訓練者，即喪失考試錄取資格。復規定依法

保留錄取資格者，於保留原因消滅後或保留期限屆滿後三個月內，應向公務人員保障暨培訓委員會申請補訓，並由該會通知分發機關或申請舉辦考試機關依序分配訓練。逾期未提出申請補訓，或未於規定時間內，向實施訓練機關報到接受訓練者，即喪失考試錄取資格。另明定列入候用名冊之增額錄取人員，因服兵役未屆法定役期，或因養育三足歲以下子女，無法立即接受分配訓練者，得於規定時間內檢具事證申請延後分配訓練。增額錄取人員經分配訓練，應於規定時間內，向實施訓練機關報到接受訓練，逾期未報到並接受訓練者，或於下次該項考試放榜之日前未獲分配訓練者，即喪失考試錄取資格。

　　四、考試之分級：本法第6條第1項明定，公務人員之考試，分高等考試、普通考試、初等考試三等。高等考試按學歷分為一、二、三級。及格人員於服務三年內，不得轉調原分發任用之主管機關及其所屬機關學校以外之機關學校任職。又第2項規定為因應特殊性質機關之需要及照顧身心障礙者、原住民族之就業權益，得比照舉行一、二、三、四、五等之特種考試。除本法另有規定者外，這些特種考試及格人員於六年內不得轉調申請舉辦特種考試機關及其所屬機關學校以外之機關學校任職。其轉調限制六年之分配，依申請舉辦考試機關性質、所屬機關範圍及相關任用法規規定，於各該特種考試規則中定之。惟因任職機關業務調整而精簡、整併、改隸、改制、裁撤或業務調整移撥其他機關，得不受轉調規定之限制。但於限制轉調期間再轉調時，以原考試轉調限制機關範圍、前所轉調之主管機關及其所屬機關之有關職務為限。第7條則授權高等、普通、初等考試及特種考試規則，由考選部報請考試院定之。前項考試規則包括應考年齡、考試等級、考試類科及其分類、分科之應考資格、體格檢查標準、應試科目、考試方式、成績計算、限制轉調規定等。另外第11條規定，公務人員高等考試、普通考試、初等考試，得視需要合併或分等、分級、分科辦理。

　　五、高科技考試：本法第8條規定，高科技或稀少性工作類科之技術

人員，得由考選部報請考試院另訂特種考試規則辦理之。所謂高科技或稀少性工作類科標準，由考試院會同行政院定之。又此項考試及格人員，不得轉調原分發任用機關以外之機關任職。

　　六、應考之規範：本法第9條規定，考試院得依用人機關請求及任用之實際需要，規定公務人員考試實施體格檢查，以及公務人員特種考試應考人之年齡、兵役狀況及性別條件。前項體格檢查不合格或逾期未繳送體格檢查表者，不得應考、不予錄取、不予訓練或不予核發考試及格證書。體格檢查醫療機構範圍、體格檢查之內容、程序等有關事項之辦法，由考選部報請考試院定之。

　　七、應試之資格：本法第12條規定，中華民國國民，年滿十八歲，具有本法所定應考資格者，得應本法之考試。但有下列各款情事之一者，不得應考：1.動員戡亂時期終止後，曾犯內亂罪、外患罪，經判刑確定或通緝有案尚未結案；2.曾服公務有貪污行為，經判刑確定或通緝有案尚未結案；3.褫奪公權尚未復權；4.受監護或輔助宣告，尚未撤銷。又依法停止任用者，經公務人員考試錄取，於依法停止任用期間仍不得分配訓練或分發任用為公務人員。

　　八、考試之方式：本法第10條規定，公務人員考試，得採筆試、口試、心理測驗、體能測驗、實地測驗、審查著作或發明、審查知能有關學歷經歷證明或其他方式行之。除單採筆試者外，其他應併採二種以上方式。筆試除外國語文科目、專門名詞或有特別規定者外，應使用本國文字作答。因懷孕或生產前後無法參加體能測驗者，得保留筆試成績並於下次逕行參加相同考試類科之體能測驗。有關保留筆試成績及其限制等相關事宜，由考選部報請考試院定之。

　　九、典試及監試：本法第25條明定，公務人員考試之典試事宜，以典試法定之。又第26條規定，公務人員考試之監試事宜，以監試法定之。

　　十、試前公告期：本法第18條規定，公務人員各種考試，得分試、分階段、分考區舉行；其考試類科、地點、日期等，由考選部於考試兩個月前公告之。分試、分階段之考試，其應考年齡、考試等級、考試類科、應考資格、應試科目、成績計算、成績及格資格保留年限及其他有關事項，由各該考試規則定之。又應考人參加各種考試，應繳交報名費，其費額由考選部依考試等級、類科及考試方式定之。身心障礙、原住民族、低收入戶、中低收入戶及特殊境遇家庭之應考人，各種考試之報名費，得予減少。此外，為增進考選業務之發展，得設置考選業務基金；其收支保管及運用辦法，由考選部定之。

　　十一、總成績計算：本法第19條規定，公務人員各種考試應考人總成績計算方式、配分比例及成績特別設限等事項之規則，由考選部報請考試院定之。

　　十二、補錄取規定：本法第20條規定，公務人員各種考試榜示後發現因典試或試務之疏失，致應錄取而未錄取者或不應錄取而錄取者，由考選部報請考試院補行錄取或撤銷其錄取資格。

　　十三、應高考資格：本法第13條規定，高等考試之應考資格如下：1.公立或立案之私立大學研究院、所，或符合教育部採認規定之國外大學研究院、所，得有博士學位者，得應公務人員高等考試一級考試。2.公立或立案之私立大學研究院、所，或符合教育部採認規定之國外大學研究院、所，得有碩士以上學位者，得應公務人員高等考試二級考試。3.公立或立案之私立獨立學院以上學校或符合教育部採認規定之國外獨立學院以上學校相當院、系、組、所、學位學程畢業者，或高等考試相當類科及格者，或普通考試相當類科及格滿三年者，得應公務人員高等考試三級考試。

　　十四、應普考資格：本法第14條規定，公立或立案之私立職業學校、高級中學以上學校或國外相當學制以上學校相當院、系、科、組、所、學位學程畢業者，或普通考試以上考試相當類科考試及格者，或初等考試相

當類科及格滿三年者，得應公務人員普通考試。

十五、應初考資格：本法第15條規定，中華民國國民年滿十八歲者，得應公務人員初等考試。

十六、應特考資格：本法第16條規定，公務人員特種考試各等級考試應考資格，分別準用關於高等考試、普通考試及初等考試應考資格之規定。

十七、應考之類科：本法第17條規定，公務人員各種考試分類、分科之應考資格條件，由考選部報請考試院定之。其應考資格，除依第十三條至第十六條規定外，必要時得視考試等級、類科之需要，增列經相當等級之語文能力檢定合格；或提高學歷條件，或具有與各該類科相關之工作經驗或訓練，並有證明文件，始得報考之規定。公務人員考試類科，其職務依法律規定或因用人機關業務性質之需要須具備專門職業證書者，應具有各該類科專門職業證書始得應考。其審核標準，由考選部報請考試院定之。各種公務人員考試應考資格應經審查，審查人員資格、審查內容、退補件及其他應遵行事項之規則，由考選部報請考試院定之。

十八、錄取後訓練：本法第21條規定，公務人員各等級考試正額錄取者，按錄取類科，依序分配訓練，訓練期滿成績及格者，發給證書，依序分發任用。列入候用名冊之增額錄取者，由分發機關或申請舉辦考試機關配合用人機關任用需要，依其考試成績定期依序分配訓練；其訓練及分發任用程序，與正額錄取者之規定相同。前項訓練之期間、實施方式、免除或縮短訓練、保留受訓資格、補訓、重新訓練、停止訓練、訓練費用、津貼支給標準、生活管理、請假、輔導、獎懲、成績考核、廢止受訓資格、請領考試及格證書等有關事項之規定，由考試院會同關係院以辦法定之。但訓練性質特殊，於辦法中明定由申請舉辦考試機關就上列事項另為規定者，應送公務人員保障暨培訓委員會核定或備查。考試及格證書之式樣及費額，由考試院定之。但對身心障礙、原住民族、低收入戶、中低收入戶

及特殊境遇家庭之考試及格人員,考試院得減徵、免徵或停徵費額。

十九、扣考及撤證:本法第22條規定,應考人有下列各款情事之一,考試前發現者,撤銷其應考資格。考試時發現者,予以扣考。考試後榜示前發現者,不予錄取。考試訓練階段發現者,撤銷其錄取資格。考試及格後發現者,撤銷其考試及格資格,並註銷其考試及格證書。其涉及刑事責任者,移送檢察機關辦理:1.有第十二條第一項但書各款情事之一。2.冒名頂替。3.偽造或變造應考證件。4.以詐術或其他不正當方法,使考試發生不正確之結果。5.不具備應考資格。如有前項第二款至第四款情事之一者,自發現之日起五年內不得應考試院舉辦或委託舉辦之各種考試。

二十、升等考法源:本法第23條規定,公務人員之晉升官等,除法律另有規定外,應經升官等考試及格。公務人員升官等考試法另定之。

廿一、退除役特考:本法第24條規定,自中華民國八十八年起,特種考試退除役軍人轉任公務人員考試,其及格人員以分發國防部、行政院國軍退除役官兵輔導委員會、行政院海岸巡防署及其所屬機關(構)任用為限,及格人員於服務六年內,不得轉調原分發任用機關及其所屬機關以外之機關任職;上校以上軍官外職停役轉任公務人員檢覈及格及國軍上校以上軍官轉任公務人員考試及格者,僅得轉任國家安全會議、國家安全局、國防部、行政院國軍退除役官兵輔導委員會、行政院海岸巡防署及其所屬機關(構)、中央及直轄市政府役政、軍訓單位。此外,規定後備軍人參加公務人員高等暨普通考試、特種考試退除役軍人轉任公務人員考試之加分優待,以獲頒國光、青天白日、寶鼎、忠勇、雲麾、大同勳章乙座以上,或因作戰或因公負傷依法離營者為限。

廿二、施行及公布:本法第27條規定,本法施行細則,由考試院定之。又第28條規定,本法自公布日施行。此兩條文規定,乃本法施行及公布規定。

綜上所述，公務人員考試法的基本宗旨不外公開、公平與競爭三項，旨在規範我國國民應公務人員考試及其相關事項。由於事涉憲法第18條人民應考試權之重大權益，也攸關政府體系成員素質的把關重任，因此規定的可謂極為詳盡繁多。不過，這些條文規定仍可歸納為前述22個重點。瞭解這些重點，當有助於吾人對此一法律的認識。

第二節　公務人員考試法特色歸納

從上一節對公務人員考試法28條條文規定的重點摘述中，吾人如略具此一方面的知識基礎，且稍加用心留意的話，當不難瞭解此一法律若與其他相關法律比較，她所顯現出來的特殊之處，至少有下述7點。謹分述如次：

一、公務人員考試的基準：由於我國公法向採個別立法主義，大體上一事項即有一法律加以規定，甚至相同事項，因立法目的或適用對象之不同，也延伸出許多特別法、補充法與子法。就公務人員考試而言，公務人員考試法無疑是最主要的基準法律規定，與本法有密切關係的法律，另有典試法、監試法與公務人員升官等考試法三種。不但公務人員考試的重要事項皆在本法完整的予以規範，且其他法律規定與本法規定不同時，亦優先適用本法。顯然可知，本法具有公務人員考試基準法的地位。

二、與專技考試法相對立：依孫中山遺教，考試院原本職掌公務人員考試、專門職業及技術人員考試、公職候選人考試三大考試體系。但政府遷臺以來，先是以公職候選人檢覈替代考試，其後公職人員選舉罷免法陸續修正，已將民意代表與民選政府首長候選人之檢覈規定全部取消，致現在僅餘公務人員考試與專技人員考試兩種，相對而立。前者旨在取得公務人員任用資格，因有名額限制，必須擇優錄取；後者旨在取得專技人員執業資格，只要達到一定程度即可錄取。兩種考試之性質與目的完全不同。

　　三、授權訂定行政命令多：依照中央法規標準法第5條規定，關於人民權利義務事項，應以法律定之。又依行政程序法第150條規定，法規命令應明列其法律授權之依據，並不得逾越法律授權之範圍與立法精神。關於公務人員考試規定，動輒影響眾多考生權益，其重要事項自非得在本法規定不可。不過由於許多執行事項，較為枝節瑣碎，也較偏文書事務規定，如均放在本法規定，將使本法變成非常龐雜的龐然大物，在立法技術上，顯不符立法經濟原則；在實務上，亦無此必要。故本法除將重要事項加以規定外，其他執行的、補充的事項，均由本法授權考試院或考選部以行政命令訂定，前後計有第6條、第7條、第8條、第9條、第10條、第17條、第18條、第19條、第21條、第23條、第25條、第26條、第27條等共13條條文，授權另制定法律與訂定施行細則等行政命令，較諸其他法律授權訂定的情形，明顯偏多。

　　四、與任用規定密切配合：進入公務人員體系的第一道門檻就是檢視其是否具備公務人員資格，而我國目前是以考試方式認定其資格，除早期之銓定外，所有初任公務人員均必須經由這唯一方式始能取得任用資格；且在考試政策上採任用考試，而非資格考試，乃對考試及格人員予以分發任用的考試，（徐有守，2007：157）即所謂的「考用合一，即考即用」。職是，考試的種類、類別、類科、等級均須與任用規定密切配合，始克有成。觀諸本法許多條文均提到任用，或與任用事項相關，即不難瞭解本法的此項特色。

　　五、與訓練程序結為一體：為任用而考試，要用怎樣的人就考怎樣的人進來，本是當前考試規劃的主流思維。此一想法固然沒錯，不過由於考試有其先天的侷限性，例如僅能測試應考人部分專業知識，側重其記憶能力，難以測試其操行品德、情緒與人際能力等。如只以一次考試即予以決定，對應考人而言不見得公平；對政府機關用人而言，也不見得可以找到想要的人。所以錄取之後，還要加以訓練，從訓練過程中瞭解其為人處事的態度與能力，訓練期滿成績合格者，始能取得考試及格證書。將考訓合

一，即考試與訓練程序結為一體。與過往相較，既是一項改進，也是一項重要特色。

　　六、規範考生權益事項多：有關考試規定，基本上可以分為應考、典試及監試三個角度。其中監試是監督者的角色，而一般所謂的試務工作，乃屬考選行政，雖佔最大份量，但只是配合典試工作進行而已，本身並無主體性。真正重要者乃應考與典試兩部分，惟因典試事宜已另以典試法規定之，所以本法主要就是規範應考資格、考試方式、程序及錄取人員資格等攸關考生權益的重要事項。若說本法是應考人適用的法律，或說是國民應公務人員考試的法律，亦不為過。

　　七、考試類科等級多且密：我國公務人員考試分類、分科、分等、分級可謂既多且細密，在等級上大致分為五個，分別是高考一級（一等特考）、高考二級（二等特考）、高考三級（三等特考）、普考（四等特考）、初考（五等特考），尚不算多，可以理解。然而在類科上，配合學校分系之專精、職組職系之設置及用人機關之需要，則授權由考試院定之，可謂多不勝數，不要說外人瞭解不易，恐怕考選部工作人員一時之間也難以完整說出。此一既多且細密的規定，堪亦稱為本法的特色之一。

　　要之，在五權分立、考試權獨立的憲政體制架構下，公務人員考試法不但是我國關於公務人員考試事務的基準法律，也是關係公務人員人事體制的龍頭法律。因此，與其他法律相較，自有與眾不同、值得一述的特色。如前所述7點，前3點乃屬形式程序方面的特色，後4點乃屬實質內涵方面的特色，均有他們值得稱為特色之處。不是嗎？

第三節　公務人員考試法問題探討

　　法律規定本身並非目的，而是做為社會大眾共同遵循的準繩，以達到

主管機關設定的政策目的，公務人員考試法的規定亦然。因此，立法技術是否周延妥適？規定本身是否合理可行？政策目的能否公平落實？在在都值得大眾共同討論，一窺究竟。謹分述如次：

一、未分章節規定的問題：從本法乃行政法的屬性言之，有28條條文，其實不算多，也不算少，算是中等而已。在這樣的情況下是否分設章節，就得看條文文字是否夠長，規定是否繁雜而定。若從此一角度來說，本法似有分設數章之必要，不但有多條條文分列三項以上，且部分條文規定亦有跳躍之處，如能分為總則、考試類科等級，應考資格、考試舉行、考試後之處理、附則等章加以規範，將相關條文納入同一章中，並逐一加以規定；相信在立法體例上一定較現制為佳。

二、初考應考資格的問題：本法第12條乃就應考的基本積極資格、消極限制資格及依法停止任用之特別限制資格3項，予以通案性的規定，其中基本積極資格定為中華民國國民，年滿十八歲。而第15條復就初等考試應考資格規定為「國民年滿十八歲」者，此外再無其他規定。按初等考試乃當前我國公務人員考試中最低等級的考試，如考量當前國民教育十分普及，至少有百分之九十五以上均有國民中學以上畢業之學歷，所以無需比照普通考試以上之考試特別規定須具一定學歷始得報考之規定，則第15條似屬多餘，已無規定之必要，因為第12條已足可涵括，且更為周妥。再者雖滿十八歲，但未滿二十歲之及格人員，尚屬民法之限制行為能力人，亦未具有公職人員選舉罷免法所定之選舉投票資格，恐有是否適合擔任公務人員之疑慮。

三、高考應考資格的問題：按高等考試長久以來原僅有一級，但在79年後即分設二級，民國85年後再分三級，即按應考人是否具有博士、碩士或大專學歷而加以區分。惟所謂高考一級，在79年後區分為兩級與85年後區分為三級時的應考資格與及格後取得的任用資格完全不同，但名稱卻無區別，顯然易滋混淆。而現制高考一級之創設，既有替代之前被廢止的甲

等特考之用意，其名稱如果用優等考試，或許更佳。再者大專學歷未加區分，或許是受到大陸時期「專門學校」、早期臺灣「大專聯考」的影響，不過大學與專科學歷程度終究有別，最該區分等級的其實是這兩個程度，本法迄至97年1月修正公布之際，始採漸進方式，規定在三年後取消專科學校相當系科畢業者報考高等考試三級考試之資格，雖然嫌晚，但總算處理完成，目前僅限大學學歷始能報考，仍然應予肯定。

四、高科技類考試的問題：爲解決高科技或稀少性工作類科人員難以以傳統考試方式應考的困難，本法第8條明定是類人員得另訂特種考試規則辦理之。據此授權規定，考試院遂據以訂定辦法，並舉辦考試，施行以來雖略有成效，但根本問題並未解決，因爲是類人員不易以傳統筆試方式測試其學術能力，乃本質問題，也是不爭的事實。究是一兩次的權宜之計，抑或長久的制度措施？如屬後者，恐須在本法中明定，或另以其他法律規定爲宜，而非任其一直依授權的行政命令繼續辦理下去。

五、增額逾期失效的問題：由於公務人員考試係採「任用考試、即考即用」，「考訓合一」之制度，爲兼顧錄取人員權益，故將錄取人員分爲正額錄取人員與增額錄取人員兩種。對於正額錄取人員因法定原因致不能於規定時間內向實施訓練機關報到者，准予保留其錄取資格，應屬合宜妥適。惟關於增額錄取人員，本有備取之意味，雖列入候用名冊，但又規定於下次該項考試放榜之日前未依序分發任用者，即喪失其錄取資格。這無異給分配用人機關莫大的壓力，也給增額錄取人員相當的不確定感，對分配機關、用人機關、增額錄取者個人恐怕都有不良影響。

六、特考六年限轉的問題：按特種考試既係因應特殊性質機關之需要、照顧身心障礙者及原住民族之就業權益而舉辦，有其特殊性，自不宜過分計較。然而某些特種考試之錄取率確實較高普考試高出甚多，高到不合理的程度，六年之後即可轉調請辦考試機關以外之機關任職，不但讓考試的公平性、合理性遭到挑戰，連帶的也造成考生的投機心理，明顯有所

不當。

　　七、品德情緒測試的問題：當前考試受到最大的質疑與挑戰，就是不能完全挑選到用人機關想要的人才，論者謂考試只能測試其學識能力，無法測試其工作能力，特別是其品德操行、情緒管理與人際溝通能力，自非無見。不過這是因爲在實務上，我國爲考試經濟起見，一向以筆試、測驗做爲主要的考試方式，口試與實地考試較少採用；而在本質上，品德及情緒也較難以考試測驗出來的緣故。如何改善，以配合用人機關的需要，實在是一個值得好好思考的課題。

　　綜述之，公務人員考試法是實用性極強的法律，每當在適用發生困難，而在制度措施上可以導正改進的時候，總是儘量配合修正。因此自民國75年1月制定公布至今，已歷八次修正，目的就是希望修得更好，更適合執行。不過如前所述，仍有7點值得探討的問題，雖然有些是老問題，老生常談；有些只是小問題，微不足道，但都是問題，都值得吾人關注與改進。

　　參加考試，是欲爲公務人員的第一道門檻，也是目前進入政府體系的唯一路徑，攸關眾多考生的權益、公務人員的素質與政府機關的形象與程度，它的重要性無庸置疑。公務人員考試法是規範我國國民如何參加公務人員考試的法律，雖屬靜態規範，但卻是動態運用十足的法律，經常要做爲運用的處理依據。也正因爲她的規範及其施行細則等規定，以及實務上的執行，遂彰顯出我國公務人員考試制度「考試獨立、考試取才、公開競爭、任用考試、考訓合一與應考從寬」的特性與價值。（劉昊洲，2008：48）

　　誠然，現行公務人員考試法有其與眾不同的特色，也有一些值得檢討改進的問題。吾人希冀本法規定的更爲周妥合理可行，我國公務人員考試制度更爲健全進步。

第三章　公務人員任用法之探討

　　任用者，乃國家依照一定程序，進用具有一定資格之人員，從事公務之執行，而與國家發生特別權利義務關係的公法上行為。（陳炳生，1988:97）任用，是組織人力資源管理的大門，也是整個人事制度最重要的一環。公務人員任用法即是一部規範公務人員資格如何取得以及如何進用的法律，攸關全體公務人員任職權益至鉅，因此從來無人敢否認此一法律的重要性。

　　我國公務人員任用法制可謂源遠流長，頗有歷史，早在民國18年國民政府即公布「公務員任用條例」，可惜未能付諸實施。22年「公務員任用法」公布施行，仍採簡薦委制。38年制定公布「公務人員任用法」，亦因神州板蕩，中央政府播遷來臺未及實施。43年修正公布「公務人員任用法」，並付諸施行，為我國公務人員考試用人制度奠定良好基礎，此後該法復於51年、57年及69年三度修正。民國56年制定公布「分類職位公務人員任用法」等法律，使部分機關得以實施職位分類任用制度。迄至民國75年，為實施兩制合一的新人事制度，廢止原先法律，重新制定公布「公務人員任用法」，此後又於79年12月、83年12月、84年1月、85年10月、91年1月、94年11月、96年3月、97年1月、99年1月、99年7月、102年1月共十一度局部修正，始成今貌。

　　大致言之，現行公務人員任用法乃規範政府機關職務設置，以及一般公務人員任用資格、任用程序、任用限制等相關事項的法律，與公務人員考試法、俸給法、考績法及陞遷法密切相關，深切影響公務人員的任職權益。為能瞭解公務人員任用的面貌與精髓，爰先從法制面探討，再論及實務面，除先引述規範重點外，並歸納其特色及探討相關問題。

第一節　公務人員任用法規範重點

本法全部條文共有40條，不分章節，其規範事項之重點大致可歸納為下述36點。茲分別說明如下：

一、適用範圍及其目的：本法第1條規定，公務人員之任用，依本法行之。又第2條規定，公務人員之任用，應本專才、專業、適才、適所之旨，初任與升調並重，為人與事之適切配合。此二條規定，實乃本法適用範圍及立法目的。

二、主要名詞意義界定：本法第3條對於所用名詞予以定義：

1.官等：係任命層次及所需基本資格條件範圍之區分。

2.職等：係職責程度及所需資格條件之區分。

3.職務：係分配同一職稱人員所擔任之工作及責任。

4.職系：係包括工作性質及所需學識相似之職務。

5.職組：係包括工作性質相近之職系。

6.職等標準：係敘述每一職等之工作繁、簡、難、易，責任輕、重及所需資格條件程度之文書。

7.職務說明書：係說明每一職務之工作性質及責任之文書。

8.職系說明書：係說明每一職系工作性質之文書。

9.職務列等表：係將各種職務，按其職責程度依序列入適當職等之文書。

三、職前忠誠查核規定：本法第4條規定，各機關任用公務人員，應注意其品德及對國家之忠誠，其學識、才能、經驗及體格，應與擬任職務之種類職責相當；如係主管職務，並應注意其領導能力。

前項人員之品德及忠誠，各機關應於任用前辦理查核；必要時，得洽請有關機關協助辦理；其涉及國家安全或重大利益者，得辦理特殊查核。有關特殊查核之權責機關、適用對象、規範內涵、辦理方式及救濟程序，由行政院會同考試院另定辦法行之。

各機關辦理前項各種查核時，應將查核結果通知當事人，於當事人有不利情形時，應許其陳述意見及申辯。

四、官等職等範圍畫分：本法第5條規定，公務人員依官等及職等任用之。

官等分委任、薦任、簡任。

職等分第一至第十四職等，以第十四職等為最高職等。

委任為第一至第五職等，薦任為第六至第九職等，簡任為第十至第十四職等。

五、職務列等依循原則：本法第6條規定，各機關組織法規所定之職務，應就其工作職責及所需資格，依職等標準列入職務列等表。必要時，一職務得列二個至三個職等。

前項職等標準及職務列等表，依職責程度、業務性質及機關層次，由考試院定之。必要時，得由銓敘部會商相關機關後擬訂，報請考試院核定。

各機關組織除以法律定其職稱、官等、職等及員額者外，應依其業務性質就其適用之職務列等表選置職稱，並妥適配置各官等、職等職務，訂定編制表，函送考試院核備。

前項職稱及官等、職等員額配置準則，由考試院會同行政院定之。

各機關組織法律原定各職務之官等、職等與中華民國八十五年一月考試院平衡中央與地方薦任第八職等以下公務人員職務列等通案修正之職務列等表不一致時，暫先適用該職務列等表之規定。但各機關組織法律於本條文修正施行後制定或修正者，仍依組織法律之規定。

六、職務說明及其普查：本法第7條規定，各機關對組織法規所定之

職務，應賦予一定範圍之工作項目、適當之工作量及明確之工作權責，並訂定職務說明書，以為該職務人員工作指派及考核之依據。職務內容變動時，應即配合修訂職務說明書。各機關並應每年或間年進行職務普查。

　　七、職務歸系核備規定：本法第8條規定，各機關組織法規所定之職務，應依職系說明書歸入適當之職系，列表送銓敘部核備。

　　八、基本任用資格要件：本法第9條規定，公務人員之任用，應具有下列資格之一：

1.依法考試及格。

2.依法銓敘合格。

3.依法升等合格。

　　特殊性質職務人員之任用，除應具有前項資格外，如法律另有其他特別遴用規定者，並應從其規定。

　　初任各職務人員，應具有擬任職務所列職等之任用資格；未具擬任職務職等任用資格者，在同官等高二職等範圍內得予權理。權理人員得隨時調任與其所具職等資格相當性質相近之職務。

　　九、初任人員分發任用：本法第10條規定，各機關初任各職等人員，除法律別有規定外，應由分發機關就公務人員各等級考試正額錄取，經訓練期滿成績及格人員分發任用。如可資分發之正額錄取人員已分發完畢，由分發機關就列入候用名冊之增額錄取人員按考試成績定期依序分發，經訓練期滿成績及格後予以任用。

　　已無前項考試錄取人員可資分發時，得經分發機關同意，由各機關自行遴用具任用資格之合格人員。又，第12條規定，公務人員各等級考試錄取，經訓練期滿成績及格者，應由分發機關分發各有關機關任用。

　　前項分發機關、程序、辦理方式、限制及有關事項之辦法，由考試院

會同行政院定之。

　　十、機要人員任用法源：本法第11條規定，各機關辦理機要職務之人員，得不受第九條任用資格之限制；但機關長官得隨時免職，機關長官離職時亦應同時離職。又第11條之1規定，各機關辦理進用機要人員時，應注意其公平性、正當性及其條件與所任職務間之適當性。

　　各機關機要人員進用時，其員額、所任職務範圍及各職務應具之條件等規範，由考試院定之。

　　十一、考試及格取得資格：本法第13條規定，考試及格人員之任用，依下列規定：

1. 高等考試之一級考試或特種考試之一等考試及格者，取得薦任第九職等任用資格。
2. 高等考試之二級考試或特種考試之二等考試及格者，取得薦任第七職等任用資格。
3. 高等考試之三級考試或特種考試之三等考試及格者，取得薦任第六職等任用資格。
4. 普通考試或特種考試之四等考試及格者，取得委任第三職等任用資格。
5. 初等考試或特種考試之五等考試及格者，取得委任第一職等任用資格。

　　中華民國八十五年一月十七日公務人員考試法修正施行前，考試及格人員之任用，依下列規定：

1. 特種考試之甲等考試及格者，取得簡任第十職等任用資格；初任人員於三年內，不得擔任簡任主管職務。
2. 高等考試或特種考試之乙等考試及格者，取得薦任第六職等任用資格；高等考試按學歷分一、二級考試者，其及格人員分別取得薦任第七職等、薦任第六職等任用資格。
3. 普通考試或特種考試之丙等考試及格者，取得委任第三職等任用資格。
4. 特種考試之丁等考試及格者，取得委任第一職等任用資格。

第一項第一款至第三款及第二項第一款、第二款各等級考試及格人員，無相當職等職務可資任用時，得先以低一職等任用。

第一項及第二項各等級考試職系及格者，取得該職系之任用資格。

第一項及第二項各等級考試及格人員，得予任用之機關及職系等範圍，依各該考試及任用法規之限制行之。

十二、考試類科適用職系：本法第13條之1規定，在本法施行前經依法考試及格或依法銓敘合格實授者，取得與擬任職務性質相近、程度相當之任用資格。

前項依法考試及格人員考試類科適用職系，由銓敘部會同考選部定之。

依公務人員考試法規辦理之考試，其考試類科未列明職系者，依前項規定認定其考試類科適用職系。

十三、升考及格取得資格：本法第15條規定，升官等考試及格人員之任用，依下列規定：
1. 雇員升委任考試及格者，取得委任第一職等任用資格。
2. 委任升薦任考試及格者，取得薦任第六職等任用資格。
3. 薦任升簡任考試及格者，取得簡任第十職等任用資格。

十四、年資採計提敘規定：本法第16條規定，高等考試或相當高等考試以上之特種考試及格人員，曾任行政機關人員、公立學校教育人員或公營事業人員服務成績優良之年資，除依法令限制不得轉調者外，於相互轉任性質程度相當職務時，得依規定採計提敘官、職等級；其辦法由考試院定之。

十五、晉升官等資格取得：本法第17條規定，公務人員官等之晉升，應經升官等考試及格。

　　經銓敘部銓敘審定合格實授現任薦任第九職等職務人員，具有下列資格之一，且其以該職等職務辦理之年終考績最近三年二年列甲等、一年列乙等以上，並已晉敘至薦任第九職等本俸最高級後，再經晉升簡任官等訓練合格者，取得升任簡任第十職等任用資格，不受前項規定之限制：

1. 經高等考試、相當高等考試之特種考試或公務人員薦任升官等考試、薦任升等考試或於本法施行前經分類職位第六職等至第九職等考試或分類職位第六職等升等考試及格，並任合格實授薦任第九職等職務滿三年者。

2. 經大學或獨立學院以上學校畢業，並任合格實授薦任第九職等職務滿六年者。

　　前項公務人員如有特殊情形或係駐外人員，報經主管機關核准，得先予調派簡任職務，並於一年內或回國服務後一年內補訓合格，不受應先經升官等訓練，始取得簡任任用資格之限制。

　　應予補訓人員，如未依規定補訓或補訓成績不合格，應予撤銷簡任任用資格，並回任薦任職務，不適用第十八條第一項第二款之規定，且均不得再依前項規定調派簡任職務。

　　薦任第九職等職務人員經參加晉升簡任官等訓練不合格或廢止受訓資格，須至第九項辦法所定得再參加該訓練之年度時，始得依第三項規定調派簡任職務。

　　經銓敘部銓敘審定合格實授現任委任第五職等職務人員，具有下列資格之一，且其以該職等職務辦理之年終考績最近三年二年列甲等、一年列乙等以上，並已晉敘至委任第五職等本俸最高級後，再經晉升薦任官等訓練合格者，取得升任薦任第六職等任用資格，不受第一項規定之限制：

1. 經普通考試、相當普通考試之特種考試或相當委任第三職等以上之銓定資格考試；或於本法施行前經分類職位第三職等至第五職等考試及格，並任合格實授委任第五職等職務滿三年者。

2. 經高級中等學校畢業，並任合格實授委任第五職等職務滿十年者；或專科學校畢業，並任合格實授委任第五職等職務滿八年者；或大學、獨立學院以上學校畢業，並任合格實授委任第五職等職務滿六年者。

前項升任薦任官等人員，以擔任職務列等最高為薦任第七職等以下之職務為限。但具有碩士以上學位且最近五年薦任第七職等職務年終考績四年列甲等、一年列乙等以上者，得擔任職務列等最高為薦任第八職等以下職務。

依公務人員考績法相關法規規定，不得作為晉升職等及在同官等內調任低職等職務，仍以原職等任用之考績、年資，均不得作為第二項及第六項規定之考績、年資。

第二項及第六項晉升官等訓練期間、實施方式、受訓資格、名額分配與遴選、成績考核、延訓、停訓、免訓、廢止受訓資格、保留受訓資格、訓練費用及有關事項之辦法，由考試院定之。

十六、現職人員調任規定：本法第18條規定，現職公務人員調任，依下列規定：

1. 簡任第十二職等以上人員，在各職系之職務間得予調任；其餘各職等人員在同職組各職系及曾經銓敘審定有案職系之職務間得予調任。

2. 經依法任用人員，除自願者外，不得調任低一官等之職務。自願調任低官等人員，以調任官等之最高職等任用。

3. 在同官等內調任低職等職務，除自願者外，以調任低一職等之職務為限，均仍以原職等任用，且機關首長及副首長不得調任本機關同職務列等以外之其他職務，主管人員不得調任本單位之副主管或非主管，副主管人員不得調任本單位之非主管。但有特殊情形，報經總統府、主管院或國家安全會議核准者，不在此限。

前項人員之調任，必要時，得就其考試、學歷、經歷或訓練等認定其

職系專長，並得依其職系專長調任。

考試及格人員得予調任之機關及職系等範圍，依各該考試及任用法規之限制行之。

現職公務人員調任時，其職系專長認定標準、再調任限制及有關事項之辦法，由考試院定之。

十七、職務列等跨等規定：本法第18條之1規定，各機關職務，依職務列等表規定列二個或三個職等者，初任該職務人員應自所列最低職等任用。但未具擬任職務最低職等任用資格者，依第九條第三項規定辦理；已具較高職等任用資格者，仍以敘至該職務所列最高職等為限。

調任人員，依第十八條第一項第二款及第三款規定辦理。

再任人員所具任用資格高於職務列等表所列該職務最低職等時，依職務列等表所列該職務所跨範圍內原職等任用，但以至所跨最高職等為限。

十八、初任人員試用規定：本法第20條規定，初任各官等人員，未具與擬任職務職責程度相當或低一職等之經驗六個月以上者，應先予試用六個月，並由各機關指派專人負責指導。試用期滿成績及格，予以實授；試用期滿成績不及格，予以解職。

試用人員於試用期間有下列情事之一，應為試用成績不及格：
1. 有公務人員考績法相關法規所定年終考績得考列丁等情形之一者。
2. 有公務人員考績法相關法規所定一次記一大過以上情形之一者。
3. 平時考核獎懲互相抵銷後，累積達一大過以上者。
4. 曠職繼續達二日或累積達三日者。

試用人員於試用期滿時，由主管人員考核其成績，經機關首長核定後，依送審程序，送銓敘部銓敘審定；其試用成績不及格者，於機關首長核定前，應先送考績委員會審查。

　　考績委員會對於試用成績不及格案件有疑義時，得調閱有關平時試用成績紀錄及案卷，或查詢有關人員。試用成績不及格人員得向考績委員會陳述意見及申辯。

　　試用成績不及格人員，自機關首長核定之日起解職，並自處分確定之日起執行，未確定前，應先行停職。

　　試用人員不得充任各級主管職務。

　　又第21條明定，除法律另有規定外，各機關不得指派未具第九條資格之人員代理或兼任應具同條資格之職務。

　　十九、商調人員特別規定：本法第22條規定，各機關不得任用其他機關人員。如業務需要時，得指名商調之。但指名商調特種考試及格人員時，仍應受第十三條第五項及第十八條第三項規定之限制。

　　二十、舊制人員改任換敘：本法第23條規定，各機關現職人員，在本法施行前，經依其他法律規定取得任用資格者，或擔任非臨時性職務之派用人員，具有任用資格者，予以改任；其改任辦法，由考試院定之。

　　前項人員，原敘等級較其改任後之職等為高者，其與原敘等級相當職等之任用資格，仍予保留，俟將來調任相當職等之職務時，再予回復。

　　廿一、擬任人員先派代理：本法第24條規定，各機關擬任公務人員，經依職權規定先派代理，限於實際代理之日起三個月內送請銓敘部銓敘審定。但確有特殊情形未能依限送審者，應報經銓敘部核准延長，其期限除另有規定者從其規定外，最多再延長以二個月為限。經銓敘審定不合格者，應即停止其代理。

　　廿二、送審程序及其救濟：本法第24條之1規定，各機關主管之人事人員對於試用及擬任人員之送審，應負責查催，並主動協助於前條所定期限內送銓敘部銓敘審定。逾限不送審者，各該機關得予停止代理。試用及

擬任人員依限送審並經銓敘審定者，自其實際到職或代理之日起算試用期間及任職年資，未依限送審而可歸責於當事人者，自各該機關送審之日起算其試用期間及任職年資。如因人事人員疏誤者，各機關應查明責任予以懲處，並送銓敘部備查。

　　公務人員經依前項規定程序銓敘審定後，如有不服，得依公務人員保障法提起救濟；如有顯然錯誤，或有發生新事實、發現新證據等行政程序再開事由，得依行政程序法相關規定辦理。

　　又第25條規定，各機關初任簡任各職等職務公務人員、初任薦任公務人員，經銓敘部銓敘審定合格後，呈請總統任命。初任委任公務人員，經銓敘部銓敘審定合格後，由各主管機關任命之。

　　廿三、迴避任用相關規定：本法第26條規定，各機關長官對於配偶及三親等以內血親、姻親，不得在本機關任用，或任用為直接隸屬機關之長官。對於本機關各級主管長官之配偶及三親等以內血親、姻親，在其主管單位中應迴避任用。

　　應迴避人員，在各該長官接任以前任用者，不受前項之限制。

　　廿四、限制任用遷調期間：本法第26條之1規定，各機關首長於下列期間，不得任用或遷調人員：

1. 自退休案核定之日起至離職日止。
2. 自免職或調職令發布日起至離職日止。
3. 民選首長，自次屆同一選舉候選人名單公告之日起，至當選人名單公告之日止；但競選連任未當選或未再競選連任者，至離職日止。
4. 民意機關首長，自次屆同一民意代表選舉候選人名單公告之日起，至其首長當選人宣誓就職止。
5. 參加公職選舉者，自選舉候選人名單公告之日起至離職日止；但未當選者，至當選人名單公告之日止。

6. 憲法或法規未定有任期之中央各級機關政務首長，於總統競選連任未當選或未再競選連任時，自次屆該項選舉當選人名單公告之日起至當選人宣誓就職止；地方政府所屬機關政務首長及其同層級機關首長，於民選首長競選連任未當選或未再競選連任時，亦同。

7. 民選首長及民意機關首長受罷免者，自罷免案宣告成立之日起至罷免投票結果公告之日止。

8. 自辭職書提出、停職令發布或撤職、休職懲戒處分議決之日起至離職日止。

9. 其他定有任期者，自任期屆滿之日前一個月起至離職日止；但連任者，至確定連任之日止。

　　駐外人員之任用或遷調，必要時，得不受前項規定之限制。

　　考試及格人員分發任用，不受第一項規定之限制。

　　第一項規定期間內，機關出缺之職務，得依規定由現職人員代理。

　　廿五、限制任用資格規定：本法第27條規定，已屆限齡退休人員，各機關不得進用。

　　又第28條規定，有下列情事之一者，不得任用為公務人員：

1. 未具或喪失中華民國國籍。

2. 具中華民國國籍兼具外國國籍；但其他法律另有規定者，不在此限。

3. 動員戡亂時期終止後，曾犯內亂罪、外患罪，經判刑確定或通緝有案尚未結案。

4. 曾服公務有貪污行為，經判刑確定或通緝有案尚未結案。

5. 犯前二款以外之罪，判處有期徒刑以上之刑確定，尚未執行或執行未畢；但受緩刑宣告者，不在此限。

6. 依法停止任用。

7. 褫奪公權尚未復權。

8. 經原住民族特種考試及格，而未具或喪失原住民身分。

9. 受監護或輔助宣告，尚未撤銷。

公務人員於任用後，有前項第一款至第七款情事之一者，應予免職；有第八款及第九款情事之一者，應依規定辦理退休或資遣。任用後發現其於任用時有前項各款情事之一者，應撤銷任用。

前項撤銷任用人員，其任職期間之職務行為，不失其效力；業已依規定支付之俸給及其他給付，不予追還。

廿六、**留職停薪法源依據**：本法第28條之1規定，公務人員因育嬰、侍親、進修及其他情事，經機關核准，得留職停薪，並於原因消失後復職。

公務人員留職停薪辦法，由考試院會同行政院定之。

廿七、**違法任用糾正規定**：本法第30條規定，各機關任用人員，違反本法規定者，銓敘部應通知該機關改正，並副知審計機關，不准核銷其俸給；情節重大者，應報請考試院逕予降免，並得核轉監察院依法處理。

廿八、**組織法律衝突規定**：本法第31條規定，依法應適用本法之機關，其組織法規與本法牴觸者，應適用本法。

廿九、**特種人員任用規定**：本法第32條規定，司法人員、審計人員、主計人員、關務人員、外交領事人員及警察人員之任用，均另以法律定之；但有關任用資格之規定，不得與本法牴觸。

又第33條規定，教育人員、醫事人員、交通事業人員及公營事業人員之任用，均另以法律定之。

此外，第35條規定，有特殊情形之邊遠地區，其公務人員之任用，得另以法律定之。

　　三十、技術人員改任規定：本法第33條之1規定，中華民國八十年十一月一日公布之技術人員任用條例廢止後，原依該條例銓敘審定有案之人員，除適用醫事人員人事條例規定辦理改任者外，依下列規定辦理：

1. 原依該條例第五條第一項規定銓敘審定有案之人員，改依本法任用。
2. 原依該條例第五條第三項規定銓敘審定有案之人員，仍繼續任用；但不得轉調其他職系及公立醫療機構以外之醫療行政職務。
3. 原依該條例第十條規定銓敘審定以技術人員任用之人員，仍繼續以技術人員任用，並得在同官等範圍內晉升職等及調任技術職系職務；其官等之晉升，依第十七條第一項規定辦理。

　　卅一、專技人員轉任法源：本法第34條規定，經高等考試、普通考試或特種考試及格之專門職業及技術人員轉任公務人員，另以法律定之。

　　卅二、聘派人員法律依據：本法第36條規定，臨時機關與因臨時任務派用之人員，及各機關以契約定期聘用之專業或技術人員；其派用及聘用均另以法律定之。

　　卅三、雇員僱用落日規定：本法第37條規定，雇員管理規則，由考試院定之。

　　前項規則適用至中華民國八十六年十二月三十一日止。期限屆滿仍在職之雇員，得繼續僱用至離職為止。本條文修正施行後，各機關不得新進雇員。

　　卅四、政務人員除外適用：本法第38條規定，本法除第二十六條、第二十六條之一及第二十八條規定外，於政務人員不適用之。

　　卅五、施行細則及施行日：本法第39條規定，本法施行細則，由考試院定之。

　　又第40條規定，本法施行日期，由考試院以命令定之。

本法修正條文，自公布日施行。又，中華民國九十八年十二月十五日修正之條文，自九十八年十一月二十三日施行。九十九年七月十三日修正之第二十九條條文，自一百年一月一日施行。

綜上所述，公務人員任用法規範事項雖多，但如依條次加以檢視，其重點大致可歸納為上述35點。瞭解這些重點後，自當有助於吾人對此一法律的掌握與認識。

第二節　公務人員任用法特色歸納

所謂特色，即超凡出群、與眾不同之所在；就是與過去或其他相關事物比較後而顯現出來的特殊之處。從上述對公務人員任用法規範重點的探討中，不難瞭解本法的特色，至少有如下7點：

一、分別規定，密切配合：任用是國家與公務人員之間的主要紐帶，是一切人事事項的開端，然而因為我國目前尚無公務人員基準法為統攝規定，加以憲法對考試院職掌採列舉規定，在「一事項一法律」的個別立法原則之下，遂有針對個別事項分別予以法律規定之舉措。因此，考試、訓練、任用、陞遷、俸給、考績等等事項雖然密切相關，仍分別以不同法律加以規範，也就理所當然，不足為奇矣！正因為任用與考試、訓練、陞遷、俸給、考績等事項緊密扣合在一起，未能切割，所以在本法中也不時看到類如第13條配合考試等之相關規定，可以說就是密切配合的最好說明。

二、兼顧人事，規定明確：現行公務人員任用制度係所謂兩制合一的新人事制度，即兼採簡薦委制與職位分類制之長而去其短。按簡薦委制源自我國傳統，係因材器使，以人為經；職位分類制取法美國制度，係為事擇人，以職為本。兩者各有長短，本法將兩者明確的融為一體，使能適應

目前實際需要，雖然有人批評此制「不中不西、不倫不類」，但其兼顧人與事之精神與用心，卻是昭然可見。

三、任用規範，建制完備：關於公務人員之任用，原包括職務設置、任用方式、任用資格、任用程序、任用限制、特殊的或例外的任用等許多事項。我國現制係將各職務所列之官等、職等、職稱及員額數匡列在各機關組織法中，或依中央行政機關組織基準法之規定另以編制表定之，而將一般職務說明與職務列等相關事項及其他屬於人的任用資格、程序等通通放在任用法中加以規定，讓狹義的，或說是最核心的公務人員適用本法，即已足夠；至於特殊的公務人員再由本法延伸出來，另以其他法律加以規定。對於狹義的公務人員而言，這些任用規定可謂是一次到位、建制完備，無需再藉助其他法律規定，即已足可建構完整任用體系，其他的聘用、派用、專技人員轉任等法律規定就成為「有，是更好；沒有，也可以」的輔助性角色矣！

四、授權命令，所在多有：公務人員任用法是公務人員任用的主要規範，對於各種任用事項自然難以完整而周全的規定，只能就主要原則以及涉及公務人員權益的重要部分予以規定，所以許多執行性、補充性與細節性的事務，仍然有賴於本法授權訂定的行政命令加以規範。然而授權訂定的法條多達14條，遠非其他法律可以比擬，說是特色，當不為過。

五、資格取得，考試為主：公務機關進用人員的方式大致不外選舉、考試與委任方式三種。所謂委任，是指未經國家考試定其資格，全由各機關依實際需要自行遴用人員之謂。我國早期因戰亂頻仍，體制不健全，多數公務人員均先進用後，再採學經歷檢覈、銓定資格考試等方式行之，並非「先考後用、考用合一」的正式考試，因此「託人情、走後門」的情形時有傳聞。然而本法修正施行後，雖然仍規定考試及格、銓敘合格或升等合格等三種取得公務人員任用資格的方式，但對於目前所有初任人員而言，考試已是唯一的方式，其他兩種只是對過去業已銓敘合格者及現在內

部人員欲取得高一官等資格者的規定而言。易言之，考試為任用之前奏，而任用為考試之結果；（繆全吉等人，1989:293）初任公務人員任用資格的取得，參加國家考試及格分發，已是不二法門。

　　六、用人方式，允許例外：前言之，本法旨在規範狹義的、核心的公務人員任用事項，對於這些公務人員而言，頂多只需行政命令的補充規定即足敷適用。但對於一些特殊的公務人員，例如聘用人員、派用人員，或廣義的公務員，例如教育人員、公營事業人員，這些規定顯然不敷適用。因此必須另以法律加以規定，只在本法賦予法源依據，藉以確立本法在公務人員任用事項的基準法與母法地位而已。顯然可知，本法對於用人方式的規定，是允許有例外與特別的情形。

　　七、適用對象，不限個人：本法乃規範公務人員任用事項的重要法律，就適用對象而言，雖以規範公務人員個人為主，且偏向對公務人員的管理與義務要求；但不可否認的，隨著公法上職務關係的調整以及避免機關首長濫用職權「放起身炮」，本法業已課機關首長及人事人員一定之義務。顯然的，本法適用對象已擴及機關，而不再侷限於公務人員個人。

　　要之，任用是公務人員與國家發生權利義務關係的起點，攸關所有公務人員未來二、三十年任職的切身權益，不可謂不重要。本法乃規範公務人員任用事項的基準法律，自有其重要地位；在歷經數十年的演變與發展後，亦彰顯出本法與眾不同的特色。這些特色，均有值得吾人注視之處。不是嗎？

第三節　公務人員任用法問題探討

　　有關公務人員任用法的要點業已歸納之，而其特色也已探討說明如上，不過這兩部分的探討實非法律研究之重心。因為法律不是束之高閣的

裝飾品,而是日常生活的必需品,所以必須規定的周延合理,在實務上也必須具有可行性,乃有其價值。從規定到執行,本法當有一些值得探討的問題,爰分別探討如下:

一、**法律定位是否明確清楚的問題**:依本法第1條「公務人員之任用,依本法行之」規定觀之,除界定本法適用範圍外,更重要的是說明本法基準法之重要地位;又第6條第5項「排除各機關組織法律,暫先適用該職務列等表」規定;第31條「依法應適用本法之機關,其組織法規與本法牴觸者,應適用本法」規定;第32條但書「司法人員、審計人員、主計人員、關務人員、外交領事人員及警察人員之任用,另以法律定之;但其任用資格不得與本法牴觸」規定,亦彰顯本法母法、特別法與基準法之特性。然而若就第33條教育人員、醫事人員、交通專業人員及公營事業人員;以及第36條派用人員、聘用人員均「另以法律定之」以觀,本法仍為母法,但已淪為普通法之位階。類此情形,彼此不無矛盾、不盡配合之處,不難看出本法法律定位不甚清楚,誠然有待改進。

二、**公務人員未在本法定義的問題**:我國因採個別立法主義之故,通常在每一法律之前數條均會明定其定義,或適用對象,或適用範圍,本法係公務員法的龍頭法律,攸關公務人員與國家的法律關係,尤應明確加以規範。然而本法並未就公務人員一詞加以定義,而係保留給本法施行細則第2條規定,除與現行立法體例不合外,也引發法律位階與效力的爭議。

三、**管理本位是否符合潮流的問題**:本法制定公布於特別權力關係鼎盛的威權時期,故所有條文規範無不站在政府本位,完全以管理為出發點;毫不考慮公務人員當事人權利與義務是否對等平衡的問題。晚近本法雖有多次修正,漸漸考量到當事人的權利維護與救濟問題,例如第4條第3項、第20條第4項准許當事人陳述意見即是。然而在實質規定上仍有許多只考慮管理方便之處,例如第38條有關政務人員之規定;在法條用語上亦有一些權力意味極濃的字語,例如第25條仍使用「呈請」,而非「報

請」；第28條之1、第29條仍使用「核准」，而非「同意」等字眼，即不難瞭解，本法尚未能完全走出特別權力關係的管理思維，而步入公法上職務關係的新階段，顯然不符時勢潮流。

四、多元任用是否妥適合宜的問題：多數狹義公務人員之任用，雖以本法為主要依據，在任用資格、任用程序、任用限制等有所規範；然而本法另又賦予其他一些特別的公務人員，例如派用人員、聘用人員、機要人員進用之法源，開啟「任用為主、其他進用方式為輔」的多元任用管道。雖然這些人員乃為給予機關符合實際需要及增加用人彈性空間而設，有其存在的必要性，然而畢竟這些人員未經考試及格，所享權利與應負義務有所不同。為能維持政府人員較高素質，避免相互比較衍生不公平的情形發生，也避免以李代桃的替換情形出現，類此非正式公務人員的進用之門都應嚴格限制。不過考試院前曾研擬「聘用人員人事條例草案」，反有意將未具考試資格的五類人員加以整合，增加其在機關所佔預算員額數至百分之十五，並允許這些人員擔任主管職務，開闢公務人員任用的第二條大路。是否妥適，恐怕值得再三斟酌。

五、特種人員應否賦予法源的問題：就本法規定觀之，特種公務人員大致包括下述3類：1. 在政府機關公務人員體系內，但非經考試任用的機要人員、聘用人員、派用人員與雇員；2. 在政府機關公務人員體系內，但應經考試任用的司法人員、審計人員、主計人員、關務人員、外交領事人員及警察人員；3. 非屬政府機關，亦非公務人員體系，僅屬公共營造物或公營事業機構而自成體系的教育人員、醫事人員、交通事業人員及公營事業人員。前兩類人員因在政府機關公務人員體系之內，故本法賦予另以法律規定之法源，當無疑義；但第三類人員本非公務人員，特別是其中的教育人員，在民國84年教師法公布施行後，早已「公教分途」，與公務人員徹底切割，本法第33條特別賦予法源依據，似不無畫蛇添足、多此一舉之嫌。

六、授權命令是否逾越法律的問題：就法律位階而言，法律位階與效力高於行政命令，凡行政命令牴觸法律者，自屬無效；但法律與法律之間，並無作用法高於組織法或組織法高於作用法的問題，完全適用「後法優於前法」或「特別法優於普通法」的法理。本法第6條第5項如只否定各機關組織法律之規定，似較無爭議；然而又明言適用職務列等表之規定，形同將以法律授權訂定的行政命令置於法律之上，恐非所宜。其實釜底抽薪之計，應是明定施行之日出條款，然後要求各機關組織法律從速修正才是！如今不此之途，只為便宜行事，或將落個「破壞法治」的惡名，似乎得不償失。

七、資遣規定是否符合永業的問題：公務人員因採永業任用制度，一進公務體系即予以任職保障，除非違法被撤免職或因死亡撫卹，否則即設想可以任職達一定年資與年齡而退休，基本上中途離職者只應有自請辭職一途，不應有資遣走人的措施。顯然的，資遣規定並不符合永業制之精神。縱然為因應機關裁撤、業務緊縮、個人身體衰弱等不得不的困難，非有資遣的輔助措施不可，資遣似也應放在退休法規定較為妥適；原放在本法規定，實在有些唐突與突兀。不過民國99年9月公務人員退休法修正，業於該法第8條明定資遣事項，本法已配合將第29條刪除，自屬明智之舉。

八、調高列等是否衝擊現制的問題：我國自實施職位分類制度，即採十四個職等的架構，迄至兩制合一的新人事制度，於今未變。然而由於地方基層機關一再調升職務列等，而中央機關也被迫不得不面對的情況，遂引發十四個職等架構是否需要調整增設職等的質疑。考試院前曾於民國80年後期研擬修正本法，擬將職等數增加為十五個，不過因茲事體大，牽連甚廣，最後立法院並未同意修正。在十四個職等架構維持不變，地方機關卻又不斷要求提高職務列等的情況下，現有任用體制勢必受到衝擊，甚至沖毀。就制度的穩定而言，顯然是很不利的。

九、章節條次應否分設增加的問題：就法律性質言之，本法屬行政作用法，條文數達40條，可謂是中大型的法律，更何況項數在5項以上的條文所在多有。為使法律規範文字更為明確清晰，更容易運用起見，本法結構似有重加調整考慮的必要。除分設章節外，也可將項數較多的條文依其事項性質，再分成2條或3條，俾使本法免除冗長繁瑣、難以閱讀之弊。

總之，公務人員任用法是所有公務人員極度關心的法律，也是實用性極強的法律，因此在制定及歷次修正過程中，主管機關與立法機關無不力求周延妥適、合理可行。不過因為「制度是死的，人是活的」，在法律適用過程中難免衍生一些問題，以上所列9點即是較常被提及的問題。面對這些已然或即將發生的問題，有司當局不能不予注意。

任用，是人事行政的開端，也是公務人員與國家之間的紐帶。公務人員的一切權利與義務，均從任用開始，它的重要性是無庸置疑的。

欲為公務人員，除政府機關應有待補的職缺外，個人也必須具有該職務所規定的資格條件，以及不能有本法所規定的限制情事，還須依一定的任用程序辦理完成方可。由於牽涉事項繁多，因此本法條文數相對較多，規定內容也多；由於本法以「考試用人」、「人與事適切配合」為最高宗旨，並以此貫穿於各條文之間，因此產生一些與眾不同的特色；更由於本法實用性極強，經常被人拿出來運用，在實行過程中吾人亦難免發現一些值得檢討的問題。如能敦促有司當局勇於面對，努力克服，則目的應已達到。（劉昊洲，2008：17）

第四章　公務人員陞遷法之探討

公務人員陞遷法是規範我國公務人員陞遷事項的法律，在我國公務人員法律中，可謂是一部極為年輕的法律，民國85年5月甫行制定，並於同年7月16日開始施行。這並不是說在此之前，我國沒有陞遷法制，而是因本質上陞遷乃屬任用事項的一環，早已在任用法中一併規範。其後因有考試委員鑒於陞遷事項乃憲法第83條及增修條文第6條明白列舉屬於考試院的職掌事項，為完備法制，乃責成銓敘部研擬條文，經考試院會議審議通過後函送立法院審議，完成立法程序。其後考試院針對實際執行過程中所發現的缺失，再度研議修正條文函請立法院審議，立法院經於98年4月完成修正並奉總統令公布在案，所以本法現行條文乃屬首次修正公布施行之條文。

所謂陞遷，學者定義不一，傅肅良謂：陞指陞任，遷指遷調，係指各機關首長為應業務、管理及個人的需要，對現職人員之職務，作有計畫的陞任、平調或降調，以加強人力運用，增進工作效率。（傅肅良，1990：255）徐有守認為現行法律所賦予陞遷一詞之意義，包括常人觀念中的高陞和部分非一般觀念之平調兩類情形的調任而言。（徐有守，2007：263）蔡祈賢說：陞遷乃是將工作人員由原來的職位，調升至另一地位與權責較高之職務。（蔡祈賢，2008：153）綜上所言，大致指公務人員在任職過程中，因機關考量業務需要，而給予的陞任或遷調情形而言。陞任包括職務調升與官等職等提升兩種情形，通常僅指前者；遷調乃一般所謂之調任，通常指平調而言，不含調升與降調二者。惟不論陞任或遷調，原均屬於任用事項的一環，本無個別立法之必要，但因憲法特別重視並明確列舉規定，爰有將陞遷事項自任用法制中抽離另行立法之舉，不過陞遷

與任用之緊密關係並不因此而受到影響。

　　就公務人員言之，一旦進入行政體系即有永業任職的打算，但絕對不想「一職到底」。陞任往往是他最大的期望，但因受組織層級之限制，永遠是僧多粥少之局面。（趙其文，1993：207）遷調則是為增進職務歷練的必要措施，也是人事運用上相當重要的一環。職是，不論機關或個人，無不重視陞遷法之規定。為瞭解公務人員陞遷法相關事項規定，爰分就規範重點、特色歸納與問題探討3部分加以探討之。

第一節　公務人員陞遷法規範重點

　　本法原僅19條條文，修正後增為21條文，條次不多，一樣未分章節。其規範重點依條次順序可歸納整理為如下20點：

　　一、立法目的及定位：本法第1條規定，公務人員之陞遷，依本法行之；但法律另有規定者，從其規定。乃就本法之立法目的與法律定位加以規定。

　　二、人員陞遷之原則：本法第2條規定，公務人員之陞遷，應本人與事適切配合之旨，考量機關特性與職務需要，依資績並重、內陞與外補兼顧原則，採公開、公平、公正方式，擇優陞任或遷調歷練，以拔擢及培育人才。

　　三、明定適用之對象：本法第3條規定，本法以各級政府機關及公立學校組織法規中，除政務人員及機要人員外，定有職稱及依法律任用、派用之人員為適用對象。大致上包括「官等職等併立制」之一般機關任（派）用人員、「官稱職務分立制」之關稅機關關務人員、「官職分立制」之警務機關警察人員。（邱建輝，2004：4）惟依警察人員人事條例第20條第4項規定，警察人員之陞遷不適用公務人員陞遷法之規定，而係

授權訂定警察人員陞遷辦法以為辦理依據。

　　四、明定陞遷之情形：本法第4條規定，公務人員之陞遷，係指下列情形之一：

1. 陞任較高之職務。

2. 非主管職務陞任或遷調主管職務。

3. 遷調相當之職務。

　　五、甄審及公開甄選：本法第5條規定，各機關職務出缺時，除依法申請分發考試及格或依本法得免經甄審之職缺外，應就具有該職務任用資格之人員，本功績原則評定陞遷。

　　各機關職缺如由本機關人員陞遷時，應辦理甄審。如由他機關人員陞遷時，除下列三種人員：1. 因配合政府政策或修正組織編制須安置移撥之人員；2. 職務列等相同，且職務相當，並經各該權責機關甄審委員會同意核准對調之人員；3. 依主管機關所定遷調法令，實施遷調之駐外人員外，其他均應公開甄選。

　　六、逐級陞遷及序列：本法第6條規定，各機關應依職務高低及業務需要，訂定陞遷序列表，並得區別職務性質，分別訂定。

　　各機關職缺由本機關人員陞遷時，應依陞遷序列逐級辦理陞遷。如同一序列中人數眾多時，得按人員銓敘審定之職等、官稱官階、官等官階、級別高低依序辦理。但次一序列中無適當人選時，得由再次一序列人選陞任。

　　七、評定項目及標準：本法第7條規定，各機關辦理本機關人員之陞任，應注意其品德及對國家之忠誠，並依擬陞任職務所需知能，就考試、學歷、職務歷練、訓練、進修、年資、考績（成）、獎懲及發展潛能等項目，訂定標準，評定分數，並得視職缺之職責程度及業務性質，對具有基層服務年資或持有職業證照者酌予加分。必要時，得舉行面試或測驗；如

係主管職務，並應評核其領導能力。擬由他機關人員遞補時，得參酌本項規定辦理之。所評定之積分有二人以上相同時，以較高職等或訓練進修及發展潛能積分較高者，排序在前。

第一項標準，由各主管院訂定；但各主管院得視實際需要授權所屬機關依其業務特性定之。

各機關辦理本機關人員之遷調，得參酌第一項規定，自行訂定資格條件之審查項目。

八、甄審委員會設置：本法第8條規定，各機關辦理公務人員之陞遷，除鄉（鎮、市）民代表會外，應組織甄審委員會，辦理甄審相關事宜；但本機關同一序列各職務間之調任，得免經甄審程序。

編制員額較少或業務性質特殊之機關，經主管機關核准者，其人員之陞遷甄審（選）得由上級機關統籌辦理，不受第一項之限制。

九、辦理陞遷之程序：本法第9條規定，各機關辦理公務人員之陞遷，應由人事單位就具有擬陞遷職務任用資格人員，分別情形，依積分高低順序或資格條件造列名冊，並檢同有關資料，報請本機關首長交付甄審委員會評審後，依程序報請機關首長就前三名中圈定陞補之；如陞遷二人以上時，就陞遷人數之二倍中圈定陞補之。本機關具擬陞任職務任用資格人員，經書面或其他足以確認之方式聲明不參加該職務之陞任甄審時，得免予列入當次陞任甄審名冊。

機關首長對前項甄審委員會報請圈定陞遷之人選有不同意見時，得退回重行依本法相關規定改依其他甄選方式辦理陞遷事宜。

十、免經甄審之職務：本法第10條規定，各機關下列職務，得免經甄審，由本機關或其上級機關首長核定，不受第十二條第一項第六款及第七款之限制：

1. 機關首長、副首長。
2. 幕僚長、副幕僚長。
3. 機關內部一級單位主管以上之人員。
4. 機關內部較一級業務單位主管職務列等為高之職務。
5. 駐外使領館、代表機構簡任第十二職等以上之職務。

　　十一、優先陞任之情形：本法第11條規定，各機關下列人員無第十二條第一項各款情事之一，且具有陞任職務任用資格者，得經甄審委員會同意優先陞任：
1. 最近三年內曾獲頒功績獎章、楷模獎章或專業獎章。
2. 最近三年內經一次記二大功辦理專案考績（成）有案。
3. 最近三年內曾當選模範公務人員。
4. 最近三年曾獲頒勳章、公務人員傑出貢獻獎。
5. 經公務人員考試及格分發，先以較所具資格為低之職務任用。

　　合於前項得優先陞任條件有二人以上時，如有第五款情形應優先陞任，餘依陞任標準評定積分後，擇優陞任；其構成該條件之事實，以使用一次為限；同時兼具有兩款以上者亦同。

　　第一項第一款之專業獎章不含依服務年資頒給者。

　　十二、限制陞任之情形：本法第12條規定，各機關下列人員不得辦理陞任：
1. 最近三年內因故意犯罪，曾受有期徒刑之判決確定者，但受緩刑宣告者不在此限。
2. 最近二年內曾依公務員懲戒法受撤職、休職或降級之處分者。
3. 最近二年內曾依公務人員考績法受免職之處分者。
4. 最近一年內曾依公務員懲戒法受減俸或記過之處分者。
5. 最近一年考績（成）列丙等者，或最近一年內依公務人員考績法曾受累積達一大過以上之處分者；但功過不得相抵。

6. 任現職不滿一年者；但下列人員不在此限：(1)合計任本機關同一序列或較高序列職務，或合計曾任他機關較高職務列等或職務列等相同之職務年資滿一年；(2)本機關次一序列職務之人員均任現職未滿一年且無前目之情形；(3)前條第一項第五款之情形。

7. 經機關核准帶職帶薪全時訓練或進修六個月以上，於訓練或進修期間者。

8. 經機關核准留職停薪，於留職停薪期間者；但因配合政府政策或公務需要，奉派國外協助友邦工作或借調其他公務機關、公民營事業機構、財團法人服務，經核准留職停薪者，不在此限。

9. 依法停職期間或奉准延長病假期間者。

　　有前項各款情事之一者，於各機關辦理外補陞任時，亦適用之。

　　十三、職務遷調之情形：本法第13條規定，各機關對職務列等及職務相當之所屬人員，應配合職務性質及業務需要，實施下列各種遷調：

1. 本機關內部單位主管間或副主管間之遷調。

2. 本機關非主管人員間之遷調。

3. 本機關主管人員與所屬機關首長、副首長或主管人員間之遷調。

4. 所屬機關首長、副首長或主管人員間之遷調。

5. 本機關與所屬機關間或所屬機關間非主管人員之遷調。

　　前項各種遷調，得免經甄審（選）；其遷調規定，由各主管機關定之。

　　十四、配合訓練之實施：本法第14條規定，公務人員陞任高一官等之職務，應依法經陞官等訓練。

　　初任各官等之主管職務，應由各主管機關實施管理才能發展訓練。

　　十五、提起救濟之規定：本法第15條規定，公務人員對本機關辦理之陞遷，如認有違法致損害其權益者，得依公務人員保障法提起救濟。

十六、辦理陞遷之迴避：本法第16條規定，各機關辦理陞遷業務人員，不得徇私舞弊、遺漏舛誤或洩漏秘密；其涉及本身、配偶及三親等以內血親、姻親之甄審（選）案，應行迴避。如有違反，視情節予以懲處。

十七、特種人員之準用：本法第17條規定，教育人員、交通事業人員及公營事業人員之陞遷，得準用本法之規定。

十八、一條鞭特別規定：本法第18條規定，人事、主計及政風人員，得由各該人事專業法規主管機關依本法及施行細則規定，另訂陞遷規定實施。軍文併用機關人員之陞遷，準用前項規定。其所訂定之陞遷規定，應函送考試院備查。

十九、自訂規章之備查：本法第19條規定，各機關依第七條訂定之標準、第十三條訂定之各種遷調規定及第十七條訂定之準用規定，於訂定發布時，應函送銓敘部備查。

二十、施行日期與細則：本法第20條規定，本法施行細則，由考試院定之。又第21條規定，本法施行日期，由考試院以命令定之。即為施行日期與施行細則之規定。

綜上述之，本法主要係將公務人員任用事項中的陞任與遷調部分抽離出來，另為更細緻、更進一步的規範。其規範內容乍看不少，但如依條次加以歸納，大致可歸結為上述20點。明乎此，公務人員陞遷法制的初步輪廓已能了然於心矣！

第二節　公務人員陞遷法特色歸納

如上所言，公務人員陞遷法到底有何特色呢？茲從前面的重點摘述中分別說明如次：

一、從任用抽離出來：按公務人員之任用，如依任用時機區分，可分為初任、調任、陞任、轉任、再任、復任、改任等7種情形，（劉昊洲，2008:70）偶會見到的降調情形乃包含在調任之中。本法基本上是循完備法制之旨，而依憲法列舉考試院之陞遷職掌事項，將任用之中的陞任規定全部抽離出來，也將調任規定大部分抽離出來，一併在本法中加以規定。由於政府政策重視陞遷，遂使得任用與陞遷規定併列，任用法制也有被割裂之嫌。

二、與任用密切配合：本法雖從任用法抽離出來，但終究陞任與遷調俱屬任用之一環，因此在法律規定上兩者雖然已經切割，在實際上彼此卻又密切配合，不能單獨看待。例如適用對象、準用人員、迴避規定、甄審組織等，兩者規定均有許多雷同之處；至於其他部分，除任用法偏重初任規定，陞遷法著重陞任規定外，所定程序與原則亦無太大不同。兩者的密切關係，於此可見一斑。

三、陞遷規範細緻化：本法原從任用法分離獨立出來，部分條文甚至是從原來任用法條文移置修正而得。然而原先任用法中關於陞遷的條文數終究不多，且僅有原則性的規定；陞遷部分在撐開成為一個法律後，除立法目的、適用對象與施行細則、施行日期等必要規定外，業將執行的、程序的規定納入，讓陞遷規定更為公開、公平、透明、細緻，也更重視程序正義。這也就是說陞遷的法律密度已大為提升。

四、重心在陞任規定：本法規定主要包括陞任與遷調兩大部分，遷調即一般所謂之調任，更精確的說是平調，目的在增進職務歷練，但不能增加公務人員之實質所得，因此調任措施通常是在機關首長認為有業務需要時實施，公務人員亦不見得喜歡被調任，本法對於遷調之規定相對也較少。然而對於陞任，不論職務調升或官等職等提升，都會讓公務人員帶來成就感與快慰感，所以公務人員幾乎無有不重視者，本法亦有相當多數條文就陞任加以規定。本法將重心置於陞任規定之企圖，可謂昭然若揭。

　　五、排除主管之適用：陞遷既然要法制化，照說一個機關的全部人員均應適用，方符公平之旨，且無遺漏之嫌。然而本法為不影響機關首長的人事權，讓機關首長擁有更大的用人空間，卻將機關內部一級單位主管以上人員，包括首長、副首長、幕僚長、副幕僚長排除在適用範圍之外，讓陞遷法成為只管多數小的、不管少數大的現象，亦堪為其獨特之處。

　　六、組織甄審會辦理：按公務人員之陞遷，在以任用法規範之時期，為昭示公平，原也在行政命令中規定，應組織甄審委員會或甄審小組辦理。本法僅是將規定提升至法律位階，且明定組織甄審委員會辦理，雖有改變，只是小變而已。不過排除首長一人決策及人事單位逕為辦理之用心，是毋庸懷疑的；也惟有納入多數委員參與集體決策，在人事陞遷上才會更為透明與公平。

　　七、授權訂定法規多：前言之，本法現行規定較諸之前併同在任用法中規定時已較為細緻與綿密，也將更多的執行規定、程序規定納入其中。不過因為終究屬於作用法，只有將重要的執行規定、程序規定納入，其他次要的、更具體的事項，也僅能如第7條授權主管院、第20條授權考試院、第13條、第18條授權主管機關、第6條、第7條授權各機關辦理。所以本法授權訂定規定之處，雖然不如任用法多，但相對而言，也是較多的一個法律，堪稱為其特色之一。

　　要之，所謂特色，乃獨特之處、與眾不同之處。雖然就個別性質言之，公務人員陞遷法本與其他法律不同，但就共同性質分析，公務人員陞遷法也有如上7點所述與其他法律不一樣的特色存在。這些特色，在在值得吾人省思與重視，因為只有掌握特色，始能進一步掌握公務人員陞遷法之精髓矣！

第三節　公務人員陞遷法問題探討

公務人員陞遷法制定施行迄今不過十餘年，可說是很年輕的法律。在這短暫的施行過程中，固有其施行成效，但也發現一些弊端與缺失，甚至有公務人員形容本法為「人事界的惡法」。顯然可知，本法是有一些尚待探討的問題，爰分別探討如下：

一、壓縮首長任用權限的問題：按我國傳統在人事上一向採行首長制，由機關首長全權決定用人，也由機關首長負一切成敗之責；各機關人事單位在一條鞭領導體系下，原對機關首長有監督之職能，不過現在幾已淪為配合與輔助之純粹幕僚地位，機關首長人事權大增，甚至趨於絕對化。然而本法對於首長任用權限卻大大加以限縮，透過陞遷序列表、資績評分、甄審或公開甄選、甄審委員會之運作，將首長的絕對用人權——只要符合任用資格規定，首長可以依其意願隨意任用任何人擔任任何職務的權力，弱化為在一級副主管以下，只能就甄審委員會依程序提報之三人名單中圈定一人陞補之，以及在一級主管以上人員逕行核定陞遷之。許多民選首長若非藉詞無法找到志同道合者或合適之人才推動其政策，反向要求增加政務人員、機要人員或聘用人員等員額數；即是表面遵守規定，讓程序走一趟，明明有內定人選，卻將不知情的陪榜人員耍著玩，委實是值得檢討的問題。

二、甄審甄選擇一辦理的問題：依本法第5條規定，各機關職缺如由本機關人員陞遷時，應辦理甄審；如由本機關以外人員遞補時，除三類特定人員外，應公開甄選。惟內部甄審與對外公開甄選究以何者為先？可否一併舉辦？法律並無明文規定，本法施行細則第3條僅補充規定：簽報機關首長決定職缺擬辦內陞或外補後再行辦理。如此沒有任何限制或約束之規定，不啻讓首長置於用人的上游，且可游走於兩種方式之間，如果首長存有私心，那種方式有利即採那種方式，欲期甄補優秀合適之人員，恐怕仍是緣木求魚之舉。

　　三、調任規定並非完整的問題：前言之，本法規定主要包括陞任與遷調兩者，但除共通部分外，多數條文乃係針對陞任事項而為規定，有關遷調規定明顯較少，僅有第7條第4項、第13條而已。在陞遷自任用法制中抽離出來後，照說任用法中不應再有遷調規定，然而任用法第18條卻仍留有調任之規定。顯然可見，兩法切割不甚清楚，而本法關於調任之規定亦非完整。

　　四、增加人事作業負擔的問題：本法之所以被稱為人事界的「惡法」，除壓縮首長任用權限外，主要是因增加人事單位龐大負擔以及拖延人員甄補時間的緣故。從訂定陞遷序列表開始，以迄審核資績評分、辦理甄審或公開甄選，再到召開甄審委員會，無不需要投入許多人力與時間。如果真能為機關找到優秀的合適人才，或許值得；但如果機關首長存有私心，早有內定人選，不知情者又來陪著玩；而用人單位因為職務出缺，等待良久卻無人可以替補；最後矛頭一定指向人事單位，讓人事人員承擔難以負荷之重，「惡法」之名即因此出現矣！

　　五、派用人員納入適用的問題：按說陞遷既從任用法制抽離出來，其適用對象自應與任用法一致配合，完全以任用法施行細則定義的公務人員範圍為界才是。任用法既已排除派用人員，本法自不應將派用人員包括在內；且派用人員未具任用資格，在法律上屬臨時人員之一種，如有必要，充其量頂多只能準用。然而本法第3條卻明白將派用人員納入適用對象，顯有不妥。

　　六、特種人員予以準用的問題：按特種任用人員依任用法規定，原有司法人員、審計人員、主計人員、關務人員、外交領事人員、醫事人員、警察人員等多種，這些人員仍屬公務人員行列；但教育人員、交通事業人員及公營事業人員只是廣義的公務員，並非公務人員。本法並未規定司法人員等之適用或準用，卻又規定教育人員等之準用，既與任用法之規定未能配合，且亦有無病呻吟之憾！

　　要之，公務人員陞遷制度影響機關組織運作層面極爲廣大，且實務執行上仍存有許多困難。機關首長覺得其用人權受到限制，人事人員反應增加其人事作業之不便，而多數公務人員亦未充分感受其陞遷權益受到保障。（邱建輝，2004：149）本法被稱爲「惡法」，不是沒有原因的。施行迄今雖然不過十多年，卻已衍生諸多弊端與缺失。以上所舉6點，只是其犖犖大者，吾人如稍微用心，當不難瞭解。

　　陞遷，乃每個公務人員在其漫長職業生涯中必然會面臨的課題，雖然大家喜歡陞任，不一定喜歡遷調，但碰到遷調的次數不見得會比較少。因此大多數公務人員看重陞遷法的規定，不是沒有原因的。

　　就前述探討中發現：本法雖然是關於執行與程序的規定，屬於實務面；但爲端正風氣，對於機關首長用人權可謂限制頗多，甚具理想性，惟整個社會不一定能夠接受。因此本法在施行過程中亦衍生一些問題，這些問題不但值得考試院檢討改進，也應納入修法的重要參考。（劉昊洲，2008：43）

第五章 公務人員俸給法之探討

　　公務人員俸給法是一部規範公務人員俸給制度的重要法律，最早制定公布於民國38年1月，惜因國家動亂未能付諸實施。其後於43年1月修正公布，配合公務人員任用法、考績法一併施行，跨出健全人事制度的第一步，也奠定簡薦委制度良好的人事基礎。

　　現行法制係制定公布於民國75年7月，並配合考試、任用、考績等三法，明定自76年1月施行，時稱兩制合一的新人事制度。其後復於79年12月、86年5月、91年6月、94年5月、97年1月五度修正，幅度大小不一而足。每次修正大致均與考試、任用或考績事項有關，也都是執行結果的檢討與回饋。

　　所謂俸給，乃公務員的基本所得或正常所得，（蔡祈賢，2008：191）是國家對公務人員職務給付之酬勞，（陳炳生，1988：196）也就是政府機關對於其所任用之公務人員，按期給予之經濟性報酬之謂。俸給，為俸與給二者合併之名稱。依我國現行公務人員俸給制度，俸有本俸、年功俸兩種，給有職務加給、技術加給、專業加給、地域加給4種；（徐有守，2007：382）惟現制係將專業加給與技術加給併稱。（如表5-1）大致言之，其支給方式主要有工作俸給制、資歷俸給制、生活俸給制與混合俸給制等4種。不論採用那一種支給方式，對於所有公務人員而言，俸給權都是最令人渴望，也是最基本的重要權利。職是，規範公務人員俸給的法律自然值得我們去探討。茲分就規範重點、特色歸納與問題探討3部分說明之。

第一節　公務人員俸給法規範重點

本法共28條條文，不分章節，較特別的是第4條附有公務人員俸表一個附表。其規範重點大致可歸納爲下列22點：

一、主要名詞定義：本法第2條明定所用名詞意義如下：

1. 本俸：係指各職等人員依法應領取之基本給與。
2. 年功俸：係指各職等高於本俸最高俸級之給與。
3. 俸級：係指各職等本俸及年功俸所分之級次。
4. 俸點：係指計算俸給折算俸額之基數。
5. 加給：係指本俸、年功俸以外，因所任職務種類、性質與服務地區之不同，而另加之給與。

二、俸給種類區分：本法第3條規定，公務人員之俸給，分本俸（年功俸）及加給，均以月計之。不過服務未滿整月者，按實際在職日數覈實計支；其每日計發金額，以當月全月俸給總額除以該月全月之日數計算。但死亡當月之俸給按全月支給。

三、各等俸級區分：本法第4條明定公務人員俸級區分如下：

1. 委任分五個職等，第一職等本俸分七級，年功俸分六級，第二至第五職等本俸各分五級，第二職等年功俸分六級，第三職等、第四職等年功俸各分八級，第五職等年功俸分十級。
2. 薦任分四個職等，第六至第八職等本俸各分五級，年功俸各分六級，第九職等本俸分五級，年功俸分七級。
3. 簡任分五個職等，第十至第十二職等本俸各分五級，第十職等、第十一職等年功俸各分五級，第十二職等年功俸分四級，第十三職等本俸及年功俸均分三級，第十四職等本俸爲一級。

至於本俸、年功俸之俸級及俸點，則依所附俸表之規定。

四、加給種類區分：本法第5條明定加給分下列三種：

1.職務加給：對主管人員或職責繁重或工作具有危險性者加給之。

2.技術或專業加給：對技術或專業人員加給之。

3.地域加給：對服務邊遠或特殊地區與國外者加給之。

五、初任起敘規定：本法第6條規定，初任各官等職務人員，其等級起敘規定如下：

1.高等考試之一級考試或特種考試之一等考試及格者，初任薦任職務時，敘薦任第九職等本俸一級；先以薦任第八職等任用者，敘薦任第八職等本俸四級。

2.高等考試之二級考試或特種考試之二等考試及格者，初任薦任職務時，敘薦任第七職等本俸一級；先以薦任第六職等任用者，敘薦任第六職等本俸三級。

3.高等考試之三級考試或特種考試之三等考試及格者，初任薦任職務時，敘薦任第六職等本俸一級；先以委任第五職等任用者，敘委任第五職等本俸五級。

4.普通考試或特種考試之四等考試及格者，敘委任第三職等本俸一級。

5.初等考試或特種考試之五等考試及格者，敘委任第一職等本俸一級。

又，在中華民國八十五年一月十七日公務人員考試法修正施行前，考試及格人員初任各官等職務時，其等級起敘規定如下：

1.特種考試甲等考試及格者，初任簡任職務時，敘簡任第十職等本俸一級；先以薦任第九職等任用者，敘薦任第九職等本俸五級。

2.高等考試之一級考試及格者，初任薦任職務時，敘薦任第七職等本俸一級；先以薦任第六職等任用者，敘薦任第六職等本俸三級。

3.高等考試之二級考試及格者，初任薦任職務時，敘薦任第六職等本俸一級；先以委任第五職等任用者，敘委任第五職等本俸五級。

4.高等考試或特種考試之乙等考試及格者，初任薦任職務時，敘薦任第六職等本俸一級；先以委任第五職等任用者，敘委任第五職等本俸五級。

5.普通考試或特種考試之丙等考試及格者，敘委任第三職等本俸一級。
6.特種考試之丁等考試及格者，敘委任第一職等本俸一級。

　　六、升考起敘規定：本法第7條規定，升官等考試及格人員初任各官等職務等級之起敘如下：
1.簡任升官等考試及格者，初任簡任職務時，敘簡任第十職等本俸一級。
2.薦任升官等考試及格者，初任薦任職務時，敘薦任第六職等本俸一級。
3.委任升官等考試及格者，初任委任職務時，敘委任第一職等本俸一級。
　　本法施行前經依考試法、分類職位公務人員考試法或公務人員升等考試法考試及格者，初任其考試及格職等職務時，分別自各該職等之最低俸級起敘。

　　七、特別起敘規定：本法第8條規定，試用人員俸級之起敘，依前二條規定辦理，改為實授者，仍敘原俸級。

　　又第9條規定，依各種考試或任用法規限制調任之人員、專門職業及技術人員轉任公務人員條例轉任之人員，在限制轉調機關、職系或年限內，如依另具之公務人員任用資格任用時，應以其所具該公務人員任用資格重新銓敘審定俸級。

　　前項人員以其他任用資格於原職務改任時，應以其所具該公務人員任用資格重新銓敘審定俸級。

　　八、現職換敘規定：本法第10條規定，各機關現職人員，經銓敘合格者，應在其職務列等表所列職等範圍內換敘相當等級；其換敘辦法，由考試院定之。

　　九、調任敘俸規定：本法第11條規定，依法銓敘合格人員，調任同職等職務時，仍依原俸級銓敘審定。在同官等內調任高職等職務時，具有所任職等職務任用資格者，自所任職等最低俸級起敘；如未達所任職等之最低俸級者，敘最低俸級；如原敘俸級之俸點高於所任職等最低俸級之俸點

時，敘同數額俸點之俸級。在同官等內調任低職等職務以原職等任用人員，仍敘原俸級。

權理人員，仍依其所具資格銓敘審定俸級。

調任低官等職務以調任官等之最高職等任用人員，其原敘俸級如在所調任官等之最高職等內有同列俸級時，敘同列俸級；如高於所調任官等之最高職等最高俸級時，敘至年功俸最高級為止，其原敘較高俸級之俸點仍予照支。

前項仍予照支原敘較高俸級俸點人員，日後再調回原任高官等職務時，其照支之俸級如在所調任職等內有同列俸級時，敘同列俸級；如高於所調任職等最高俸級時，敘至年功俸最高級為止，其原照支較高俸級之俸點仍予照支。

又第13條規定，不受任用資格限制人員，依法調任或改任受任用資格限制之同職等職務時，具有相當性質等級之資格者，應依其所具資格之職等最低級起敘，其原服務較高或相當等級年資得按年核計加級。

十、三類轉任敘俸：本法第12條規定，公立學校教育人員、公營事業人員轉任行政機關職務時，其俸級之核敘，除其他法規另有規定外，依其考試及格所具資格或曾經銓敘審定有案之職等銓敘審定俸級。行政機關人員轉任公立學校教育人員或公營事業人員時，其服務年資之採計，亦同。

曾任行政機關銓敘審定有案之年資，如符合公務人員考績法第十一條第一項規定，應先於所轉任職務列等範圍內晉升職等，再銓敘審定俸級。

十一、再任敘俸規定：本法第14條規定，本法施行前，經銓敘合格人員，於離職後再任時，其俸級核敘比照第十條規定辦理；本法施行後，經銓敘合格人員，於離職後再任時，其俸級核敘比照第十一條規定辦理。但所再任職務列等之俸級，高於原敘俸級者，敘與原俸級相當之俸級；低於

原敘俸級者，敘所再任職務列等之相當俸級，以敘至所任職務之最高職等年功俸最高級爲止。如有超過之俸級，仍予保留。俟將來調任相當職等之職務時，再予回復。

十二、升官等之敘俸：本法第15條規定，升任官等人員，自升任官等最低職等之本俸最低級起敘；但原敘年功俸者，得敘同數額俸點之本俸或年功俸。曾任公務人員依考試及格資格，再任較高官等職務者，亦同。

現任或曾任公務人員，依所具較高考試及格資格，升任或再任較高職等職務時，其原敘俸級，高於擬任職等最低俸級者，得敘同數額俸點之本俸或年功俸。

初任委任官等職務人員，其俸級依所具任用資格等級起敘，曾任雇員原支雇員年功薪點，得敘該職等同數額俸點之俸級，以敘至年功俸最高級爲止，其超過之年功薪點仍准暫支，俟將來升任較高職等職務時，照其所暫支薪點敘所升任職等相當俸級。

十三、考績晉敘原則：本法第16條規定，公務人員本俸及年功俸之晉敘，依公務人員考績法之規定。

在同官等內調任低職等職務仍以原職等任用，並敘原俸級人員，考績時得在原銓敘審定職等俸級內晉敘。

十四、採計提敘情形：第17條規定，公務人員曾任下列年資，如與現任職務職等相當、性質相近且服務成績優良者，得按年核計加級至其所銓敘審定職等之本俸最高級；如尚有積餘年資，且其年終（度）考績（成、核）合於或比照合於公務人員考績法晉敘俸級之規定，得按年核計加級至其所銓敘審定職等之年功俸最高級爲止：

1. 經銓敘部銓敘審定有案之年資。
2. 公營事業機構具公務員身分之年資。
3. 依法令任官有案之軍職年資。

4.公立學校之教育人員年資。

5.公立訓練機構職業訓練師年資。

曾任政務人員、民選首長、公立專科以上學校教師、公立社會教育機構專業人員及公立學術研究機構研究人員年資,如繳有成績優良證明文件,得比照前項規定,按年核計加級至其所銓敘審定職等之年功俸最高級為止。

公務人員曾任前二項以外之公務年資,如與現任職務職等相當、性質相近且服務成績優良者,得按年核計加級至其所銓敘審定職等之本俸最高級為止。

第一項所稱職等相當,指公務人員曾任職務等級與現所銓敘審定之職等相當;所稱性質相近,指公務人員曾任職務工作性質與擬任職務之性質相近。

公務人員曾任職等相當、性質相近、服務成績優良年資提敘俸級之認定,其辦法由考試院定之。

十五、加給給與法源:本法第18條規定,各種加給之給與條件、類別、適用對象、支給數額及其他事項,由考試院會同行政院訂定加給給與辦法辦理之。

本俸、年功俸之俸點折算俸額,由行政院會商考試院定之。

十六、銓審互核規定:本法第19條規定,各機關不得另行自定俸給項目及數額支給,未經權責機關核准而自定項目及數額支給或不依規定項目及數額支給者,審計機關應不准核銷,並予追繳。

銓審互核實施辦法,由銓敘部會同審計部定之。

十七、降級改敘規定:本法第20條規定,降級人員改敘所降之俸級。

降級人員在本職等內無級可降時，以應降之級為準，比照俸差減俸。

降級人員依法再予晉級時，自所降之級起遞晉；其無級可降，比照俸差減俸者，應依所減之俸差逐年復俸。

給與年功俸人員應降級者，應先就年功俸降級。

十八、停職給薪原則：本法第21條規定，依法停職人員，於停職期間，得發給半數之本俸（年功俸），至其復職、撤職、休職、免職或辭職時為止。

復職人員補發停職期間之本俸（年功俸），在停職期間領有半數之本俸（年功俸）者，應於補發時扣除之。

先予復職人員，應俟刑事判決確定未受徒刑之執行；或經移付懲戒，須未受撤職、休職之懲戒處分者，始得補發停職期間未發之本俸（年功俸）。

停職、復職、先予復職人員死亡者，得補發停職期間未發之本俸（年功俸），並由依法得領受撫卹金之人具領之。

公務人員失蹤期間，在未確定死亡前，應發給全數之本俸（年功俸）。

十九、曠職扣薪規定：本法第22條規定，公務人員曠職或請事假超過規定日數者，應按第三條第二項計算方式，扣除其曠職或超過規定事假日數之俸給。

二十、敘俸保障規定：本法第23條規定，經銓敘部銓敘審定之等級，非依本法、公務員懲戒法及其他法律之規定，不得降敘。又第24條規定，公務人員俸級經銓敘部銓敘審定後，如有不服，得依公務人員保障法提起救濟；如有顯然錯誤，或有發生新事實、發現新證據等行政程序再開事

由，得依行政程序法相關規定辦理。

　　現職人員取得較高考試及格資格，申請改敘俸級者，應於取得考試及格證書之日起三個月內辦理。依限申請改敘核准者，其爲免經訓練、實習或學習程序之考試及格人員，自考試榜示及格之日改支；其爲須經訓練、實習或學習期滿成績及格，始完成考試程序之人員，自訓練、實習或學習期滿成績及格之次日改支。逾限申請而核准者，自申請之日改支。

　　廿一、特種人員薪俸：本法第25條規定，派用人員之薪給，準用本法之規定。又第26條規定，教育人員及公營事業人員之俸給，均另以法律定之。

　　廿二、施行相關規定：本法第27條規定，本法施行細則由考試院定之。又第28條規定，本法施行日期由考試院定之；本法修正條文，自公布日施行。

　　由上所述，吾人不難瞭解本法的規範重點，主要是規定公務人員如何敘俸的事宜，包括依據何種考試及格資格，敘定什麼俸級，任職後可以採計那些年資提敘俸級，如何晉敘俸級，以及其他相關事項。明乎此，自不難掌握本法的面貌與精髓矣！

第二節　公務人員俸給法特色歸納

　　由前述對公務人員俸給法的重點摘述中，吾人如果稍微留意，當不難瞭解其與眾不同的特色所在。謹略述其特色如下：

　　一、依資格定薪俸：由前述本法規定，不難得知公務人員之敘俸主要係依考試及格取得之任用資格定其所敘之俸級，而非依職務職責定其給與。不同等級考試及格人員所敘俸級明顯有別，不論是對外初任考試，或

是內部升等考試，均予以明確規定，一切依考試及格資格敘定其基本之俸級，並據此領取應領之本俸或年功俸。

二、只限俸給事項：廣義的俸給包括個人因工作付出而得到的一切酬勞在內，待遇與福利自然涵括在內。然而本法只就狹義的俸給加以規定，即只針對個人敘俸等差加以規定，至於眾人齊頭式平等的福利事項、涉及全國一致及每個人實領薪俸多寡的待遇事項，卻完全未見明文規定，亦無法律授權，全憑行政部門自行處理。顯然的，本法非常的自我限縮，所規範的並非廣義的、全部的俸給事項。

三、按月計支薪俸：按計算薪俸期間，較常見到的有日薪（工資）、週薪、月薪及年薪等4種，也有按件計酬的方式。在民間傳統計算薪津方式，一向按月處理，每個月發薪一次。本法亦如社會慣例，原則上係按月計算及發給薪俸，只在服務未滿整月時，始按實際在職日數覈實發給，與國外發給週薪、年薪者終究有別。

四、配合規定居多：雖然在法制上我國係採個別立法主義，一事項原則上即有一法律予以規定，所以公務人員之任用、陞遷事項，雖然與俸給密切相關，但仍然分別加以規範；而考試、考績事項與俸給亦有相當之關聯，卻依然各自規定。不過也因為這些法律規範事項彼此關係密切，故連動性頗大，常動一法而牽涉其他法律；而本法規定內容涉及考試、任用、陞遷與考績事項者，幾佔全部條文的半數以上，其配合規定的特性昭然若揭。

五、從寬採計提敘：公務人員曾任職務年資之採計提敘，攸關其實際薪資所得，故公務人員未有不重視者。就法理論之，核敘公務人員俸給，原應自其取得任用資格，並經任用為公務人員後始得計之，在未取得公務人員任用資格前之任何職務之年資一概不予採認，以昭初任人員之公平並維護制度之完整。惟本法卻以列舉方式採認曾任軍、教及公營事業人員之年資，只要職等相當、性質相近且服務成績優良者，均得按年採計至所銓

敘審定職等之本俸最高級；如尚有積餘年資，且其年終考績合於考績法晉敘俸級之規定者，尚得核敘至年功俸最高級為止。由此可知，本法不但採計以往曾任職務之年資，且顯係依從寬採計之原則處理。

六、**嚴限另定俸給**：本法既係公務人員俸給事項的基準法律，甚至是唯一法律，各主管機關即不應藉故逾越本法，另訂不同類型的俸給或待遇，以免傷害法律威嚴、衍生待遇不公的情形。不過由於我國早期人事體制紊亂，幾無章法可言，為免損及現職人員既得權益，只能尊重現實，承認現有制度措施；惟為避免擴大差距，爰在第19條明定各機關不得另行自定俸給項目及數額支給。此一在法律條文中明白規定不得另定俸給之情形，實屬少見。

要之，公務人員俸給法之所以為公務人員俸給法，自有與其他法律不同之特色所在。如上所述6點，即彰顯出其不一樣的特色。瞭解這些特色後，對於本法的掌握自然得隴望蜀、不遺在遠矣！

第三節　公務人員俸給法問題探討

俸給權，是公務人員任職後最重要、最具體、最基本、最持久的權利。沒有薪俸，即不能養家活口、填飽肚子，當然也沒有尊嚴可言，所以儘管有人唱高調應為理想、為興趣而工作，但最基本的還是為賺錢而工作。職是，沒有那一個公務人員不重視俸給的，公務人員俸給法的規定自然也水漲船高，倍受重視；公務人員俸給法中的相關問題，也屢屢被提出來探討。爰就一些較常見的問題分別探討如下：

一、**本法定位未能明確規定的問題**：依本法第1條規定「公務人員之俸給，依本法行之」觀之，不但明確昭示本法的立法目的，亦因再無其他但書之例外規定，而確立其基準法之地位。所有公務人員之俸給事項，一

定要依本法規定行之，除非本法未有規定者，其他法律始能補充規定。惟本法第23條規定「經銓敘部銓敘審定之等級，非依本法、公務員懲戒法及其他法律之規定，不得降敘」，從反面解釋，只要法律有所規定，不管什麼法律，都可予以降敘，不啻將本法置於其他所有法律的補充法地位。又第26條規定「教育人員及公營事業人員之俸給，均另以法律定之」，使得本法成為教育人員及公營事業人員俸給事項的母法與普通法，其實教育人員與公營事業人員在法律屬性上均非屬公務人員，有無必要在此立一法源，亦值得探討。

　　二、公務人員意義未見界定的問題：觀諸本法全部條文，並未就公務人員之意義予以規定，由於本法與公務人員任用法密切相關，直接將任用法之定義移置於本法，其實並無不可；但本法亦通篇未提適用任用法之規定，在個別立法原則之下，顯有疏漏之嫌。再者僅有3種人員，即派用人員可以準用、教育人員及公營事業人員予以除外規定，其他如聘用人員、交通事業人員、醫事人員等均未見規定，亦與任用法規定不盡配合，亦有值得檢討改進之處。

　　三、適用範圍未與任用配合的問題：考試、任用、俸給三者可謂是人事制度的核心事項，其中又以任用規定為最，因此俸給事項自應緊密配合任用之規定。然而本法既未明訂其適用範圍，除關務人員、警察人員、交通事業人員等特種公務人員未依任用法規定之體例予以除外規定外，有關舊制技術人員、醫事人員之改任換敘，亦未在本法規定，只在任用法中賦予法源或一併規定。顯然的，不只任用法有越界規定俸給事項之嫌、俸給法有未盡職責之嫌，亦與「個別立法原則」、「法貴周延完備」之法理有所違背。

　　四、折算俸點標準未見規定的問題：本法雖就公務人員個人所具資格及經歷年資如何起敘、換敘、晉敘等事項予以規定，亦就被懲戒或降級人員如何降敘事宜加以規範，讓當事人明瞭自己可敘那一職等與俸級，固無

不妥。然而公務人員每月到底可領多少薪俸的實質問題，不但無法從法律規定得知，甚且因第18條將各種加給的支給數額、俸點折算俸額等空白授權給行政院與考試院兩院會銜訂定，恐怕有違「法律明確性」原則，亦與「涉及重要權利事項應以法律定之」原則不合。為今之計，縱或不能明訂公務人員實領薪俸，但至少俸點折算俸額之標準以及調整薪俸之原則，亦應在法律條文中明確加以規定，始符「法律授權明確」之旨。

　　五、停職人員發給半數本俸的問題：所謂停職，乃暫時停止職務之執行，但不喪失公務人員身分；惟此並非最後確定結果。按公務人員停職，除公務人員考績法第18條先行停職外，主要有公務員懲戒法第3條當然停職與第4條先行停職兩種情形。前者採列舉規定，大致上係犯罪事證明確者才會依規定被停職，最後結果多數也會被撤職或休職；後者係籠統規定，乃授權公懲會與主管長官為必要之處置，可能因認定標準不一、事證尚不明確等原因，日後不一定會被判刑或處罰，當然也不一定會被撤職或休職。兩種情形差異頗大，然而本法第21條卻未加以區別規定，所有停職人員於停職期間均得發給半數之本俸（年功俸）；又停職人員死亡者，尚得補發給遺族停職期間未發之本俸（年功俸）。如此規定，固然顧及停職人員及其家人之生計，卻衍生不工作仍有薪俸可領的不公平情形，也難以達到懲罰的效果，似有值得斟酌之必要。

　　六、失蹤人員發給全數本俸的問題：按我國失蹤人口之處理，係依民法第8條規定，一般失蹤須滿七年，八十歲以上之失蹤須滿三年，遭遇特別災難之失蹤須滿一年，始能宣告死亡。亦即除須符合失蹤要件外，也得經過一定期間，始得推定其為死亡。本法對於公務人員在失蹤期間，竟准發給全數本俸（年功俸）。既未工作，仍然發給薪俸，不符「有工作始有薪俸」原則，已有不妥；也恐衍生公務人員假詐失蹤而行險投機的不健康心理。此一情形，明顯有改進的空間。

　　七、待遇福利事項未見規範的問題：前言之，廣義的俸給包括待遇與

福利事項。大體上福利事項採齊頭式規定，有人就有份，較之於因人而異的俸給，頗有差距；而待遇事項雖因涉及國家財政，應做全國一致性的處理，但仍涉及公務人員實質收入，與俸給密不可分。兩者皆與公務人員實質所得有關，然而兩者目前均未見法律規定，任由行政機關自行處理，顯與法律保留原則有違，至有不妥。

要之，本法規範公務人員薪俸事項，所有公務人員無不關切。然而不可否認的，本法規定不甚周妥合宜，因此常有被公務人員或學者專家提出質疑，甚或挑戰的地方。如上所述7點，就是較常被提及的問題，期盼有司當局能加以留意及防範，方能有助於問題的解決與改善。

俸給，是公務人員最基本，也是最重要的經濟性權利。沒有薪俸，公務人員就不能養家活口，就難以養成廉潔風氣，當然也難以留住人才，一旦外面有待遇更好的工作，勢必見異思遷，一去不回頭。職是，所有國家的主政者無不重視公務人員的俸給權利，也因此公務人員俸給法規格外受到注意。

如上所述，本法主要規範公務人員俸給相關事項，包括如何起敘、晉敘、換敘、提敘、降敘以及其他相關事宜，與考試、任用、陞遷及考績法制密切相關。不過這主要是就個人所具之資格條件予以規範，對於待遇與福利部分既未著墨規定，亦無明確具體的授權。

從以上探討中，吾人當不難瞭解本法規定重點，亦不難掌握本法制度特色及值得探討的問題。惟有吾人勇於面對，努力思考如何去因應及解決，我國公務人員俸給規定才會更為綿密周妥，俸給制度才能與時俱進、可長可久。（劉昊洲，2009：29）

表 5-1：公務人員俸表（公務人員俸給法第四條附表）

說明	等官（職等）	一職等	二職等	三職等	四職等	五職等	六職等	七職等	八職等	九職等	十職等	十一職等	十二職等	十三職等	十四職等
		委任					薦任				簡任				
俸點 800													四	三	三
790												五	三	二	二
780											五	四	二	一	一
750											四	三	一	五	
730											三	二	五	四	
710										七	一	三	一		
690										六	一	五	二		
670										五	五	四	二		
650										四	四	一			
630									六	三	三				
610									五	二	一				
590								六	四	一					
550								五	二						
535						六	四	三	四						
520						十	五	二	一	三					
505						九	四	一	五						
490						八	三		四						
475						七	二		三						
460						六		四	二						
445					八	五		二							
430					七	四	四								
415				八	六	五	三								
400				七	五		一								
385				六	三										
370				五	三	五									
360				四	二	四									
350				三	一										
340					五										
330			六	一	四										
320			五	五	三										
310			四	四											
300			三	三											
290			二												
280		六	一	一											
270		五	五												
260		四	四												
250		三	三												
240		二	二												
230		一	一												
220		七													
210		六													
200		五													
190		四													
180		三													
170		二													
160		一													

說明：

一、俸級分本俸及年功俸，依公務人員俸給法第四條規定，並就所列俸點折算俸額登給。俸額之折算，必要時，得按俸點分段訂定之。

二、本表俸分本俸及年功俸之俸級，委任分五個職等，第一職等本俸分七級，年功俸分八級，第二至第五職等本俸各分五級，第一職等年功俸分六級，第二職等年功俸分六級，第三職等、第四職等、第五職等年功俸各分七級；薦任分四個職等，第六至第八職等本俸各分五級，第九職等本俸分三級，第六職等年功俸分六級，第七職等、第八職等年功俸各分六級，第九職等年功俸分七級；簡任分五個職等，第十至第十二職等本俸各分五級，第十三職等本俸分三級，第十職等、第十一職等年功俸各分五級，第十二職等年功俸分四級，第十三職等為二十個俸點，各職等年功俸之俸點比照，第十三職等、第十四職等年功俸均分三級。

三、本表各職等之俸級，依公務人員考績法之規定，由本俸晉敘至年功俸，但最高年功俸俸級為限，其晉敘以至最高年功俸俸級為限。

四、本表粗線以上為年功俸或年功俸俸點，粗線以下為本俸俸級。

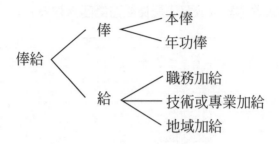

圖 5-1：公務人員俸給分類

第六章 公務人員考績法之探討

公務人員考績法是一部歷史悠久的人事法律，最早可溯自國民政府18年11月公布之考績法。以現行名稱為名之法律，亦早在民國38年1月即奉總統公布，並在43年1月修正公布後付諸施行，其後在51年4月、59年8月、69年12月三次分別局部修正。嗣為配合兩制合一之新人事制度施行，經與分類職位公務人員考績法整併，於75年7月重新制定公布，並定自76年1月配合考試、任用、俸給三法同步施行。之後於79年12月、86年6月、90年6月、96年3月又四度修正少數條文，以迄於今。

考績，係評鑑公務人員在一定期間內的服務成績，（陳炳生，1988：310）是確定工作人員表現與對組織貢獻的方法，（蔡祈賢，2008：162）即依全年平時考核之結果，於年度結束時所實施之年度工作績效總評，（徐有守，2007：427）亦名效率評算，或工作評算。（梅嶙高，1979：326）我國與英美等國皆以考績名之，法國稱為鑑定，日本稱為勤務評定，中國（大陸）稱為考核，（舒放等，2001：81）或考評（肖鳴政，1998：1）。名稱雖異，但考評之實並無太大差距。除依考績結果決定是否給予獎金、晉級或留原俸級、免職之獎懲外，也做為任用、陞遷或其他人事作用的主要參據，對於全體公務人員來說都是十分重要的。此外，考績是維持機關紀律與確保業務推動的重要手段，所有的工作要求與差假勤惰，主要都是透過考績去落實，對於機關而言也十分重要。

職是，公務人員考績法的規定是值得吾人深入去探討的，茲分就規範重點、特色歸納與問題探討3部分論述之。

第一節　公務人員考績法規範重點

本法共25條條文，不分章節，除第12條條文內容較多，遍及項、款、目三個層級外，其他各條文內容都不太多。其規範重點大致可歸納如下：

一、規範事項及原則：本法第1條規定，公務人員之考績，依本法行之。又第2條規定，公務人員之考績，應本綜覈名實、信賞必罰之旨，作準確客觀之考核。這兩條文乃有關考績事項與考績原則之規定。

二、考績種類之區分：本法第3條規定，公務人員考績區分如下：

1.年終考績：係指各官等人員，於每年年終考核其當年一至十二月任職期間之成績。

2.另予考績：係指各官等人員，於同一考績年度內，任職不滿一年，而連續任職已達六個月者辦理之考績。

3.專案考績：係指各官等人員，平時有重大功過時，隨時辦理之考績。

三、考績期間之計算：本法第4條規定，公務人員任現職，經銓敘審定合格實授至年終滿一年者，予以年終考績；不滿一年者，如係升任高一官等職務，得以前經銓敘審定有案之低一官等職務合併計算，辦理高一官等之年終考績；如係調任同一官等或降調低一官等職務，得以前經銓敘審定有案之同官等或高官等職務合併計算，辦理所敘官等職等之年終考績；但均以調任並繼續任職者為限。又具有公務人員任用資格之政務人員、教育人員或公營事業人員轉任公務人員，經銓敘審定合格實授者，其轉任當年未辦理考核及未採計提敘官職等級之年資，得比照前項經銓敘審定合格實授之年資，合併計算參加年終考績。

四、年終考績之項目：本法第5條規定，年終考績應以平時考核為依據。平時考核就其工作、操行、學識、才能行之。其考核之細目，由銓敘機關訂定；但性質特殊職務之考核得視各職務需要，由各機關訂定，並送銓敘機關備查。

　　五、考績分數及等第：本法第6條規定，年終考績以一百分爲滿分，分甲、乙、丙、丁四等，各等分數如下：

1. 甲等：八十分以上。

2. 乙等：七十分以上，不滿八十分。

3. 丙等：六十分以上，不滿七十分。

4. 丁等：不滿六十分。

　　六、考列丁等之條件：本法第6條除規定考列甲等之條件，應於施行細則中明定外，亦規定受考人在考績年度內，有下列情形之一者，始得考列丁等：

1. 挑撥離間或誣控濫告，情節重大，經疏導無效，有確實證據者。

2. 不聽指揮，破壞紀律，情節重大，經疏導無效，有確實證據者。

3. 怠忽職守，稽延公務，造成重大不良後果，有確實證據者。

4. 品行不端，或違反有關法令禁止事項，嚴重損害公務人員聲譽，有確實證據者。

　　七、年終考績之獎懲：本法第7條規定，年終考績之獎懲爲：

1. 甲等：晉本俸一級，並給與一個月俸給總額之一次獎金；已達所敘職等本俸最高俸級或已敘年功俸級者，晉年功俸一級，並給與一個月俸給總額之一次獎金；已敘年功俸最高俸級者，給與二個月俸給總額之一次獎金。

2. 乙等：晉本俸一級，並給與半個月俸給總額之一次獎金；已達所敘職等本俸最高俸級或已敘年功俸級者，晉年功俸一級，並給與半個月俸給總額之一次獎金；已敘年功俸最高俸級者，給與一個半月俸給總額之一次獎金。

3. 丙等：留原俸級。

4. 丁等：免職。

　　前項所稱俸給總額，指公務人員俸給法所定之本俸、年功俸及其他法

定加給。

八、另予考績之獎懲：本法第8條規定，另予考績人員之獎懲，列甲等者，給與一個月俸給總額之一次獎金；列乙等者，給與半個月俸給總額之一次獎金；列丙等者，不予獎勵；列丁等者，免職。

九、考績之比較範圍：本法第9條規定，公務人員之考績，除機關首長由上級機關長官考績外，其餘人員應以同官等為考績之比較範圍。

十、重複晉級之禁止：本法第10條規定，年終考績應晉俸級，在考績年度內已依法晉敘俸級或在考績年度內升任高一官等、職等職務已敘較高俸級，其以前經銓敘審定有案之低官等、職等職務合併計算辦理高一官等、職等之年終考績者，考列乙等以上時，不再晉敘；但專案考績不在此限。

十一、考績升等之規定：本法第11條規定，各機關參加考績人員任本職等年終考績，具有下列各款情形之一者，取得同官等高一職等之任用資格：

1. 二年列甲等者。

2. 一年列甲等二年列乙等者。

前項所稱任本職等年終考績，指當年一至十二月任職期間均任同一職等辦理之年終考績。另予考績及以不同官等職等併資辦理年終考績之年資，均不得予以併計取得高一職等升等任用資格。但以不同官等職等併資辦理年終考績之年資，得予以併計取得該併資之較低官等高一職等升等任用資格。

十二、平時考核之獎懲：本法第12條第1項規定，各機關辦理公務人員平時考核，獎勵分嘉獎、記功、記大功；懲處分申誡、記過、記大過。於年終考績時，併計成績增減總分。平時考核獎懲得互相抵銷，無獎懲抵銷而累積達二大過者，年終考績應列丁等。

十三、專案考績之獎懲：本法第12條另規定專案考績，於有重大功過時行之；其獎懲依下列規定：

1. 一次記二大功者，晉本俸一級，並給與一個月俸給總額之獎金；已達所敘職等本俸最高俸級或已敘年功俸級者，晉年功俸一級，並給與一個月俸給總額之獎金；已敘至年功俸最高俸級者，給與二個月俸給總額之獎金。但在同一年度內再因一次記二大功辦理專案考績者，不再晉敘俸級，改給二個月俸給總額之一次獎金。

2. 一次記二大過者，免職。

前項第二款一次記二大功之標準，應於施行細則中明定之。專案考績不得與平時考核功過相抵銷。

十四、一次二大過條件：本法第12條第3項規定，非有下列情形之一者，不得為一次記二大過處分：

1. 圖謀背叛國家，有確實證據者。

2. 執行國家政策不力，或怠忽職責，或洩漏職務上之機密，致政府遭受重大損害，有確實證據者。

3. 違抗政府重大政令，或嚴重傷害政府信譽，有確實證據者。

4. 涉及貪污案件，其行政責任重大，有確實證據者。

5. 圖謀不法利益或言行不檢，致嚴重損害政府或公務人員聲譽，有確實證據者。

6. 脅迫、公然侮辱或誣告長官，情節重大，有確實證據者。

7. 挑撥離間或破壞紀律，情節重大，有確實證據者。

8. 曠職繼續達四日，或一年累積達十日者。

十五、考績評定之依據：本法第13條規定，平時成績紀錄及獎懲，應為考績評定分數之重要依據。平時考核之功過，除依規定抵銷或免職者外，曾記二大功人員，考績不得列乙等以下；曾記一大功人員，考績不得列丙等以下；曾記一大過人員，考績不得列乙等以上。

十六、**考績評定之程序**：本法第14條規定，各機關對於公務人員之考績，應由主管人員就考績表項目評擬，遞送考績委員會初核，機關長官覆核，經由主管機關或授權之所屬機關核定，送銓敘部銓敘審定。但非於年終辦理之另予考績或長官僅有一級，或因特殊情形報經上級機關核准不設考績委員會時，除考績免職人員應送經上級機關考績委員會考核外，得逕由其長官考核。考績委員會對於考績案件，認為有疑義時，得調閱有關考核紀錄及案卷，並得向有關人員查詢。考績委員會對於擬予考績列丁等及一次記二大過人員，處分前應給予當事人陳述及申辯之機會。

第一項所稱主管機關為總統府、國家安全會議、五院、各部（會、處、局、署與同層級之機關）、省政府、省諮議會、直轄市政府、直轄市議會、縣（市）政府及縣（市）議會。

十七、**考績委員會法源**：本法第15條規定，各機關應設考績委員會，其組織規程由考試院定之。

十八、**審定結果之處理**：本法第16條規定，公務人員考績案，送銓敘部銓敘審定時，如發現有違反考績法規情事者，應照原送案程序，退還原考績機關另為適法之處分。

十九、**考績結果之執行**：本法第18條規定，年終辦理之考績結果，應自次年一月起執行；一次記二大功專案考績及非於年終辦理之另予考績，自主管機關核定之日起執行。但考績應予免職人員，自確定之日起執行；未確定前，應先行停職。

二十、**辦理人員之義務**：本法第19條規定，各機關辦理考績人員如有不公或徇私舞弊情事時，其主管機關應查明責任予以懲處，並通知原考績機關對受考人重加考績。又第20條規定，辦理考績人員對考績過程應嚴守秘密，並不得遺漏舛錯，違者按情節輕重予以懲處。

廿一、**派用人員之準用**：本法第21條規定，派用人員之考成，準用本

法之規定。

　　廿二、相關人員之規範：本法第22條規定，不受任用資格限制人員及其他不適用本法考績人員之考成，得由各機關參照本法之規定辦理。又第23條規定，教育人員及公營事業人員之考績，均另以法律定之。

　　廿三、施行日期與細則：本法第24條規定，本法施行細則，由考試院定之。又第25條規定，本法施行日期，由考試院以命令定之；但本法修正條文自公布日施行。

　　要而言之，本法在人事法律中乃屬中小型的法律，主要是就狹義公務人員的考績及其相關事項加以規範。其規範重點大致可歸納為上述23點，明乎此，對於本法即有基本的認識與掌握矣！

第二節　公務人員考績法特色歸納

　　本法既是規範公務人員一段期間的工作表現，且考績結果直接攸關公務人員的晉俸、獎金或免職，間接影響公務人員的日後發展，其規定之特色自然值得吾人重視。就前面所述，在形式上，除立法解釋有第7條俸給總額、第13條主管機關、第11條任本職等年終考績等3處之多，授權規定亦有第5條、第12條、第15條、第22條、第24條規定，多達5處外，在實質上亦有不少特色。爰就其實質特色探討如下：

　　一、配合相關法律分別規定：我國人事法律為數不少，通常因任用之不同，連帶產生不同的人事體制。在狹義公務人員，考試、任用、俸給、陞遷、考績五法，雖因「個別立法主義」之故而分別立法，但其關聯之密切，較諸其他法律間之關係，可謂絕無僅有；例如考績結果之晉級或升等，便涉及任用、陞遷與俸給三法規定。往往某一條文的修正變動，即牽涉其他相關法律條文的調整，此一與其他相關法律高度相關，卻又分開立

法的情形，絕對是本法的一大特色。

二、分別按期間及事件考核：本法規定公務人員之考績，主要以「年」定其期間，不長不短，尚稱適中，不過這只是在表現正常或僅有小功小過時適用；如因某一事件而產生重大功過時，仍可不定時辦理專案考績以決定其獎懲。此種主要依一段期間辦理考績，但例外可就一件重大事件而辦理考績的情形，亦可說是本法的重要特色。

三、明列年終考績丁等要件：本法原本未就年終考績考列丁等及專案考績一次記二大過人員明列其具體要件，僅在施行細則中規定考列丁等之要件。惟因此一規定考列丁等及一次記二大過的結果是「免職」，涉及公務人員工作權與身分改變的重大權益，依法應以法律定之，始稱允當。故在民國90年6月修正時，即提升至法律位階。惟只在法律層次規定考列丁等及一次記二大過之要件；其他各等次，或在施行細則中規定，或無規定，實可說是本法特殊之處。

四、以同官等做為比較範圍：一個機關內部同仁的工作情形難免有好有壞，表現的好壞可能與個人能力、意願、心態、健康因素有關，也可能與是否適才適所有關，但與官等職等高低鐵定無關。縱使高職等人員也可能因種種原因而表現不佳，不過以往雖有規定，因未嚴格執行，以致高職等人員雖然表現不佳，仍然可佔低職等人員之便宜而考列甲等。故本法第九條再度明定應以同官等人員做為考績比較之範圍，即係以制度規定導正實務執行可能衍生的弊端，自可說是本法的特色之一。

五、考列甲等人數未設限制：就一般機關全體同仁的工作表現觀之，大致呈現的狀態應與常態分配相當，也就是表現最優與最差的比例應該不高，如以四等次區分，表現優秀考列甲等的人數比例應該遠低於四分之一，甚或低於百分之二十。為使各機關首長與單位主管能不受考列等次比例之侷限，落實「覈實考核」之精神，本法一改以往考列甲等人數比例限制之作法，完全不設限制。是好是壞，雖然見仁見智，但絕對可說是目前

的一項特色，當無疑義。

　　六、併計年終考績期間放寬：以往公務人員考績規定謹守「形式主義」、「平等原則」，年終考績期間配合曆年制，必須在當年一月至十二月完整任同一官等之職務者，始能參加年終考績，否則只能辦理另予考績，甚或不能辦理考績。不過本法已大幅放寬併資辦理年終考績之規定，不但不同官等者可以併資辦理考績，對於具有任用資格之政務人員、教育人員或公營事業人員轉任者，原則上亦得併資辦理公務人員年終考績。此一放寬措施，也可說是本法的一項特色。

　　七、另予考績期間從寬規定：所謂另予考績，係指任職不滿一年，但連續任職已達六個月者辦理之考績，原本除因退休、撫卹等特殊事由外，均係配合年終考績辦理；易言之，在一般情形，僅完整任職後半年者始有辦理另予考績之條件。不過目前已修正為連續任職達六個月即可，不論前半年、後半年、中間一段滿半年，均可辦理另予考績。較諸往昔之嚴格規定，此一從寬規定，當可說是特色之一。

　　八、年終考績重複晉敘限制：公務人員年終考績結果考列甲等或乙等者，在正常情況下，依規定均可晉本俸或年功俸一級及支領一次獎金。不過公務人員俸級之提升，除初任人員之起敘、軍教公營事業轉任人員之改敘、依考績結果之晉敘、採計相關年資之提敘外，主要尚有因調任較高職等職務之晉敘等情形。如在同一年度內已因先調升較高職等之職務而晉俸一級，隨後如因考績結果可再晉俸一級，形同在同一年度內，並無特別功勛卻可晉俸兩級，勢將引發是否公平的爭議。是以本法明定在同一年度內已晉敘較高俸級有案者，除專案考績外，均不再重複晉敘俸級，亦可說是本法的特色之一。

　　九、明定辦理程序及其救濟：前言之，公務人員考績結果對於公務人員權益影響十分重大，為使考績之辦理攤在陽光下，減少冤屈與誤解，達到「綜覈名實」之目的，本法除明定各機關應設考績委員會及課予辦理考

績人員義務與責任外，亦明白規定辦理考績之程序，以及擬予考列丁等及一次記二大過人員在處分前陳述及申辯之機會。此一重視程序及其救濟之規定，亦堪稱為本法的一項特色。

綜上所述，本法是公務人員最重視的人事法律之一，這除考績的本質使公務人員不得不重視外，也是因為它具有許多獨特的、與眾不同的特色所致。揆諸以上9點說明，吾人當不難瞭解。

第三節　公務人員考績法問題探討

本法的梗概與特色業已說明如上。從前述探討中，吾人不難發現在制度規範上，本法儘管有諸多值得稱述之處，然而經由實踐過程的檢驗，卻也發現仍有一些值得思考探討的地方。爰就所見分項探討如次：

一、本法如何定位的問題：考績既係就公務人員一段期間或某一重大事件予以考核後再給予獎懲之措施，照理應與有關獎懲之法律有所區隔及分工，將自己先定位清楚，方稱妥適。在獎賞方面，本法與褒揚條例、勳章條例、獎章條例等法律之區隔尚稱明顯；惟在懲處方面，有關免職部分，則與公務員懲戒法似有「剪不斷、理還亂」，難說清楚的困窘。免職既關係公務人員身分權的變更、工作權的保障，能否僅依行政機關之決定即做成，而不經司法機關之決定？歷來一直有所爭議。此一涉及本法如何定位的問題，可以想見的，在本法未修正調整前，勢必會一直被質疑下去。

二、公務人員定義的問題：在「個別立法」的要求下，每一法律一開始即應對其適用對象或適用範圍予以界定，以資明確。本法雖對考績期間有所規定，卻對公務人員之定義未置一詞，亦未規定直接適用那一法律之規定，使得本法在適用上難免產生模糊空間，總是不盡妥適。

三、考績獎懲結果的問題：本法將考績等次區分為甲、乙、丙、丁四個等次，如依其獎懲結果來看，年終考績考列甲等與乙等者，除已晉年功俸最高俸級者外，均給予晉敘俸級及一次獎金之獎勵，應是工作表現良好者始能獲得之對待；丙等是留原俸級、不獎不懲，應是工作表現平平者應有之結果；丁等是免職，要人走路，應是表現極差，已無容許留在機關工作之餘地，始做如此處分。這樣子的等次區分，是否向良好一方傾斜？而丙等不獎不懲至丁等要人走路兩等次之間落差如是之大，卻沒有任何緩衝空間？是不是在這兩等次之間增加一些較輕微的處罰，如降級、罰薪，恐怕也值得思考與面對。

四、考績等次要件的問題：本法所定考績四個等次中，僅考列丁等及一次記二大過之要件在本法中規定；另在本法施行細則中，亦僅對考列甲等之特殊條件、一般條件、限制條件以及一次記一大功、一次記二大功、一次記一大過之標準有所規定。對於考列乙等及丙等之要件完全付諸闕如。如前所述，考列乙等者既然是表現較好的一群，也要給予獎勵，何以不列條件呢？不列條件的結果不表示人人都可考列乙等嗎？其實就法言法，為期綜覈名實，考列各等次人數既不設限，則參照公立高級中等以下學校教師成績考核之作法，不只甲、乙、丁等考績條件應明確規定，即連丙等條件也應規定，各機關首長與主管在考核部屬時乃能有所依循。

五、機關首長權責的問題：公務人員考績等次的呈現，係由主管就考績表項目評擬，遞送考績委員會初核，機關長官覆核，經由主管機關或授權之所屬機關核定，送銓敘部銓敘審定。程序看似客觀、嚴謹、周延，經過多重關卡的檢驗，其實主要關鍵仍在主管及機關首長，特別是機關首長，其他都只扮演背書角色而已。在執行上，多數首長抱持鄉愿心態，做濫好人，不願對表現不佳者施以鐵腕；極少數首長憑一己好惡，感情用事，僅因理念不合或個人恩怨等因素，即擴大渲染被考核者的不適任，必欲去之而後快，倒反成為困擾之根源。在賦予首長考核權之同時，如何要求其客觀、嚴謹、覈實的考核，負起應負之責，自應是一個值得重視的問

題。

六、甲等比例設限的問題：考列甲等人數比例應否設限，始終是個難解之題。在民國43年本法修正施行之際並未設限，其後因各機關考列甲等人數比例過高，甚至過於寬濫，於是透過五院秘書長會議設限，考列甲等人數以三分之一為原則，最多不超過二分之一。惟76年兩制合一新人事制度施行，本法亦未設限，於是各機關考列甲等人數比例再度攀高，在民進黨執政時復透過每年的行政函釋設限，目前以百分之七十五為限。由這一不斷擺盪調整的歷史背景觀之，可知考列甲等人數比例應否限制，實在是一個難以解決的棘手問題。就制度而言，既要「綜覈名實」，且無比例設限，即不應增加法律所無之限制，以行政命令設限；但就執行而言，各機關既不能「覈實」考核，流於寬濫，屢被社會各界質疑，則透過統一設限，以為執行準據，似也不得不然。究竟應否設限及如何設限，誠然值得有關當局慎思以對。

七、過程嚴守秘密的問題：本法第20條明定辦理考績人員，對考績過程應嚴守秘密，此雖有「便於執行、免滋困擾」的背景考量，然而因為此一規定，使得各級主管心生忌憚，在評擬之前不敢與部屬敞開心胸溝通討論，事後同仁接獲考績結果通知，只要不如預期者，幾乎沒有不反彈的，反而衍生更大的風波。首長與主管必須花費更多時間與精力去安撫，既與民主精神有違，也不利於領導威信與行政效能的達成。從這一角度觀之，嚴守秘密的規定，似有檢討修正的空間。

八、其他人員規定的問題：前言之，本法並未言明何謂公務人員，則公務人員以外的其他人員自然也難清楚說明。本法所提到的主要有派用人員考成之準用、不受任用資格限制及不適用本法考績人員考成之參照、教育人員及公營事業人員考績另以法律定之三種情形。依一般看法，前二者因可歸納於公務人員之範疇，當無疑義；惟教育人員與公營事業人員只是廣義的公務員，而非公務人員，何勞在此賦予辦理這二類人員考績之法源

呢？似乎不無畫蛇添足、多此一舉之疑慮，自然也是一個值得探討的問題。

　　總之，本法在制度規定上固然不無瑕疵，難稱十分周妥，不過也有一些可取之處。落實在執行面，則因人的問題，使得制度扭曲變形，益增紛擾。如上所述8點，只是其中犖犖大者，有司當局自應勇於面對，圖謀改進，方是務實之道。

　　考績，是機關長官針對公務人員在一段期間工作表現的具體評量，並據以給予獎懲；公務人員參加考績，不但是義務，也是權利。考績的結果不僅直接做為是否晉級與發給獎金的依據，也間接影響公務人員未來的陞遷發展，因此公務人員沒有不重視的。考績的執行，則攸關機關紀律的維持與業務的推展，所有的管理者莫不視此為領導統御的重要一環，其重視程度亦不在話下。

　　正因為考績的實用性甚強，又如是受到重視，所以本法規定受到各方矚目，也就不足為奇矣！（劉昊洲，2009：29）

第七章 公務員懲戒法之探討

懲戒，乃對公務員的一種處罰。雖然社會大眾所知不多，但公務員並不陌生。所謂懲戒，即國家為維持官紀，依其特別權力，對於公務員違反義務的行為所科之處罰。（公務員懲戒委員會，95：1）我國公務員懲戒制度，始自民國2年北京政府公布的文官懲戒法草案與文官懲戒委員會編制法草案，由文官懲戒委員會統一審議懲戒事宜，其後懲戒制度多所變革。現行公務員懲戒法與公務員懲戒委員會組織法於民國20年6月國民政府公布施行，由中央公務員懲戒委員會、地方公務員懲戒委員會、國民政府政務官懲戒委員會、民國22年成立的軍事長官懲戒委員會，分別行使懲戒權，可謂懲戒機關多元制時期。（柯慶賢，90：178）其後公務員懲戒法復經22年6月、22年12月、37年4月、74年5月四次修正，始奠定現制的基礎。

其後由於政經及社會結構的重大改變，國家與公務員傳統特別權力關係理論亦有所調整，歷次大法官會議之解釋可為明證。特別是民國85年2月司法院釋字第396號解釋公布，明示懲戒機關應採法院體制，且應賦予被付懲戒人充分程序保障之後，懲戒組織與運作法律之變革，已到了刻不容緩、應予正視的地步。司法院遂於89年10月研擬公務員懲戒法修正草案函送立法院審議，惟因未能「如屆」完成修法程序，依立法院職權行使法第13條「屆期不予繼續審議」之規定，復於91年8月及94年11月兩度再送立法院審議，惟均未能完成三讀立法程序。

為對我國公務員懲戒制度有所瞭解，爰不惴淺陋，分就現行條文規範加以探討之。

第一節　公務員懲戒法規範重點

現行公務員懲戒法係於民國74年5月總統令修正公布，大幅修正變更民國37年4月國民政府修正公布之條文內容，全文計分6章41條。除通則與附則外，主要分就懲戒處分、審議程序、再審議、懲戒處分與刑事裁判之關係加以規定。其規範要點略如下述：（劉昊洲，95：385）

一、通則部分

（一）**本法屬性與定位**：本法第1條規定公務員非依本法不受懲戒，但法律另有規定者從其規定。乃明定本法之屬性與定位。

（二）**應受懲戒之事由**：本法第2條明定公務員有違法、廢弛職務或其他失職行為之情事，應受懲戒。易言之，非有此三種情事者，即不受懲戒。

（三）**當然停職之事由**：本法第3條明定公務員有下列三款情形之一，即：1.依刑事訴訟程序被通緝或羈押者，2.依刑事確定判決，受褫奪公權之宣告者，3.依刑事確定判決，受徒刑之宣告，在執行中者；其職務均當然停職。

（四）**先行停職之規範**：本法第4條明定公務員懲戒委員會對於受移送之懲戒案件，認為情節重大，有先行停止職務之必要者，得通知該管主管長官，先行停止被付懲戒人之職務；又主管長官對於所屬公務員依法移請監察院審查或公務員懲戒委員會審議而認為情節重大者，亦得依職權先行停止其職務。

（五）**停職之行為效力**：本法第5條規定被停職之公務員，在停職中所為之職務上行為，不生效力。

（六）**復職及補發俸給**：本法第6條規定公務員依刑事訴訟程序被通緝或羈押而當然停職者，以及被先行停職者，若未受撤職或休職處分或徒刑之執行者，應許其復職，並補給其停職期間之俸給。若公務員死亡者，其應補給之俸給，由依法得領受撫卹金之人具領之。

（七）**禁止資遣或退休**：本法第7條規定公務員因案在公務員懲戒委員會審議中者，不得資遣或申請退休；其經監察院提出彈劾案者亦同。此一情形，並責成主管長官或監察院通知銓敘機關。

（八）**同案應全部移送**：本法第8條規定同一違法失職案件，涉及之公務員有數人，其隸屬同一移送機關者，應全部移送監察院審查或公務員懲戒委員會審議。

二、懲戒處分部分

（一）**懲戒種類之區分**：本法第9條明定公務員懲戒處分，區分為撤職、休職、降級、減俸、記過、申誡六種。另規定政務官不適用休職、降級、減俸、記過。又授權主管長官得逕對所屬九職等或相當於九職等以下公務員記過與申誡。

（二）**衡酌懲戒之標準**：本法第10條明定辦理懲戒案件，應審酌一切情狀，尤應注意：1.行為之動機，2.行為之目的，3.行為時所受之刺激，4.行為之手段，5.行為人之生活狀況，6.行為人之品行，7.行為所生之損害或影響，8.行為後之態度；以做為處分輕重之標準。

（三）**撤職處分之效果**：本法第11條規定撤職，除撤其現職外，並於一定期間停止任用，其期間至少為一年。

（四）**休職處分之效果**：本法第12條規定休職，應休其現職，停發薪給，並不得在其他機關任職，其期間為六個月以上。休職期滿，許其復

職，但自復職之日起二年內不得晉敘、升職或調任主管職務。

（五）**降級處分之效果**：本法第13條規定降級，依其現職之俸給降一級或二級改敘，自改敘之日起，二年內不得晉敘、升職或調任主管職務。受降級處分而無級可降者，按每級差額，減其月俸，其期間為二年。又第17條規定，如在處分執行前或執行完畢前離職者，於其再任職時，依其再任職之級俸執行，或繼續執行之。

（六）**減俸處分之效果**：本法第14條規定減俸，依其現職之月俸減百分之十或百分之二十支給，其期間為六個月以上、一年以下。自減俸之日起，一年內不得晉敘、升職或調任主管職務。且亦有第17條規定之適用。

（七）**記過處分之效果**：本法第15條規定記過，自記過之日起一年內不得晉敘、升職或調任主管職務。一年內記過三次者，依其現職之俸級降一級改敘；無級可降者，按每級差額，減其月俸，其期間為二年。

三、審議程序部分

（一）**移送懲戒之程序**：本法第18條規定監察院認為公務員有應移付懲戒之情事，應將彈劾案連同證據，移送公務員懲戒委員會審議。又第19條規定各院部會長官、地方最高行政長官或其他相當之主管長官認為所屬公務員有應移付懲戒之情事者，應備文聲敘事由，連同證據送請監察院審查。但對於所屬九職等或相當於九職等以下之公務員，得逕送公務員懲戒委員會審議；惟應提出移送書，記載被付懲戒人之姓名、職級、違法或失職之事實及證據，連同有關卷證一併移送，並應按被付懲戒人之人數，檢送移送書之繕本。

（二）**被付懲戒人權益**：本法第20條規定，公務員懲戒委員會收受移送案件後，應將移送書繕本送達被付懲戒人，並命其於指定期間內提出申辯書，必要時得通知被付懲戒人到場申辯；被付懲戒人亦得聲請閱覽及抄

錄卷證。

（三）**依職權調查調閱**：本法第21條規定，公務員懲戒委員會審議案件，依職權自行調查之，並得囑託其他機關調查；受託機關應將調查情形以書面答復，並應附具有關資料或調查筆錄。又第22條規定，必要時亦得向有關機關調閱卷宗，並得請其為必要之說明。

（四）**逕為議決之規範**：本法第23條規定，被付懲戒人無正當理由未於指定期間內提出申辯書，或不於指定之期日到場者，公務員懲戒委員會得逕為議決。

（五）**懲戒議決之規範**：本法第24條規定被付懲戒人有違法、廢弛職務或其他失職行為者，應為懲戒處分之議決。其證據不足或無前述情事者，應為不受懲戒之議決。

（六）**免議議決之規範**：本法第25條規定，懲戒案件有：1.同一行為已受公務員懲戒委員會之懲戒處分者，2.受褫奪公權之宣告，認為本案處分已無必要者，3.自違法失職行為終了之日起，至移送公務員懲戒委員會之日止，已逾十年者，即應為免議之議決。

（七）**應不受理之議決**：本法第26條規定，懲戒案件有：1.移送審議之程序違背規定者，2.被付懲戒人死亡者，即應為不受理之議決。

（八）**審議議決之作成**：本法第27條規定，公務員懲戒委員會審議案件，應以委員依法任用總額過半數之出席及出席委員過半數之同意議決之。出席委員之意見分三說以上，不能得過半數之同意時，應將各說排列，由最不利於被付懲戒人之意見順次算入次不利於被付懲戒人之意見，至人數達過半數為止。第28條並規定，議決後應作成議決書，由出席委員全體簽名，於七日內將議決書正本送達移送機關、被付懲戒人及其主管長官，並函報司法院及通知銓敘機關。主管長官在收受懲戒處分之議決書後，應即為執行，並送登公報。

（九）**審議程序之準用**：本法第29條規定審議程序，關於迴避、送達、期日、期間、人證、通譯、鑑定及勘驗，均準用刑事訴訟法之規定。

四、刑懲關係部分

（一）**罪嫌移送之準據**：本法第30條規定公務員懲戒委員會對於懲戒案件認為被付懲戒人有犯罪嫌疑者，應移送該管法院檢察機關或軍法機關。

（二）**刑懲併行為原則**：本法第31條規定，同一行為在刑事偵查或審判中者，不停止懲戒程序。但懲戒程序應以犯罪是否成立為斷，公務員懲戒委員會認有必要時，得議決於刑事裁判確定前，停止審議程序。前項停止審議程序之議決，得依聲請或依職權議決撤銷之，並通知移送機關及被付懲戒人。

（三）**仍得懲戒之依據**：本法第32條規定，同一行為已為不起訴處分或免訴或無罪之宣告者，仍得為懲戒處分；其受免刑或受刑之宣告而未褫奪公權者，亦同。

五、再審議部分

（一）**得再審議之事由**：本法第33條規定懲戒案件之議決，若有：1.適用法規顯有錯誤者，2.原議決所憑之證言、鑑定、通譯或證物經確定判決，證明其為虛偽或偽造、變造者，3.原議決所憑之刑事裁判，已經確定裁判變更者，4.原議決後，其相關之刑事確定裁判所認定之事實，與原議決相異者，5.發現確實之新證據，足認應變更原議決者，6.就足以影響原議決之重要證據，漏未斟酌者；原移送機關或受懲戒處分之人，得移請或聲請再審議。

（二）**移請再審議期間**：本法第34條規定移請或聲請再審議之期間，應自原議決書送達之日，或自相關刑事裁判確定之日，或自發現新證據之日起三十日內為之。

（三）**以書面提再審議**：本法第35條規定移請或聲請再審議，應以書面敘述理由，附具繕本，連同原議決書影本及證據，向公務員懲戒委員會為之。

（四）**再審議議決規範**：本法第36條規定，公務員懲戒委員會受理再審議之移請或聲請後，應將移請或聲請書繕本及附件，函送原移送機關或受懲戒處分人於指定期間內提出意見書或申辯書，但認其移請或聲請為不合法者，不在此限。若原移送機關或受懲戒處分人無正當理由，逾期未提出意見書或申辯書者，公務員懲戒委員會得逕為議決。又第37條規定雖移請或聲請再審議，仍無停止懲戒處分執行之效力。依第40條規定，再審議之議決，亦準用本法相關規定。

（五）**再審議議決結果**：本法第38條規定，公務員懲戒委員會認為再審議之移請或聲請為不合法或無理由者，應為駁回之議決；有理由者，應撤銷原議決更為議決。再審議議決變更原議決應予復職者，適用第6條之規定。其他有減發俸給之情形者，亦同。

（六）**撤回再審議情形**：本法第39條規定，再審議之移請或聲請，於公務員懲戒委員會議決前得撤回之。惟再審議之移請或聲請，經撤回或議決者，不得更以同一原因移請或聲請再審議。

綜上所述，現行公務員懲戒法共6章41條之規範要點，大致可歸納為上述5部分33點。其中又以懲戒事由、懲戒種類、懲戒輕重之標準、各種懲戒之效果、審議及再審議程序，刑懲併行關係及停止職務之規定最為重要。做為公務員懲戒依據的準則法律，此一法律的規定重點，當然值得正視與關注。

第二節　公務員懲戒法主要特色

　　由前面對公務員懲戒法規範重點的摘述中，吾人不難歸納得知本法至少有下列7點與眾不同、值得一提的特色。謹分別說明如下：

　　一、懲戒事由概括化：本法第2條明定如有違法、廢弛職務或其他失職行為，即應受懲戒。此一規定十分籠統模糊，顯然不夠具體明確。按所謂違法，係以法律的界線為衡量基準，較為客觀，應可被接受；所謂廢弛職務，乃指消極的不行使職務上的作為，亦易理解；惟所謂其他失職行為，即甚為概括與抽象，似乎只要長官主觀上認定有失職情事，即可能構成懲戒的事由，不無突顯其概括化的傾向。

　　二、未規範懲戒對象：在我國個別立法原則之下，每一法律均對其適用對象與範圍，依據其個別需要而明確加以規範，惟本法並未規定。在實務上，因「彈劾在先，懲戒於後」的連結關係，大致與公務員服務法採取同一的作法，包括民選首長、政務人員、常任文官、軍人、公營事業人員、公立學校校長及兼行政職務之教師。雖然司法院曾在公務員懲戒法修正草案中明確規範其適用對象，惟因該法案仍未經立法院三讀通過，故不能否認現行法律未有規範懲戒對象的事實。

　　三、懲戒種類較多元：公務員經移送公懲會審議者，除為不受懲戒之議決、免議之議決與不受理之議決外，如經認定有責任者，即給予懲戒處分，由重至輕分別為撤職、休職、降級、減俸、記過、申誡等六種懲戒處分，包括剝奪身分、令其離開職務、減少薪俸收入、給予不名譽對待等，較之懲處方式，其種類可謂更為多元。

　　四、搭配先停職措施：為避免調查及審理公務員責任的過程遭受干擾，免除社會大眾對涉案公務員的不信任，以及確保懲戒處分執行的效果，本法明定懲戒前當然停職及先行停職的事由與程序，亦規定停職中的

職務上行為不生效力。正因為有此規定，使得停職與懲戒二者有所連結，因而有助於公務員重大責任的追究。

五、移送懲戒兩途徑：各院部會長官、地方最高行政長官或其他相當之主管長官，如認為所屬公務員有違法、廢弛職務或其他失職行為之情事者，原則上應先送監察院審查，如經監察院審查通過彈劾案者，再移送公懲會審議；惟對於所屬九職等或相當於九職等以下公務員，得逕送公懲會審議，使得移送懲戒之途徑有兩種不同作法。又九職等或相當於九職等以下公務員之記過與申誡，亦得逕由主管長官行之，使得懲戒機關也不盡一致。

六、採刑懲併行規範：關於公務員違法責任之追究，往往同時牽涉刑事裁判、懲戒處分與懲處措施，分別由不同機關依其職權發動程序以制裁之。依懲戒重於懲處之法理，如已予以懲戒處分，則原懲處失其效力。至於刑事裁判與懲戒處分之關係，我國過去曾採刑先懲後之作法，俟刑事判決確定後，再論究其懲戒責任；惟因刑事判決往往曠日廢時，一拖數年，不符「懲要及時」之社會觀感。故現制改為刑懲併行，明定同一行為在刑事偵查或審判中者，不停止懲戒程序，僅於以犯罪是否成立為斷者，始得議決於刑事裁判確定前停止審議程序。

七、一審及再審議制：公務員之懲戒原則由公懲會為之，公懲會審議案件係以合議制行之，即以委員依法任用總額過半數之出席及出席委員過半數之同意議決之。一經審議決定，除有合乎再審議之事由，原移送機關或受懲戒處分人得移請或聲請再審議外，即為確定，學者謂此一制度係「一審終結，得再審議」，不無道理。

要之，公務員懲戒法是一部只規範懲戒，而不及於獎勵的法律，涉及各主管機關、監察院與公懲會之職掌，與公務員服務法、公務人員考績法、監察法等法規關係密切，也與銓敘機關相互配合、互為勾稽。較之其他法律，本法可說是一部很特殊的法律，如上所述7點特色，吾人當不難

理解。

第三節　公務員懲戒法問題探討

如前所述，公務員懲戒法最早制定公布於民國20年6月，是國民政府少數從大陸帶到臺灣的元老級法律，最近一次修正是在民國74年5月，距今已有二十多年時間。由於環境的快速變遷，對於本法的要求日益殷切，使得本法的困窘之處一一浮現。爰依一己淺見分別探討如下：

一、懲戒對象應否明定的問題：如前所言，本法並未規定適用對象與範圍，不過大致借用公務員服務法的適用範圍，此固是本法的特色之一；不過終究與個別立法原則有違，且公務員服務法第24條亦僅籠統規定。固然施行以來泰半良好，但偶有少數個案發生爭議，此一無規定之情形，即不無值得斟酌之處。目前司法院研擬的修正草案中已明確界定其適用範圍，自屬正面的發展。

二、移送途徑是否分開的問題：本法原則規定公務員如有違法、廢弛職務或其他失職情事者，主管長官應送請監察院審查，卻又例外規定九職等以下公務員得逕送公懲會審議。此一規定，使得移送懲戒途徑，分成是否經監察院審查的兩個途徑。按監察院的彈劾程序，在現制類如檢察官的起訴，可受理各主管長官的移送案，亦可主動展開調查；這對被追究責任的公務員人權而言，總是多一層的保障。基本上公務員職務雖有高低，但權益保障不應有多寡的差別。為改進此一飽受批評的作法，似可統一途徑，不論職務高低，均經監察院審查後移送，方符平等保障之旨。

三、懲戒懲處可否統整的問題：依照現制，懲戒法規範民選首長、政務人員、公務人員、軍人、公營事業人員與公立學校校長及兼行政職務之教師懲戒事項，而公務人員考績法則規範公務人員之獎勵、懲處與考績事

項。兩者規範對象與事項雖有不同，然而在公務人員之處罰部分卻不無重複與扞格之處。例如同一極為嚴重之違法情事，可由主管機關依考績法一次記二大過專案考績免職，也可依程序送請監察院審查後移送公懲會審議予以撤職。前者時效快速，程序保障不盡周延，但事後可循復審及行政訴訟管道請求救濟；後者程序保障較為周延，但審查及審議程序失之冗長，且公懲會審議決定後，除非有符合再審議之事由，可以移請或聲請再審議，否則即告確定。兩者各有優缺，利弊互見，惟因作法不同，難免衍生一些困擾，如為公平及周延考量，兩法似可考量予以統整配合，公務人員的小錯小罰依考績法辦理，其他人員則仍依懲戒法辦理；至於涉及剝奪公務員身分的嚴屬處罰，一律保留依懲戒法處理。

　　四、彈劾懲戒宜否連結的問題：依照目前現制，我國懲戒制度係採彈劾前置，或稱彈劾先行的作為，除九職等或相當九職等以下的公務人員外，主管長官審認所屬公務人員有違法等情事時，均應先送請監察院審查，當然監察院亦可依職權主動調查，經成立彈劾案者始能移送公懲會審理，不分政務人員或其他人員均同。惟「懲戒為公務員法之制度，彈劾則為憲法之制度；懲戒係為維持一般公務員之紀律，彈劾則為國會追究高級公務員憲法上之責任而設」。（王廷懋，95：180）又「政務人員旨在追究政治責任，公務人員旨在課以行政責任」。此一連結機制顯與「政務事務分立」之民主憲政原理不盡配合，也與英、美、德、日等民主先進國家採分離制度，（柯慶賢，90：554）即「政務人員不懲戒，公務人員不彈劾」的制度設計有別。在早期威權體制，政務事務不分的年代，此一作法或可被大家所接受；但民主法治日漸成熟之後，此一彈劾與懲戒緊密連結、相依相倚的制度規範即難免被質疑與挑戰矣！

　　五、一審終結得再審議的問題：按公務員之懲戒依憲法第77條規定及司法院職掌事項，係由司法院所屬之公懲會行使，自屬司法權無疑。惟其他司法爭訟事件，不論民事、刑事或行政訴訟，大致均採三級三審或二級二審，且可再審；唯獨公務員懲戒事項為一審終結，得再審議。此一作為

對於公務員不僅不公平，在人權保障亦有不足，似有增設審級的考量空間。

要之，公務員懲戒法制定甚早，亦已二十多年未有修正，在時移勢轉、環境快速變遷之下，難免有些不盡合宜的問題出現，以前或許不被認為是問題，但現在卻已成為眾所質疑的問題。如上所述5點，我們唯有誠實面對問題，方有化解問題的可能。

如上所述，公務員懲戒法是我國元老級的法律，是專門處罰公務員的法律，所以先天上不討喜，公務員總是視而不見，能避則避，不願多去瞭解。然而不可否認的，本法對於公務員權益影響至大，平時不關心，一旦碰上了，始驚慌失措，不知所以，為時晚矣！

職是，吾人對於公務員懲戒法應該多去認識，不但應瞭解法律條文的真義，也應掌握其背後的精神，包括其特色歸納與問題癥結之掌握。如此始能有效保障公務員的自身權益，有助於公務員懲戒制度的改進，亦裨益我國民主法治的落實。

第八章　公務員服務法之探討

　　公務員服務，係指公務員從事服務期間之地位、身分、權利、義務、責任、立場、態度、紀律、保障、倫理等有關事項。（徐有守，2007：501）公務員服務法即是我國當前規範公務員服務事項的主要法律，她是一部行憲前即由國民政府制定公布並施行迄今的重要法律，歷史悠久，影響深遠。主要規範全體公務員的服務義務，另也賦予公務員請假權利，以及違反規定義務者之處罰。所有公務員無不受其拘束與規範，甚至離職後一段期間仍受約束，其重要性自是無庸置疑。

　　公務員服務法制定公布於民國28年10月23日，全文凡25條，其後曾分別於32年1月、36年7月、85年1月三度修正公布部分條文。最近一次在89年7月修正，為賦予公務員週休二日之權利，因而修正公布第11條條文規定。

　　公務員服務法自首次公布施行迄今，已逾七十餘年光景，其間因國情環境、社會經濟條件已有許多變化，有人質疑此一法律已不符現代潮流，故考試院曾擬藉由公務人員基準法草案的立法取而代之。不過其後因公務人員基準法草案牽動甚大，少數條文本身亦有爭議，立法進度有所延宕；且考量公務員服務法之義務規範並非公務人員基準法草案所能完全取代，所以公務員服務法非但沒有被廢止，反而以局部修正方式呈現嶄新的面貌，繼續扮演規範全體公務員的角色。

　　公務員服務法是值得探討的，爰分別就此一法律的規範要點、主要特色與有關問題加以探討。

第一節　公務員服務法規範要點

現行公務員服務法有25條條文，除施行日期規定外，主要規範適用對象、各種行為義務、一項請假權利以及違反義務時之處罰。其中義務規定最多，依其性質又可分為應作為之義務與不得作為之義務兩大類。茲擇要分別探討如次：

一、**適用人員範圍**：依本法第24條規定「本法於受有俸給之文武職公務員，及其他公營事業機關服務人員，均適用之。」可知公務員服務法適用範圍頗廣。依司法院大法官會議釋字第308號解釋，除不包括未兼行政職務之公立學校聘任教師外，已將傳統所謂的軍公教人員，幾乎全部涵蓋在內，斯即廣義的公務員範圍。在法律適用上，此一公務員適用範圍僅次於刑法、國家賠償法之規定。

二、**具體作為義務**：本法第2條及第3條規定公務員有服從命令之義務，又第8條有關就職期限規定，第9條有關出差規定，可謂是公務員服務法中唯一較具體的作為義務。第2條規定「長官就其監督範圍以內所發命令，屬官有服從之義務。但屬官對於長官所發命令，如有意見，得隨時陳述。」第3條規定「公務員對於兩級長官同時所發命令，以上級長官之命令為準。主管長官與兼管長官同時所發命令，以主管長官之命令為準。」已明白道出公務員服從義務係採相對服從說，且服從順序是以上級主管長官為準。第8條規定「公務員接奉任狀後，除程期外，應於一個月內就職。但具有正當事由，經主管高級長官特許者，得延長之，其延長期間以一個月為限。」第九條規定「公務員奉派出差，至遲應於一星期內出發，不得藉故遲延，或私自回籍，或往其他地方逗留。」以上兩條規定，通常均劃歸執行職務之義務，惟其時間規定頗為具體明確。

三、**抽象作為義務**：本法第1條規定「公務員應遵守誓言，忠心努力，依法律命令所定，執行其職務。」其前半段，一般謂之為忠實義務；

後半段則稱爲執行職務義務。又第10條規定「公務員未奉長官核准，不得擅離職守；其出差者亦同。」第11條第1項規定「公務員辦公，應依法定時間，不得遲到早退」，亦爲有關忠實之義務。第5條規定「公務員應誠實清廉，謹愼勤勉，不得有驕恣貪惰，奢侈放蕩，及冶遊賭博，吸食煙毒等，足以損失名譽之行爲。」一般稱爲保持品位義務，後半段亦可歸爲不得作爲義務。又第17條規定「公務員執行職務時，遇有涉及本身或其家族之利害事件，應行迴避。」是爲利益迴避義務。由於條文規定較爲抽象，不夠明確具體，因此這四種義務可說是抽象作爲義務。

四、絕對不得作爲義務：本法第4條第1項規定「公務員有絕對保守政府機關機密之義務，對於機密事件，無論是否主管事務，均不得洩露，退職後亦同。」可謂是保守祕密之義務，也可說是絕對不得作爲之義務。第6條規定「公務員不得假借權力，以圖本身或他人之利益，並不得利用職務上之機會，加損害於人。」第15條規定「公務員對於屬官不得推薦人員，並不得就其主管事件，有所關說或請託。」第16條規定「公務員有隸屬關係者，無論涉及職務與否，不得贈受財物。公務員於所辦事件，不得收受任何餽贈。」第18條規定「公務員不得利用視察調查等機會，接受地方官民之招待或餽贈。」這四條規定的情況各有不同，惟均屬沒有附帶條件之絕對不得作爲義務。

五、相對不得作爲義務：本法第4條第2項規定「公務員未得長官許可，不得以私人或代表機關名義，任意發表有關職務之談話。」第11條第1項規定「公務員辦公，應依法定時間，不得遲到早退，其有特別職務經長官許可者，不在此限。」第12條第1項規定「公務員除因婚、喪、疾病、分娩或其他正當事由外，不得請假。」第13條規定「公務員不得經營商業或投機事業。但投資於非屬其服務機關監督之農、工、礦、交通或新聞出版事業，爲股份有限公司股東、兩合公司之有限責任股東，或非執行業務之有限公司股東，而其所有股份總額未超過其所投資公司股本總額百分之十者，不在此限。公務員非依法不得兼公營事業機關或公司代表官股

之董事或監察人。」第14條規定「公務員除法令所規定外,不得兼任他項公職或業務。其依法令兼職者,不得兼薪及兼領公費。」第14條之1規定「公務員於其離職後三年內,不得擔任與其離職前五年內之職務直接相關之營利事業董事、監察人、經理、執行業務之股東或顧問。」第19條規定「公務員非因職務之需要,不得動用公物或支用公款。」第21條規定「公務員對於左列各款與其職務有關係者,不得私相借貸,訂立互利契約,或享受其他不正利益:一、承辦本機關或所屬機關之工程者;二、經營本機關或所屬事業來往款項之銀行錢莊;三、承辦本機關或所屬事業公用物品之商號;四、受有官署補助費者。」這些規定並非限制公務員絕對不得作為的義務,而是設有除外條件或一定範圍的相對不得作為義務。

　　六、休假請假權利法源:依本法第11條第2項規定「公務員每週應有二日之休息,作為例假。業務性質特殊之機關,得以輪休或其他彈性方式行之。」同條第3項規定「前項規定自民國九十年一月一日起實施,其辦法由行政院會同考試院定之。」第12條規定「公務員除因婚、喪、疾病或其他正當事由外,不得請假。公務員請假規則,以命令定之。」可知週休二日是公務員的法定權利,至於請假、休假之權利,公務員服務法只是賦予法源,另授權訂定公務員請假規則,這也是公務員服務法中唯一給予公務員權利之所在。

　　七、違反義務者之處罰:本法第13條第3項規定「公務員利用權力、公款或公務上秘密消息而圖利者,依刑法第一百三十一條處斷,其他法令有特別處罰規定者,依其規定。其離職者,亦同。」同條第4項規定「公務員違反第一項、第二項或第三項之規定者,應先予撤職。」第22條規定「公務員有違反本法者,應按情節輕重,分別予以懲處;其觸犯刑事法令者,並依各該法令處罰。」第22條之1規定「離職公務員違反本法第十四條之一者,處二年以下有期徒刑,得併科新臺幣一百萬元以下罰金。犯前項之罪者,所得之利益沒收之。如全部或一部不能沒收時,追徵其價額。」第23條規定「公務員有違反本法之行為,該管長官知情而不依法處

置者，應受懲戒。」依這四條條文規定觀之，公務員違反法定義務者，將可分別依刑法、公務員懲戒法、公務人員考績法予以制裁或處罰。

　　由上述規定觀之，公務員服務法主要是規範公務員的六種義務、一項權利與三種制裁方式。（劉昊洲，2008：155）其中尤其重要的是行為義務，雖以職務規範為主，但也包括日常行為在內。易言之，是以公務員之「身分」為認定基準，而非只限於公務員之「職務」。就數量種類而言，以義務規定佔絕大多數，其中抽象義務規定多於具體義務規定，相對不得作為義務多於絕對不得作為義務，而絕對不得作為義務又多於具體作為義務。例假、請假與休假之權利，則是公務員服務法中的唯一權利規範。至於違反義務者之處罰規定，雖僅區區四條，惟就確保公務員履行義務的效果而言，卻有莫大的助益。明乎此，公務員服務法的梗概即不難掌握矣！

第二節　公務員服務法主要特色

　　公務員服務法規範要點既已述明如上，吾人不難由上述的歸納探討中，得知此一法律的主要特色。要如下述7點：

　　一、歷史悠久制定甚早：公務員服務法在民國28年對日抗戰期間由國民政府制定公布，迄今已逾七十年光景，雖已四度局部修正，惟主要規範架構並無變更。其間歷經抗戰、剿共、動員戡亂、解嚴等不同時代，可謂是我國少數在行憲前即已制定公布施行，迄至目前仍繼續適用的公務員法律。在制定時序上，雖較考試法、宣誓條例、公務人員交代條例晚些，但前者已為公務人員考試法、專門職業及技術人員考試法取而代之，不復存在；而後二者均已全文修正過，制定當時的基本精神多少已有改變。就此一角度而言，公務員服務法在公務員法制史上，應有其重要的地位。

　　二、適用範圍文武通用：軍人雖與公教人員同為領受國家薪俸的廣義

公務員，惟其工作性質終究與一般文職公務人員有莫大差異。職是，我國一向秉持「文武分治」的理念，不但憲法第140條明文規定現役軍人不得兼任文官，而且針對相同事項，例如任用、保險、退休、撫卹事項，多數法律均分別對軍人及公務人員加以規定。不過在服務事項，軍人與一般文職公務人員卻無區隔，適用同一法律，這也是其特殊之處。

　　三、為管理需要而立法：多數公務員人事法律在制定之際，均站在政府機關之立場，為管理公務員之需要與方便而制定，而非以照顧公務員為出發點，公務員服務法自無例外。尤有進者，在早期絕對權威時期，公務員服務法的規定更為嚴苛，處處使用嚴峻與強制性的語句，似乎把公務員當成不懂事的小學生管理，比起其他法規的規定顯然嚴苛許多。

　　四、倫理道德意味濃厚：公務員服務法多數條文規定，均是倫理道德意味十足濃厚的教條，甚至可以說其本質就是以法律包裝的倫理道德。不但模糊抽象、不夠具體，而且充滿訓示口氣，動輒處罰隨之，如果不看條次，說不定有人還會誤以為是誰擬就的工作守則或生活公約呢？法律與倫理道德混淆在一起的情形，莫有超過此法者，亦堪稱為特色之一。

　　五、不得作為義務居多：如前所述，公務員服務法除少數條文規範適用對象、放假及請假權利、施行日期、違反義務者之處罰外，幾乎全部在規範公務員各種義務，其中又以不得作為義務之規定佔最多，包括相對不得作為義務與絕對不得作為義務兩種，幾佔全部條文三分之二以上。此一情形，與其他法律相較，顯然大有不同。

　　六、多種處罰併存其間：公務員服務法中有關處罰規定的條文並不多，只有第13條等4條條文，惟其處罰形式，除得依公務員懲戒法及公務人員考績法分別予以懲罰外，尚可依刑事法令予以追究，例如違反第14條之1所謂旋轉門條款者，可處二年以下有期徒刑，得併科新臺幣一百萬元以下罰金，使得本法具有特別刑法的性質。又對於知公務員有違反義務之情而不依法處置之長官，亦應受懲戒之規定，使得本法超脫僅處罰當事人

之個人主義思維，而具有連坐法的意義。這樣子的處罰規定，是其他法律少見的現象。

　　七、未有明確主管機關：近年制定的作用法，除少數依其立法意旨或相關條文規定即可明顯看出其主管機關外，大多數均明確規定誰是主管機關，以免有所爭議。然而公務員服務法並未如此，以致於從機關職掌觀之，目前考試院、監察院、行政院均是院級相關主管機關，甚至司法院亦不能置身事外，至於部級機關雖以銓敘部爲主，但法務部、行政院人事行政總處也都可以湊上一腳。這些都是因未明確規定主管機關的緣故。

　　綜上述之，公務員服務法雖然是個老法律，但也有與眾不同的7個特色。因爲這些特色，使得公務員服務法與其他有關公務員的法律有所區隔，也讓公務員服務法能夠施行迄今，誠然值得吾人留意與重視。

第三節　公務員服務法問題探討

　　公務員服務法的規範要點與主要特色業已敘明如上，由上述的探討中，吾人不難瞭解當中的一些問題。謹依序分述如次：

　　一、體例不一條次安排凌亂的問題：公務員服務法在形式上的最大問題就是體系凌亂，條次安排有可議之處。按說一個法律在條次安排上，應先述明立法目的或宗旨，再敘明適用對象範圍，然後按其性質分門別類予以規範；如有分章節之必要者，則另行區分；如有處罰必要者，緊接著加以規定，最後是施行規定，這是立法邏輯順序的問題。然而公務員服務法並無立法目的或宗旨，有關適用對象放在倒數第2條，至於義務、權利與處罰規定，則間雜放在各條文之間，條次安排之凌亂，眞是無以復加。尤有進者，歷經數度修正，爲突顯特定目的，原只抽象籠統規定違反本法義務者之懲處，卻擴大至具體規定違反那幾條條文規定者之刑罰，使得公務

員服務法在體例上更加紊亂與不和諧。

二、服從規定與刑法未配合的問題：對長官所發命令，公務員服務法是採相對服從之意見陳述說，即第2條所定「長官就其監督範圍以內所發命令，屬官有服從之義務。但屬官對於長官所發命令，如有意見，得隨時陳述。」惟刑法第21條卻採相對不服從說，即「依所屬上級公務員命令之職務上行為，不罰。但明知命令違法者，不在此限。」兩者顯然有扞格與不配合之處，使多數公務員面臨難以適從的困境。以長官所發違法命令為例，依公務員服務法規定，部屬雖可陳述意見，但長官如果堅持，部屬仍然必須執行此一違法的命令，始能免受公務員懲戒法等相關法律的懲處；然而依刑法規定，部屬執行後卻必須接受刑事責任的追究。此一情形，亟有配合改進之必要。

三、抽象義務難以落實執行的問題：倫理道德是抽象的、主觀的、沒有強制力的社會規範，倫理道德之所以有效，是因眾人發自內心願意遵守；而法律是具體的、客觀的、因具有外部約束效果才發生效力，故法律條文應力求明確具體，眾人才有依循標準。然而公務員服務法因為是「以法律包裝的倫理道德」，多數條文規定均甚為抽象，難以客觀具體的衡量，使得公務員服務法有淪為僅具宣示與嚇阻效果的可能；真正要論究責任，又因標準不一、認知有異，引發不少兩極爭議。由於抽象義務不夠客觀，不易衡量，難以有效落實執行，公務員服務法擺盪在「紙老虎」與「白色恐怖」的兩極之間，也就成為無可避免的發展。

四、適用對象不合時代需要的問題：公務員服務法制定於民國28年抗戰初期，當時將受有俸給之文武職公務員及其他公營事業機關服務人員，均納入適用範圍，或有其時空背景的考量。然而從目前情況觀之，公立學校未兼行政職務的聘任教師，已因司法院大法官會議釋字第308號解釋而排除適用；在職務屬性上有莫大差距，必須做更嚴格要求的軍職人員，卻仍一體適用，顯然有所不妥。再者，民意代表兼具行政職務者，如各級議

會議長，卻因其本職為民意代表，因而不適用公務員服務法之規定，以致時生弊端。這當然也是重大疏漏，有待改進。

五、處罰規定雖空泛但嚴苛的問題：公務員服務法有關違反義務者之懲處，原僅在第22條泛泛規定，應按情節輕重分別予以懲處，若有觸犯刑事法令者，並依各該法令處罰。易言之，公務員違反公務員服務法所定義務時，原則上係依公務員懲戒法及公務人員考績法予以懲罰，例外才以刑法追究處罰。惟在對利用職權洩密圖利及違反旋轉門限制者，直接規定按刑法處罰後，公務員服務法已具有特別刑法的意味，其處罰規定也屢遭過於嚴苛的批評。此時此際，或許正是改進的最好時機。

要之，公務員服務法在歷經七十多年的施行後，雖然已有四度修正，惟因只是部分條文修正，而非全文修正，所以難免出現不盡符合當前需要的一些問題。如前所述，這些問題並非不可改進，主要的還是看政府相關部門有無改進的決心。（劉昊洲，2013：1）

公務員服務法是一部歷史悠久、頗有特色的公務員人事法律，不但適用對象最多最廣，多數條文均有倫理道德的意味，訓示公務員這不能做那不能做，表達語氣十分嚴竣且抽象，國家與公務員之間的特別權力關係反應在字裡行間。就像緊箍咒一樣，公務員服務法緊緊約束每一個公務員，凡違反義務者，不但可依公務員懲戒法、公務人員考績法懲罰，若有違反個別具體條文者，尚可依刑法予以追究處罰。從管理角度言之，公務員服務法的重要性已毋庸多言。

然而不可否認的，在公布施行七十多年後，時空環境已有重大變化，公務員服務法不能因應大幅翻修，以致衍生不少問題，包括立法體例、適用範圍、與其他法規配合、執行與處罰等方面的問題。不僅使公務員服務法屢屢遭受「不合時宜」的批評，考試院甚且還曾擬予廢止——藉由公務

人員基準法草案的規定,取而代之。現在雖已打消此議,不過問題仍然存在,沒有消失。

　　爲今之計,吾人認爲公務員服務法有其時代價值與重要性,自不應輕言廢止。不過配合時代環境的需要,亟應予以全面檢討大幅翻修,特別是在國家與公務員關係由傳統特別權力關係向公法上職務關係調整之後。惟有公務員服務法大幅修正,始能改進前述缺失,保持法的長青,發揮「法與時轉則治」的功能。期盼政府當局能夠重視公務員服務法的修正工作,也盼望我輩公務員共同關切此一法律的未來發展。(劉昊洲,2002:26)

第九章　公職人員財產申報法之探討

　　公職人員財產申報法是當前我國規範特定職務人員財產申報及信託的重要法律，也是我國最早制定公布的陽光政治法案。自民國82年7月施行以來，業已五度修正，既大幅擴大適用範圍，增列申報範圍及強制信託規範，也提高罰則的種類。雖然仍有部分人士對此一法律的實施成效不盡滿意，不過大致說來，對於政治風氣的端正與公職人員清廉操守的增進，應具有一定的效益。

　　所謂財產申報，是指特定職務人員依法將其擁有的個人財產向有關部門登記及報告，並供一定機制查核的制度措施。藉由公職人員財產申報法的規範，責成具有特定職務的公職人員申報其個人與最近親屬的所有財產，將其財產攤在陽光下，接受社會公眾的檢視。從而敦促公職人員廉潔自持的基本要求，嚇阻公職人員收取不法利益的可能性，可謂此一法律的主要目的。正如美國許多陽光法案是在水門案爆發之後誕生一樣，臺灣的陽光法案也是在解除戒嚴及廢除動員戡亂體制，衍生許多貪腐事件之後才漸受重視，並一一制定公布施行，其中打響第一槍的正是有關公職人員財產申報的法律。

　　我國公職人員財產申報法制定公布於民國82年7月，其後於83年7月、84年7月、96年3月及97年1月四度修正，其中96年3月係全文大幅修正；後兩次修正均定自97年10月1日施行，此後復於103年1月修正公布第4條與第20條條文。全文共20條，不分章節。為能瞭解本法規範內涵與精神，爰分規範重點、主要特色與問題探討3部分說明之。

第一節　公職人員財產申報法規範重點

公職人員財產申報法計有20條條文，主要規範適用人員、申報程序、受理機關、申報範圍、財產公開、財產信託、申報時機、財產查核、資料保存與罰則等事項。茲分15點說明如下：

一、立法目的：本法第1條明定立法目的，乃為端正政風，確立公職人員清廉之作為。

二、適用人員：本法第2條明定，下列公職人員應申報財產：

1. 總統、副總統。
2. 行政、立法、司法、考試、監察各院院長、副院長。
3. 政務人員。
4. 有給職之總統府資政、國策顧問及戰略顧問。
5. 各級政府機關之首長、副首長及職務列簡任第十職等以上之幕僚長、主管；公營事業總、分支機構之首長、副首長及相當簡任第十職等以上之主管；代表政府或公股出任私法人之董事及監察人。
6. 各級公立學校之校長、副校長；其設有附屬機構者，該機構之首長、副首長。
7. 軍事單位上校編階以上之各級主官、副主官及主管。
8. 依公職人員選舉罷免法選舉產生之鄉（鎮、市）級以上政府機關首長。
9. 各級民意機關民意代表。
10. 法官、檢察官、行政執行官、軍法官。
11. 政風及軍事監察主管人員。
12. 司法警察、稅務、關務、地政、會計、審計、建築管理、工商登記、都市計畫、金融監督暨管理、公產管理、金融授信、商品檢驗、商標、專利、公路監理、環保稽查、採購業務等之主管人員；其範圍由法務部會商各該中央主管機關定之；其屬國防及軍事單位之人員，由

國防部定之。

13.其他職務性質特殊，經主管府、院核定有申報財產必要之人員。

此外又規定，前項各款公職人員，其職務係代理者，亦應申報財產。但代理未滿三個月者，毋庸申報。

至於總統、副總統及縣（市）級以上公職之候選人亦應準用本法，於申請候選人登記時申報財產。

前三項以外之公職人員，經調查有證據顯示其生活與消費顯超過其薪資收入者，該公職人員所屬機關或其上級機關之政風單位，得經中央政風主管機關（構）之核可後，指定其申報財產。

三、**申報時機**：本法第3條規定，公職人員應於就（到）職三個月內申報財產，每年並定期申報一次。同一申報年度已辦理就（到）職申報者，免為該年度之定期申報。

公職人員於喪失前條所定應申報財產之身分起二個月內，應將卸（離）職或解除代理當日之財產情形，向原受理財產申報機關（構）申報。但於辦理卸（離）職或解除代理申報期間內，再任應申報財產之公職時，應依前項規定辦理就（到）職申報，免卸（離）職或解除代理申報。

又第8條規定，立法委員及直轄市議員申報財產時，其本人、配偶及未成年子女之第七條第一項所列財產，應每年辦理變動申報。

四、**受理機關**：本法第4條規定，受理財產申報之機關（構）如下：

1.第二條第一項第一款至第四款、第八款、第九款所定人員、第五款職務列簡任第十二職等或相當簡任第十二職等以上各級政府機關首長、公營事業總、分支機構之首長、副首長及代表政府或公股出任私法人之董事及監察人、第六款公立專科以上學校校長及附屬機構首長、第七款軍事單位少將編階以上之各級主官、第十款本俸六級以上之法官、檢察官之

申報機關爲監察院。

2. 前款所列以外依第二條第一項各款規定應申報財產人員之申報機關（構）爲申報人所屬機關（構）之政風單位；無政風單位者，由其上級機關（構）之政風單位或其上級機關（構）指定之單位受理；無政風單位亦無上級機關（構）者，由申報人所屬機關（構）指定之單位受理。

3. 總統、副總統及縣（市）級以上公職候選人之申報機關爲各級選舉委員會。

　　五、申報範圍：本法第5條規定，公職人員應申報之財產如下：

1. 不動產、船舶、汽車及航空器。

2. 一定金額以上之現金、存款、有價證券、珠寶、古董、字畫及其他具有相當價值之財產。

3. 一定金額以上之債權、債務及對各種事業之投資。

　　公職人員之配偶及未成年子女所有之前項財產，應一併申報。

　　申報之財產，除第一項第二款外，應一併申報其取得或發生之時間及原因；其爲第一項第一款之財產，且係於申報日前五年內取得者，並應申報其取得價額。

　　六、財產公開：本法第6條規定，受理申報機關（構）於收受申報二個月內，應將申報資料審核，彙整列冊，供人查閱。總統、副總統及縣（市）級以上公職候選人之申報機關（構）應於收受申報十日內，予以審核彙整列冊，供人查閱。總統、副總統、行政、立法、司法、考試、監察各院院長、副院長、政務人員、立法委員、直轄市長、縣（市）長等人員之申報資料，除應依前項辦理外，應定期刊登政府公報並上網公告。至於申報資料之審核及查閱辦法，授權由行政院會同考試院、監察院定之。

　　七、財產信託：本法第7條規定，總統、副總統、行政、立法、司法、考試、監察各院院長、副院長、政務人員、公營事業總、分支機構之

首長、副首長、直轄市長、縣（市）長於就（到）職申報財產時，其本人、配偶及未成年子女之下列財產，應自就（到）職之日起三個月內信託予信託業：

1. 不動產。但自擇房屋（含基地）一戶供自用者，及其他信託業依法不得承受或承受有困難者，不包括在內。
2. 國內之上市及上櫃股票。
3. 其他經行政院會同考試院、監察院核定應交付信託之財產。

前項以外應依本法申報財產之公職人員因職務關係對前項所列財產具有特殊利害關係，經主管府、院核定應依前項規定辦理信託者，亦同。

前二項人員於完成信託後，有另取得或其財產成為應信託財產之情形者，應於三個月內辦理信託並申報；依第一項第一款但書規定不須交付信託之不動產，仍應於每年定期申報時，申報其變動情形。

第一項之未成年子女除已結婚者外，以其法定代理人為第一項信託之義務人。

第一項人員完成信託之財產，於每年定期申報及卸職時仍應申報。

八、信託事項：本法第9條規定，信託應以財產所有人為委託人，訂定書面信託契約，並為財產權之信託移轉。

公職人員應於信託期限內，檢附本人、配偶及未成年子女之信託契約及財產信託移轉相關文件，併同公職人員財產申報表（含信託財產申報表），向該管受理申報機關提出。

信託契約期間，委託人或其法定代理人對信託財產之管理或處分欲為指示者，應事前或同時通知該管受理申報機關，始得為之。

第一項信託契約，應一併記載下列事項：

1. 前項規定及受託人對於未經通知受理申報機關之指示，應予拒絕之意

旨。

2.受託人除委託人或其法定代理人依前項規定爲指示或爲繳納稅捐、規費、清償信託財產債務認有必要者外，不得處分信託財產。

受理申報機關收受第三項信託財產管理處分之指示相關文件後，認符合本法規定者，應彙整列冊，刊登政府公報，並供人查閱。

受理申報機關得隨時查核受託人處分信託財產有無違反第四項第二款之規定。

又第10條規定，因信託所爲之財產權移轉登記、信託登記、信託塗銷登記及其他相關登記，免納登記規費。

九、**申報查核**：本法第11條規定，各受理財產申報機關（構）應就有無申報不實或財產異常增減情事，進行個案及一定比例之查核。查核之範圍、方法及比例另於審核及查閱辦法定之。

受理財產申報機關（構）爲查核申報財產有無不實、辦理財產信託有無未依規定或財產異常增減情事，得向有關之機關（構）、團體或個人查詢，受查詢者有據實說明之義務。監察院及法務部並得透過電腦網路，請求有關之機關（構）、團體或個人提供必要之資訊，受請求者有配合提供資訊之義務。

受查詢之機關（構）、團體或個人無正當理由拒絕說明或爲不實說明者，處新臺幣二萬元以上十萬元以下罰鍰；經通知限期提出說明，屆期未提出或提出仍爲不實者，按次連續處新臺幣四萬元以上二十萬元以下罰鍰。受請求之機關（構）、團體或個人無正當理由拒絕配合提供或提供不實資訊者，亦同。

十、**處罰事項**：本法第12條規定，有申報義務之人故意隱匿財產爲不實之申報者，處新臺幣二十萬元以上四百萬元以下罰鍰。

　　有申報義務之人其前後年度申報之財產經比對後，增加總額逾其本人、配偶、未成年子女全年薪資所得總額一倍以上者，受理申報機關（構）應定一個月以上期間通知有申報義務之人提出說明，無正當理由未為說明、無法提出合理說明或說明不實者，處新臺幣十五萬元以上三百萬元以下罰鍰。

　　有申報義務之人無正當理由未依規定期限申報或故意申報不實者，處新臺幣六萬元以上一百二十萬元以下罰鍰。其故意申報不實之數額低於罰鍰最低額時，得酌量減輕。

　　有申報義務之人受前項處罰後，經受理申報機關（構）通知限期申報或補正，無正當理由仍未申報或補正者，處一年以下有期徒刑、拘役或科新臺幣十萬元以上五十萬元以下罰金。

　　對於申報之資料，基於營利、徵信、募款或其他不正目的使用者，處新臺幣十萬元以上二百萬元以下罰鍰。

　　有申報義務之人受本條處罰確定者，由處分機關公布其姓名及處罰事由於資訊網路或刊登政府公報或新聞紙。

　　又第13條規定，有信託義務之人無正當理由未依規定期限信託，或故意將第七條第一項各款規定財產未予信託者，處新臺幣六萬元以上一百二十萬元以下罰鍰。其故意未予信託之財產數額低於罰鍰最低額時，得酌量減輕。

　　有信託義務之人受前項處罰後，經受理申報機關（構）通知限期信託或補正，無正當理由仍未信託或補正者，按次連續處新臺幣十萬元以上二百萬元以下罰鍰。

　　違反第九條第三項規定，對受託人為指示者，處新臺幣十萬元以上二百萬元以下罰鍰。

有信託義務之人受本條處罰確定者，由處分機關公布其姓名或名稱及處罰事由於資訊網路或刊登政府公報或新聞紙。

十一、處罰機關：本法第14條規定，依本法所處之罰鍰，由下列機關為之：

1. 受理機關為監察院者，由該院處理。

2. 受理機關（構）為政風單位或經指定之單位者，移由法務部處理。

十二、除斥期間：本法第15條規定，依本法所為之罰鍰，其裁處權因五年內不行使而消滅。

十三、資料保存：本法第16條規定，申報人喪失第二條所定應申報財產之身分者，其申報之資料應保存五年，期滿應予銷毀。但經司法機關或監察機關依法通知留存者，不在此限。

前項期限，自申報人喪失所定應申報財產身分之翌日起算。

十四、相關事項：本法第17條規定，一定金額及其他具有相當價值之財產，由行政院會同考試院、監察院定之。

又第18條規定，公職人員就（到）職在本法修正施行前者，應自本法修正施行後三個月內，依第五條之規定申報財產，並免依第三條第一項為當年度之定期申報。

第7條第1項及第2項公職人員，應自本法修正施行後三個月內，依同條第一項規定辦理信託。

十五、施行規定：本法第19條規定，本法施行細則，由行政院會同考試院、監察院定之。第20條規定，本法施行日期，由行政院會同考試院、監察院以命令定之。本法中華民國一百零三年一月十日修正之條文，自公布日施行。二者均屬施行規定。

　　綜上所述，我國公職人員財產申報法雖然條文數不多，在行政法中僅屬中小型的法律，不過因具有公務員法律及陽光政治法律的性質，卻可以敦促相關人員將其財產攤在陽光下，跨出清廉要求的第一步。因此，本法絕對是一個重要的法律。

第二節　公職人員財產申報法主要特色

　　從前面規範重點的摘述中，吾人當不難歸納及掌握此一法律的主要特色，至少有下列7點，爰依序說明如下：

　　一、規範特定職務積極義務：本法係就廣義公務員，包括民選政府首長、政務人員、民意代表、特定職務人員等，規範其負有積極申報與信託財產之特別義務的法律，此與公務員服務法乃規範廣義公務員的一般性義務，立法委員行為法只規範立法委員的一般性義務，明顯有所不同。易言之，本法只針對特定職務的人員，要求其履行明確的、單一的、積極的申報及信託財產義務。與其他法律相較，本法自屬特別。

　　二、適用人員範圍涵蓋甚廣：本法第2條明定應申報財產之公職人員甚為廣泛，不只民選政府首長、民意代表、政務人員等屬政治層次的公職人員、政府機關簡任第十職等以上主管、公營事業總、分支機構相當簡任第十職等以上主管、代表政府或公股出任私法人之董事及監察人、各級公立學校校長、副校長及其附屬機構首長、副首長、軍事單位上校編階以上主官、副主官及主管等軍、公、教、公營人員高階人員均包括在內；且就司法、政風、警察、採購、會計等18種易滋弊端的特定職務人員明文列舉適用；另還概括規定，授權主管府院就其他職務性質特殊人員，得核定其申報財產。又前揭職務之代理人若代理期間在三個月以上者、縣（市）級以上公職候選人，或其他有證據顯示其生活與消費顯然超過其薪資收入，

經中央政風主管機關核可者，亦可指定其申報財產。此一適用範圍既採橫向的切割，將一定等級以上的高階人員全數納入，亦採縱向的切割，將可能產生幣端的職務悉數納入；不只明確列舉，且又概括的授權主管機關指定；不只正式職務而已，即連職務代理三個月以上與縣（市）級以上公職候選人，亦包括在內。適用人員之多與廣，遠非其他規範公務人員的法律可以比擬。

　　三、申報方式全面多元從嚴：就時機言，申報有任（卸）職申報、定期與發生特定事項申報三種；就對象言，有只限本人與包括近親兩種；就範圍言，有全部財產申報與重要財產部分申報之不同；就效力言，有強制申報與任意申報之別。本法規定申報方式包括任（卸）職申報、定期申報、本人與近親申報、全部財產申報及強制申報，可謂全面多元的涵括，且從嚴辦理。此一規定顯然是為有效達成端正政風，確立清廉作為的立法目的而設，絕非只是虛應故事或虛幌一招而已。

　　四、特重職務增列信託規定：本法名為財產申報，其實還包括財產信託，但並非就應申報財產之人員規定一律信託財產，而是從中限縮一小部分更為重要職務之人員，即僅限於總統、副總統、五院院長、副院長、政務人員、公營事業總分支機構首長、副首長、直轄市長、縣（市）長及其配偶、未成年子女之不動產、國內上市、上櫃股票與其他經核定之財產項目，始應交付信託。由於財產信託必須訂定書面信託契約，並為財產權之信託移轉，嗣後如欲為財產管理或處分之指示者，應事前或同時通知該管受理申報機關，始得為之；受託人對於未經通知受理申報機關之指示，應予拒絕，且除依規定有必要者外，均不得處分信託財產。此一消極不作為的信託，使得委託人的信託財產形同凍結。

　　五、分別規定不同主管機關：本法係由行政院會銜考試院、監察院函送立法院審議，可知此一法律關涉三院職掌事項；既由行政院領銜，亦不難得知其法制主管機關乃行政院所屬的法務部，然而其執行機關，也就是

受理申報及有權查核的機關，卻分散在監察院、各機關政風單位與各級選舉委員會，至於裁罰機關，則分別交給監察院及法務部。顯然的，本法法制面與執行面的主管機關有別，而執行機關則頗為分散。

六、處罰甚多且以罰鍰為主：為確保法律的施行效力，我國許多行政法律都會明列違反義務者之處罰規定，本法亦然。對於違反8種不同義務之申報人及相關人員課予一定金額之罰鍰；然而對於申報人無正當理由未依規定期限申報或故意申報不實，經處以罰鍰，受理申報機關通知限期申報或補正，無正當理由仍未申報或補正者，則處以刑罰，即處一年以下有期徒刑、拘役或科新台幣十萬元以上五十萬元以下罰金。顯然可知，本法之處罰係以行政處罰的罰鍰為主，輔以刑罰，至於專屬政府機關內部的懲戒或懲處處罰則完全缺席。

七、授權命令事項雖有不多：為使行政機關執行更見彈性，俾能因應時空環境變化，立法者通常在法律條文中授權行政機關針對某些事項為補充性、細節性的規定，本法亦不例外。除第19條授權訂定施行細則外，第2條第1項第12款、第6條第3項、第11條第1項、第17條等處亦均明確授權相關主管機關可以研訂相關辦法。這些授權命令規定雖然有，卻不多，亦可謂其特色之一。

要而言之，公職人員財產申報法之所以為公職人員財產申報法，當有其異於他法的特殊之處。如上所述7點，吾人應不難瞭解。

第三節　公職人員財產申報法問題探討

由於本法是操作性、實用性極高的法律，攸關公職人員的權益至鉅，事涉國家清廉政治與個人財產隱私維護二者之間的平衡，難度不低。職是，相關問題亦常被提出檢討，爰分別探討如次：

　　一、法律名稱問題：本法82年7月制定公布之際，因信託法與信託業法均未制定，故僅有財產申報規範而無財產信託措施，法律僅以財產申報為名，自無不當；然而在財產信託已納入規範，且是更重要的措施後，似有更名為「公職人員財產申報及信託法」的正當性。

　　二、適用人員問題：本法96年3月修正後，大幅增加列舉應申報財產之人員，且概括授權機關可指定申報財產之人員，名為因應需要加強監督，實際上受限於受理及查核機關員額編制，在不可能相對增加處理人力的情況下，能抽查的人數比例反而大為降低，分散監督效果，讓心存僥倖的人更加膽大妄為。是得是失？不難理解。為今之計，似可考慮將不涉錢財或公權力較低的非首長職人員予以排除，即可減少許多適用人員，讓查核人力集中於財產可能異常變動的人員。

　　三、分別受理問題：本法第4條所定受理財產申報之機關係採分散受理制，計有監察院、所屬機關（構）政風單位及各級選舉委員會三種；但無政風單位者，如各公立學校，由其上級機關（構）之政風單位或其上級機（構）指定之單位受理；無政風單位亦無上級機關（構）者，如立法院，則由申報人所屬機關（構）指定之單位受理。因為分別受理，固能分散人力負荷，有助查核之落實，但也可能產生標準不一的問題；甚至如縣（市）級以上公職候選人，在申請候選人登記時應向所屬之選舉委員會申報財產，而當選就職三個月內還得再向監察院申報財產，即不無近期重複之嫌。

　　四、財產範圍問題：公職人員應申報之財產，依本法第5條規定，包括有形與無形之財產，其價格或金額有的較為客觀或容易估量，但有的其實主觀性很大，如古董、字畫，喜歡者願意出高價，但厭惡者可能還嫌佔空間，其認定標準很難一致。又現金、存款、有價證券、債權、債務及事業投資，依施行細則第14條規定，係以每類總額達新臺幣一百萬元以上才要申報，不超過一百萬元者即不必申報，亦難免給投機者有操作空間，可

謂尚有改善空間。

　　五、財產公開問題：依本法第6條規定受理財產申報機關應於一定期間內，將申報資料審核，彙整列冊，供人查閱。此一公開財產資訊之作法，讓申報人之財產無所遁形，固有藉全民共同監督之意味，卻也嚴重侵犯申報人之財產隱私權，似有違背憲法保障人民財產權之虞。因此，施行以來對此提出質疑者不少，是否考慮改爲「只申報不公布」的作法，亦是一個可以檢討改進的方向。

　　六、財產信託問題：本法第7條要求特定職務人員信託財產，其適用範圍較申報財產人員更小，基本上言之，應是大家可以接受的政策方向，然而這些職務是否有更易貪瀆，而更應信託財產之必要？其實是值得討論的焦點。例如依法應超脫黨派之外，以合議制行使職權的大法官、考試委員，與外界接觸不多，其涉貪的可能性遠較各級民意代表或鄉（鎮、縣轄市）長低的多，何以前者必須信託，而後二者反而不須信託呢？著實令人費解。又我國公職人員之財產信託，論者有謂：既屬懶人信託，形同財產凍結，對於公職人員及其配偶、未成年子女私有財產之管理與處分權嚴重剝奪，基於公益與私利平衡之考量，其移轉信託管理期間之一切費用，是否應改由政府機關負擔，始爲合理之舉？似有值得斟酌之處。

　　七、行政處罰問題：如上所述，本法對於8種違反申報及相關義務之情事，可課以一定金額之罰鍰；如處罰後經通知限期申報或補正，無正當理由仍未申報或補正者，即得處以刑罰。按罰鍰乃政府機關對一般人民違反行政義務而未達刑事處罰程度者慣常採用的處罰方式，然而本法適用對象既然都是政府內部之公職人員，其中絕大多數都適用公務員服務法與公務員懲戒法之規定，是否應改以懲戒或懲處處罰爲主？對於極少數不適用前二法之總統、副總統、民意代表、代表政府或公股出任私法人之董事、監察人及公職候選人，始適用行政處罰？果若如此，不但可貫徹政府體系優先適用懲戒或懲罰之立法初衷，亦可減少「球員兼裁判」的質疑。

　　八、近親併報問題：本法明定配偶及未成年子女之財產應隨同公職人員申報及信託財產，這在未成年子女部分較無爭議，但在配偶部分則爭議甚大，例如分居中的配偶，已辦妥分別財產制的配偶，或專屬於配偶的特有財產等，在事實上或法律上均有難以併同申報或信託的理由。此一「一人當官，連累妻兒」的情形，或許是當初立法者沒有料到的，或許是認為與欲達成的公益相較，這其實只是微不足道的小問題呢？

　　九、配合措施問題：公職人員財產申報及信託，如欲有效落實，除本法規範外，相關問題如人頭開戶的禁絕、海外存款、購產的勾稽、大筆現金、珠寶置放於家中或銀行保險箱的查對、古董字畫的鑑價等，似乎也應有進一步的設限及考量，方能避免「規範愈加嚴苛但防不勝防」、「增加許多守法者的困擾與不便，卻仍無法防堵不肖者的鑽營與貪腐」現象的出現。

　　如前所述，公職人員財產申報法是規範我國特定職務人員特別列舉義務的重要法律，是為防堵貪腐、促進清廉而參考國外先進國家立法體例而制定的法律。在制定及修法過程中，由於有侵犯這些人員財產隱私權之疑慮，所以引來許多質疑與批評，不過在發生數起重大貪腐事件後，大家漸有透過此一立法，始能達到清廉政治的高度共識，故雖有疑慮，但最後還是順利的完成立法，也付諸實施。

　　不過因為本法是操作性極高的法律，旨在藉由公職人員的誠實申報、社會大眾的共同監督及高額的金錢處罰，以達到嚇阻的效果。目前實施的情況是，多數公職人員均願意遵守，則其正向立法目的不難達成；但也有極少數公職人員想方設法的迴避，或在無意之中，或因有事實困難，而沒有依法申報。從每年均有數人因申報不實等因素，而被監察院、法務部處罰的實例，以及媒體每隔一段時間就爆貪瀆案件的新聞，即可知道此一法律的立法目的並沒有完全達到，不能不說是個遺憾！（劉昊洲，2013：17）

　　要之，雖然現在大家已逐漸習於公職人員財產申報法的存在與實施，但從前面的探討中，吾人不難發現，本法既不乏特色，卻也有一些值得探討的問題。這些問題值得吾人共同關心，一起面對。

第十章　公職人員利益衝突迴避法之探討

公職人員利益衝突迴避法是一部規範特定職務人員利益衝突迴避義務的公務員法律，也是一部屬於促進廉能與端正政風的陽光政治法案。自民國89年7月制定公布施行以來，已有十多年時間，迄未曾修正。正因為本法具有防杜貪腐、建立廉能政府的基本功能，故其實施成效及相關事宜，向為政府部門與社會大眾關切的共同課題。

追本溯源，在本法公布施行前，我國並非沒有利益衝突迴避之規定，只是分散在三十多種法律之中。依個別立法主義，這些法律係根據公務員不同的職務特性與業務需要分別量身規範，彼此之間既無統屬關係，限制及處罰之寬嚴亦各有不同。不過在公職人員利益衝突迴避法公布施行後，已有專法為一致性的規定，除其他法律另有更嚴格規定者外，一律適用本法規定。不只開啟我國利益衝突迴避規範新的里程碑，較諸先進國家如美國、德國、日本等國採分散立法體例的作法，也具有領先的指標意義。

大致言之，特定公務人員依其適用法規，原本或多或少均負有利益衝突迴避之義務，只是適用對象並非普及於全體，且此一義務隱藏於其他義務之中。在本法通過施行後，依其普通法之性質，不但明確規範適用對象，使其效果普及於一般公職人員，也使得利益衝突迴避之義務更為明確化，並從其他義務中獨立出來，這應該是個很好的發展。

茲依公職人員利益衝突迴避法之條文規定，分別就其規範重點、主要特色與相關問題探述之。

第一節　公職人員利益衝突迴避法規範重點

　　按公職人員利益衝突迴避法計有24條條文，不分章節，條文規範內容不算多，只能說是我國現行眾多法律中的「中小企業」而已。其架構大致循著立法目的、適用對象、名詞定義、迴避事項、迴避方法、處罰條款、施行規定等項目予以安排。其主要規範事項，大致可歸納為下述13點：

　　一、立法目的與定位：藉由本法第1條第1項規定，闡明制定本法的目的為促進廉能政治、端正政治風氣、建立公職人員利益衝突迴避之規範，以有效遏阻貪污腐化暨不當利益輸送。第2項明定，除其他法律另有嚴格規定者外，適用本法之規定；則說明本法是屬普通法與補充法的性質。

　　二、適用對象之界定：本法雖以公職人員為適用對象，但何謂公職人員，並未進一步說明，而是借用公職人員財產申報法第2條第1項之規定，並隨著該法之修正而調整。依該法97年10月施行之條文規定，應申報財產之公職人員為下列13種人員：

1. 總統、副總統。
2. 行政、立法、司法、考試、監察各院院長、副院長。
3. 政務人員。
4. 有給職之總統府資政、國策顧問及戰略顧問。
5. 各級政府機關之首長、副首長及職務列簡任第十職等以上之幕僚長、主管；公營事業總、分支機構之首長、副首長及相當簡任第十職等以上之主管；代表政府或公股出任私法人之董事及監察人。
6. 各級公立學校之校長、副校長；其設有附屬機構者，該機構之首長、副首長。
7. 軍事單位上校編階以上之各級主官、副主官及主管。
8. 依公職人員選舉罷免法選舉產生之鄉（鎮、市）級以上政府機關首長。
9. 各級民意機關民意代表。

10. 法官、檢察官、行政執行官、軍法官。
11. 政風及軍事監察主管人員。
12. 司法警察、稅務、關務、地政、會計、審計、建築管理、工商登記、都市計畫、金融監督暨管理、公產管理、金融授信、商品檢驗、商標、專利、公路監理、環保稽查、採購業務等之主管人員；其範圍由法務部會商各該中央主管機關定之；其屬國防及軍事單位之人員，由國防部定之。
13. 其他職務性質特殊，經主管府、院核定有申報財產必要之人員。

三、關係人範圍界定：本法第3條界定公職人員之關係人範圍為：
1. 公職人員之配偶或共同生活之家屬。
2. 公職人員之二親等以內親屬。
3. 公職人員或其配偶信託財產之受託人。
4. 公職人員暨其配偶、共同生活之家屬、二親等以內親屬擔任負責人、董事、監察人或經理人之營利事業。此一界定，前三者為自然人，後者指營利性之私法人。

四、利益區分與定義：本法第4條先界定利益包括財產上利益及非財產上利益兩種；復規定財產上利益是指：
1. 動產、不動產。
2. 現金、存款、外幣、有價證券。
3. 債權或其他財產上權利。
4. 其他具有經濟價值或得以金錢交易取得之利益。

又所謂非財產上利益，係指有利公職人員或其關係人於政府機關、公立學校、公營事業機構之任用、陞遷、調動及其他人事措施。

五、利益衝突之定義：本法第5條界定利益衝突之定義，所稱利益衝突，係指公職人員執行職務時，得因其作為或不作為，直接或間接使本人或其關係人獲取利益者。

六、迴避事項之規範：本法第7條至第9條均為有關迴避事項之規定。第7條規定公職人員不得假借職務上之權力、機會或方法，圖其本人或關係人之利益。第8條規定公職人員之關係人不得向機關有關人員關說、請託或以其他不當方法，圖其本人或公職人員之利益。第9條規定公職人員或其關係人不得與公職人員服務之機關或受其監督之機關為買賣、租賃、承攬等交易行為。

七、迴避方法之規範：本法規定利益衝突迴避之方法有三，即自行迴避、命令迴避、申請迴避。第6條規定公職人員知有利益衝突時，應即自行迴避。第10條第4項規定服務機關或上級機關知悉公職人員有應自行迴避而未迴避情事者，應命其迴避。第12條規定公職人員有應自行迴避之情事而不迴避者，利害關係人得向有關機關申請其迴避；若應迴避者為民意代表時，係向各該民意機關申請；若應迴避者為其他公職人員時，係向該公職人員服務機關申請，如為機關首長時，則向上級機關為之；無上級機關者，則向監察院為之。第13條則補充規定，申請迴避之情事經調查屬實後，應命被申請迴避之公職人員迴避，該公職人員不得拒絕。

八、迴避程序及作為：本法第10條規定公職人員的迴避程序及相關作為。如民意代表知有迴避義務者，即不得參與個人利益相關議案之審議及表決，其他公職人員則應停止執行該項職務，並由職務代理人執行，且均應以書面分別向公職人員財產申報法第四條規定之機關，即監察院、各機關或其上級機關之政風單位報備。如公職人員之服務機關或其上級機關認為無須迴避者，得命其繼續執行職務；如認為應自行迴避而未迴避時，則應命該公職人員迴避。

九、未迴避者之效力：本法第11條規定未迴避者之行為效力，即民意代表以外公職人員於自行迴避前，對該項事務所為之同意、否決、決定、建議、提案、調查等行為均屬無效，應由其職務代理人重新為之。

十、違反義務之處罰：本法第14條至第18條係有關違背利益衝突迴避

義務之處罰規定，主要為罰鍰、附帶併予追繳兩種方式。第14條規定違反「公職人員不得假借職務上之權力、機會或方法，圖其本人或關係人之利益」，或「公職人員之關係人不得向機關有關人員關說、請託或以其他不當方法，圖其本人或公職人員之利益」之義務者，課處新臺幣一百萬元以上五百萬元以下罰鍰，所得財產上利益併予追繳。第15條規定違反「公職人員或其關係人不得與公職人員服務之機關或受其監督之機關為買賣、租賃、承攬等交易行為」之義務者，課處該交易行為金額一倍至三倍之罰鍰。第16條規定違反「民意代表不得參與個人利益相關議案之審議及表決」之義務者，課處新臺幣一百萬元以上五百萬元以下罰鍰。第17條規定服務機關或其上級機關命公職人員迴避而拒絕迴避者，課處該公職人員新臺幣一百五十萬元以上七百五十萬元以下罰鍰。第18條規定依前二條處罰後再違反者，連續處罰之。

十一、課處罰鍰之機關：本法第19條規定課處罰鍰之機關，若係依公職人員財產申報法規定應向監察院申報財產之人員，由監察院為之；若係公職人員之關係人，以及向各機關政風單位申報財產之公職人員，由法務部為之。

十二、處罰之相關規定：本法第20條至第22條可謂是處罰的相關規定，第20條規定罰鍰經限期繳納而屆期不繳納者，移送法院強制執行。第21條規定如另涉及其他法律責任者，依有關法律處理之。第22條規定依本法罰鍰確定者，由處分機關公開於資訊網路或刊登政府公報或新聞紙。

十三、施行之相關規定：本法第23條規定本法施行細則由行政院會同考試院、監察院定之。第24條規定本法自公布日施行。兩條均為有關施行之相關規定。

要之，公職人員利益衝突迴避法規定事項主要不外以上13點，其中又以適用對象及關係人範圍、利益衝突迴避之方法與作為、違反義務之處罰等項最為重要。明乎此，當不難瞭解與掌握其精髓矣！

第二節　公職人員利益衝突迴避法主要特色

從前面對公職人員利益衝突迴避法規範重點的探討中，吾人不難歸納得知本法至少有下列7點與眾不同、值得稱述的特色。爰分別說明如次：

一、規範單一消極義務：關於公務員的義務，在相關法律中，大致採權利義務一併規範的作法；只規定義務者，我國原僅規定於公務員服務法中，該法規定以服務義務為主，採列舉與概括規定，兼含作為義務與不作為義務。其後為因應時代環境的變遷，專門規範公務員某種義務的法律也逐漸出籠，如公職人員財產申報法、公務人員行政中立法等，本法亦然。不過財產申報法主要規定的是積極的作為義務，至於行政中立法與本法則以消極的不作為義務為主。此乃本法特殊之處。

二、普通補充法律定位：我國對於公職人員利益衝突迴避之規範，原採分散立法方式，依個別法律之需要而分別規定，例如公務人員任用法、公務員服務法、公務人員保障法、行政程序法等法律，均有利益衝突迴避條文之設。本法雖以專法規定，不過為避免對原有法律體系產生太大之衝擊，故將本法定位為普通法與補充法，如其他法律有更嚴格規定者，即適用其他法律；僅在其他法律沒有規定或較寬規定時，始有本法適用之空間。此種專法規範，卻僅具普通法與補充法之地位，著實少見，不能不說是本法之一大特色。

三、適用對象依附他法：在個別立法主義之下，不同法律對於其適用對象、主要名詞等均會在各自法律條文中加以規範或定義，此乃我國法律之常。然而本法關於適用對象，並未規定其範圍，而是直接沿用公職人員財產申報法規定，使得本法依附於該法，如該法適用對象修法改變時，本法條文雖然沒有任何一字一句的變動，卻也要配合更動其適用對象。此一適用對象依附他法的情形，實乃本法又一特別的地方。

　　四、範圍擴及至關係人：法律規範通常僅及於當事人本人，惟爲達特定目的，一些行政法律亦將其適用範圍擴大至相關人員，例如公職人員財產申報法規定，公職人員之配偶及未成年子女，均應一併申報及信託財產即是。本法亦將適用範圍擴大至關係人，而關係人之範圍包括家屬、親屬及其負部分責任之營利事業，以及信託財產之信託人，其範圍可謂更大更廣，遠非其他法律可以比擬。

　　五、併採三種迴避方式：關於當事人迴避的方式，因發起者不同，可分爲自行迴避、申請迴避與命令迴避三種，一般法律均因個別需要，僅規定其中一種或兩種迴避方式，例如公務員服務法只規定應行迴避，公務人員任用法只規定應迴避任用，政府採購法則規定應行迴避與應令其迴避兩種，公務人員保障法亦只規定應自行迴避與當事人向保訓會申請迴避兩種；這些法律規定顯然都不夠完整。在行政法律中三種迴避規定兼而有之的，僅有行政程序法與本法規定，這也是本法的特殊之處。

　　六、處罰方式僅限罰鍰：本法對於違反利益衝突迴避義務者之處罰，僅限於行政處罰，而不及於刑事處罰，也不包括慣用於政府機關內部的懲戒或懲處；而行政處罰亦只採用罰鍰一種方式，在罰鍰確定後，應予以公開，可謂兼有影響名譽之性質。但並未及於沒入財產、剝奪資格或權利等其他不利方式之處罰。此一作法與其他公務員法律相較，顯然不盡相同。

　　七、分由兩個機關處罰：本法依適用對象之不同，將違反義務者之處罰權責分交監察院及法務部執行。如依法應向監察院申報財產之公職人員，由監察院爲之；如爲公職人員之關係人，以及應向各機關政風單位申報財產之公職人員，則由法務部爲之。此一分別由兩個不同機關執行處罰，而非由同一機關爲之的作法，亦與一般所見有所不同。

　　綜上，本法乃將特定職務人員利益衝突迴避義務特別抽出，而以專法規範的重要法律。規範的雖以單一的、不作爲的義務爲主，表面觀之好像沒有什麼，究其實際，卻有許多特色存在其間。如上所述7點，吾人當不

難瞭解。

第三節　公職人員利益衝突迴避法問題探討

公職人員利益衝突迴避法公布施行已有十多年，其實際執行情形如何？有何值得改進的問題？在在值得吾人深入探討。爰以前述規範重點與主要特色的論述爲基礎，從不同角度思考，扼要探討如下：

一、本法法律定位問題：本法第1條第2項規定「除其他法律另有嚴格規定者外，適用本法之規定」，雖有務實之考量，卻使得本法法律定位陷入不明狀態，亦將增添日後執行之困擾。就法律邏輯言之，其他另有嚴格規定的法律，係本法的特別法，雖有利益衝突迴避之情事，仍適用其他法律的規定；僅在其他法律沒有規定或規定較爲寬鬆時，本法始有適用之機會，所以本法在法律定位上部分是普通法，部分是基準法，到底是普通法或基準法，則視與其該對應的其他法律規定是寬或嚴而定。至於「嚴格規定」，究竟是指限制更嚴格或處罰更嚴格？抑或兩者兼具？又由誰認定是否嚴格規定？這些問題勢將衍生執行上的爭議。

二、適用人員範圍問題：前言之，本法在適用對象上，係直接套用公職人員財產申報法之規定，因此本法雖未修正，但其適用人員已隨著該法修正而大幅增加。目前只有民選首長、政務官、各級民意代表、軍公教及公營事業高階，或涉及經濟利益之文武官員，始有依本法履行利益衝突迴避之義務，其他人員或雖有適用其他法律以盡其迴避義務之可能，但絕不在本法規範之列，其理至明。惟財產申報之義務係屬作爲義務，偏重於財產上利益，而利益衝突迴避之義務係屬不作爲義務，兼重財產上與非財產上利益，兩者本質不同，適用對象自不必強求一致。若就實際情形觀之，利益衝突迴避之適用對象似可比財產申報之範圍更爲擴大，將職掌人事措

施之人事主管、負有監督權責的研考人員、易生弊端的業務人員等悉數納入。如此既能提醒這些公務員注意迴避，亦不致增加主管機關之工作負荷，不是很好嗎？

三、**關係人的範圍問題**：本法第3條對公職人員的關係人範圍，主要有四款規定。其中配偶、財產受託人之意義非常明確，規定亦屬合宜，但所謂「共同生活之家屬」一詞即可能有所爭議，究是指同財共居？抑或同財但不必共居？或共居而不必同財？似應加以釐清。又只限制二親等以內親屬，範圍亦嫌過小，在直系親屬，只有父（母）子、祖孫；在旁系親屬，只有同胞兄弟姐妹，才是關係人，其他均不在限制之列，似不盡合乎常情。而在法人組織方面，僅限營利事業之範圍，亦有值得斟酌之處，例如登記為財團法人之私立學校，屬公益性質之文教基金會，多數負責人均視為企業加以經營，如不在限制之列，將會是本法的重大漏洞。

四、**迴避事項周妥問題**：本法第7條至第9條明定公職人員應迴避之事項，係本法重要的實體規定，雖均與「利益」有關，但顯然非屬「利益衝突迴避」範圍，且公務員服務法早有類似規定，其規定更見周延，如不包括民意代表在內，適用該法應已足夠，似不必在此另為規定。因這三條限制重心在「圖公職人員本人或關係人之利益」，依反面解釋，似乎只要非關公職人員或其關係人之利益，即可為之。但依刑法第131條規定，公務員對於主管或監督之事務，明知違背法令，直接或間接圖自己或其他私人不法利益，因而獲得利益者，即處一年以上七年以下有期徒刑，得併科七萬元以下罰金。兩者相較，本法似乎顯得無足輕重，多此一舉。而時下經常發生的「利益交換」情形，如：我進用你的配偶任職，以交換你任用我推薦的至親任職，本法亦未見規範，難免讓人失望。

五、**利益衝突定義問題**：依本法第5條利益衝突之定義，係指公職人員執行職務時，得因其作為或不作為，直接或間接使本人或其關係人獲取利益者。表面觀之，此一定義似無不妥，但進一步加以深究，則大有問

題，第7條、第8條亦有類似困境。任何公職人員皆因其執行職務，而獲得一定之酬勞，例如薪水、加班費、考績獎金或績效獎金等，這些皆屬直接使本人獲取利益的情形。以工作換取酬勞，本是天經地義的事情，但在這裡卻成為應迴避的利益，恐非所宜。所以，此處所指之利益似宜明確界定為不法或不當之利益，才能解決此一因文字疏忽而造成的困境。

六、民意代表迴避問題：本法規範重心，除廣義公務員外，主要落在民意代表，依7條至第10條規定予以限制。然如第10條第1項第1款規定，只限制其不得參與個人利益相關議案之審議及表決，似有不足之處。因為他仍然可以提案、質詢、參加委員會審查及朝野政黨協商，也可以藉選民服務之名義，圖謀第三人之利益；這些不在迴避範圍的事項，可能影響更大，然而卻都未受到限制，無形之中將使本法的實施成效大打折扣。

七、申請被拒救濟問題：本法有關利益衝突迴避的方法，主要設有自行迴避、命令迴避與申請迴避三種，其中並互有因果關聯。以公職人員自行迴避為原則，如不自行迴避，則由服務機關或上級機關命令其迴避，或由利害關係人向權責機關申請其迴避，經調查屬實後即命令其迴避。惟如利害關係人申請迴避卻被拒絕者，本法卻未提供任何救濟管道，不但會讓利益衝突迴避的規定留下缺口，對於利害關係人的權利保障，顯然也有不足之處。

八、處以罰鍰規定問題：本法對於違反利益衝突迴避之義務者，主要是處以罰鍰，並可連續處罰之，對所得財產上利益則予以追繳。大致言之，利益衝突迴避既是公職人員在行政法上的義務，對於違反義務者處以行政罰，而非刑罰，應屬正確。惟除民意代表外，對政務人員及其他文武職公務員尚可依公務員懲戒法、公務人員考績法等法規予以制裁，除被處以罰鍰外，可能尚須接受其他處罰，一事二罰，則非所宜。又罰鍰機關定為監察院與法務部，恐怕也有爭議，監察院係準司法機關，大眾接受度尚高，但法務部純為司法行政機關，亦非公務員主管機關，賦予罰鍰之大

權，恐非所宜。

　　要之，公職人員利益衝突迴避法在我國係屬首創，並無其他先進國家成例可供參考。因此儘管在立法過程中，朝野各政黨均極重視，一再溝通協商，務期能展現最適切、最可行的面貌，不過如上所述，仍可發現許多不盡周妥之處，值得你我共同留意與關心。（劉昊洲，2013：1）

　　如上所述，公職人員利益衝突迴避法是一部很重要，也很特別的法律，規範的是特定職務人員，包括民意代表，以及其關係人，單一的、消極的不作為義務，即利益衝突迴避的義務。此一義務的履行，看似簡單，其實在「名、權、利」的威脅與誘惑下，少數人可能陷入其間而不自知，最後難以自拔，無法回頭。本法旨在約束公職人員遵守利益衝突迴避的規範，設下防杜貪腐的第一道關卡，提醒公職人員如有令人懷疑之處，可能對政府公信力發生不良影響之事，即應知所節制，並予以迴避。

　　正因為公職人員利益衝突迴避法具有敦促大家正視利益衝突迴避的重要性與必要性，促使特定公職人員及其關係人遵守利益衝突迴避的義務規範，其功能價值自是無庸置疑。只是本法規範是否周妥合宜？執行過程是否順當適切？立法目的能否順利達成？也是吾人關切的重點。從上面的探討中，吾人當不難瞭解，本法並非十全十美，仍有一些值得檢討改進之處，可以提供政府相關部門參考。

第十一章　公務人員行政中立法之探討

公務人員行政中立法是規範我國常任文官遵守行政中立事項的專門法律，也是當前全世界僅就行政中立單一事項加以規定的唯一法律。不論從我國人事法制的發展觀之，或從世界先進各國比較人事法制的角度觀之，均有其無與倫比的重要性。

按行政中立（administrative neutrality）的概念，源自德國社會學家韋伯（Max Weber）所提出的「價值中立」（A. Bagchi, 1972: 339），與美國政治學家威爾遜（W. Wilson）主張的「行政與政治可以分開」（W. Wilson, 1887：197）。所謂行政中立，學者見解不一，不過大致上是指政府機關的公務人員應依法執行公務，不涉入政黨或政治活動，並以同一標準服務社會大眾，不因政黨屬性或個人價值等因素而改變其態度與作法。（劉昊洲，2005：1）常見之相關名詞包括文官中立、政治中立、公務員之中立等。（許濱松，1995：476）

查本法自民國83年11月銓敘部草擬初稿函報考試院，迄98年6月總統明令公布，前後費時15年。此一期間，由於立法院實施「法案屆期不予繼續審議」的緣故，除83年12月首度由考試院函請立法院審議外，亦分別在92年9月、94年10月及97年12月三度函送。所送草案條文內容架構大致不變，僅有些微調整，可見得雖有兩次政黨輪替之變局，但朝野政黨攻守易位後的政策構想差別不大。在主管機關考試院及所屬銓敘部的積極推動，以及朝野立法委員的共同努力之下，終能捐棄成見，化異求同，讓本法順利完成二、三讀，並付諸施行，誠屬不易。茲分就本法的規範要點、制度特色、相關問題3部分探討之。

第一節　公務人員行政中立法規範重點

本法係在98年5月19日經立法院三讀通過，並經總統在同年6月10日公布。全文共有20條條文，不分章節，其主要內容要點有四，1. 揭示立法目的、適用對象及公務人員行政中立之原則；2. 明定公務人員參與政治活動之權利、限制及保障；3. 公務人員經公告為公職候選人之請假規定，以及各機關首長或主管人員在選舉期間應辦事項與相關限制；4. 拒絕從事本法禁止行為，而遭受不公平對待或不利處分之救濟管道，及違反本法規定之處理方式。茲依條次歸納其規範重點如下：

一、立法目的與位階：本法第1條規定，為確保公務人員依法行政、執行公正、政治中立，並適度規範公務人員參與政治活動，特制定本法。又規定公務人員行政中立之規範，依本法之規定；本法未規定或其他法律另有嚴格規定者，適用其他有關之法律。乃為本法立法目的與法律位階之規定。

二、適用與準用人員：本法第2條規定，法定機關依法任用、派用之有給專任人員及公立學校依法任用之職員，為本法所稱之公務人員，乃本法之適用對象。又第17條規定準用對象如下：

1. 公立學校校長及公立學校兼任行政職務之教師。
2. 教育人員任用條例公布施行前已進用未納入銓敘之公立學校職員，及私立學校改制為公立學校未具任用資格之留用職員。
3. 公立社會教育機構專業人員及公立學術研究機構研究人員。
4. 各級行政機關具軍職身分之人員，及各級教育行政主管機關軍訓單位或各級學校之軍訓教官。
5. 各機關及公立學校依法聘用、僱用人員。
6. 公營事業機構人員。
7. 經正式任用為公務人員前，實施學習或訓練人員。
8. 行政法人有給專任人員。

9.代表政府或公股出任私法人之董事及監察人。

　　此外，第18條復規定，憲法或法律規定須超出黨派以外，依法獨立行使職權之政務人員，準用本法之規定。這兩條即是本法準用人員之規定。

　　三、中立與公正原則：本法第3條規定，公務人員應嚴守行政中立，依據法令執行職務，忠實推行政府政策，服務人民。又第4條規定，公務人員應依法公正執行職務，不得對任何團體或個人予以差別待遇。

　　四、參加政黨之規範：本法第5條規定，公務人員得加入政黨或其他政治團體，但不得兼任政黨或其他政治團體之職務。公務人員不得介入黨政派系紛爭，亦不得兼任公職候選人競選辦事處之職務。又第6條規定，公務人員不得利用職務上之權力、機會或方法，使他人加入或不加入政黨或其他政治團體；亦不得要求他人參加或不參加政黨或其他政治團體有關之選舉活動。

　　五、上班時間之規範：本法第7條規定，公務人員不得於上班或勤務時間，從事政黨或其他政治團體之活動；但依其業務性質，執行職務之必要行為，不在此限。

　　所稱上班或勤務時間，指下列時間：

1.法定上班時間。

2.因業務狀況彈性調整上班時間。

3.值班或加班時間。

4.因公奉派訓練、出差或參加與其職務有關活動之時間。

　　六、職務行為之規範：本法第8條規定，公務人員不得利用職務上之權力、機會或方法，為政黨、其他政治團體或擬參選人要求、期約或收受金錢、物品或其他利益之捐助；亦不得阻止或妨礙他人為特定政黨、其他政治團體或擬參選人依法募款之活動。

　　七、政治活動之規範：本法第9條規定，公務人員不得為支持或反對

特定之政黨、其他政治團體或公職候選人，從事下列政治活動或行為：

1. 動用行政資源編印製、散發、張貼文書、圖畫、其他宣傳品或辦理相關活動。
2. 在辦公場所懸掛、張貼、穿戴或標示特定政黨、其他政治團體或公職候選人之旗幟、徽章或服飾。
3. 主持集會、發起遊行或領導連署活動。
4. 在大眾傳播媒體具銜或具名廣告。
5. 對職務相關人員或其職務對象表達指示。
6. 公開為公職候選人站台、遊行或拜票。
7. 其他經考試院會同行政院以命令禁止之行為。

　　所稱行政資源，指行政上可支配運用之公務、公款、場所、房舍及人力等資源。

　　八、選舉事務之規範：本法第10條規定，公務人員對於公職人員之選舉、罷免或公民投票，不得利用職務上之權力、機會或方法，要求他人不行使投票權或為一定之行使。又第11條規定，公務人員登記為公職候選人者，自候選人名單公告之日起至投票日止，應依規定請事假或休假。公務人員依前項規定請假時，長官不得拒絕。再者，第12條規定，公務人員於職務上掌管之行政資源，受理或不受理政黨、其他政治團體或公職候選人依法申請之事項，其裁量應秉持公正、公平之立場處理，不得有差別待遇。另外第13條亦規定，各機關首長或主管人員於選舉委員會發布選舉公告日起至投票日止之選舉期間，應禁止政黨、公職候選人或其支持者之造訪活動；並應於辦公、活動場所之各出入口明顯處所張貼禁止競選活動之告示。

　　九、處罰與救濟規定：本法第14條規定，長官不得要求公務人員從事本法禁止之行為。長官違反前項規定者，公務人員得檢具相關事證向該長官之上級長官提出報告，並由上級長官依法處理；未依法處理者，以失職論，公務人員並得向監察院檢舉。又第15條規定，公務人員依法享有之權

利，不得因拒絕從事本法禁止之行為而遭受不公平對待或不利處分。公務人員遭受前項之不公平對待或不利處分時，得依公務人員保障法及其他有關法令之規定，請求救濟。再者，第16條規定，公務人員違反本法時，應按情節輕重，依公務員懲戒法、公務人員考績法或其他相關法規予以懲戒或懲處；其涉及其他法律責任者，依有關法律處理之。

十、細則與施行規定：本法第19條規定，本法施行細則，由考試院定之。又第20條規定，本法自公布日施行。即為本法授權考試院訂定施行細則的法源依據，以及施行生效的日期。

要之，本法乃規範公務人員行政中立的專法，只就行政中立的主要事項及相關事項加以規定，條文數僅有20條，其規範重點主要有上述10點，可謂不多。不過行政中立的界限範圍、衡量尺度等主要規範內容，卻是鉅細靡遺，沒有遺漏。有人或仍批評本法規定的不夠周延完整，但因為是首次制定，且為當前全世界獨一無二的專法。能夠如此，其實已甚難能可貴矣！

第二節　公務人員行政中立法主要特色

本法的內容要點經已摘述如上，從前面的摘述中，吾人不難瞭解本法具有下述5個特色。謹分述如次：（劉昊洲，2005：65）

一、常任文官一體適用：本法藉由對公務人員的定義，界定適用範圍是法定機關依法任用、派用之有給專任人員以及公立學校依法任用之職員。易言之，凡是依公務人員任用法及派用人員派用條例進用且銓敘有案之常任文官，即為適用對象。此乃依公務員身分為認定標準，而未如英國依其職務性質，區分為政治自由類、政治限制類與中間類。（考試院，1993：10）至於其他人員，如有遵守行政中立之必要者，如約聘、約僱人員，則以準用方式出現。可見本法主要是針對常任文官而為一體規範。

二、禁止義務居於多數：公務人員遵守行政中立之義務與在職務上應遵守之義務不同，在職務上應積極作為、勇於任事，但行政中立反以不作為為主；本法以「不得」為開頭之強制禁止義務的條文數，不可謂不多。這些禁止規定，主要是適度限制公務人員參與政治活動的權利，藉由禁止作為而達成行政中立的目的。

三、訓示規定較為抽象：本法規範公務人員應積極作為之條文不多，除登記為公職候選人者應依規定請事假或休假，屬特別之義務規定外，在一般之義務規定方面，僅訓示應依法行政、執行公正、政治中立、忠實推行政府政策，卻未見進一步說明，顯然過於抽象與籠統。雖有訓示效果，但實質意義並不大。

四、規定重點指向選舉：行政中立事項平常固屬重要，但選舉前的競選期間，尤為各政黨及社會人士所重視，本法自不例外。從第5條至第13條規定，幾乎都與選舉事項有關，可見得選舉在行政中立所佔的份量甚大。

五、違者止於懲戒懲處：依本法第16條規定，若有違反行政中立者，應依公務員懲戒法、公務人員考績法或其他相關法規予以懲戒或懲處；若涉及其他法律責任者，依有關法律處理之。此條後段係指如另涉違反公職人員選舉罷免法等情事者，可能涉及的民、刑事或選舉罷免訴訟責任，自應依法為之，不在話下。至如僅違反行政中立規定時，僅依懲戒法與考績法懲戒或懲處，可謂止於政府機關的懲罰。懲戒案大多數雖由監察院提案彈劾，公懲會審理，但基本上仍是行政懲罰性質，而非民刑事案件，其理至明。

綜上論之，本法主要規定常任文官面對政治時的作為與不作為義務；顯然具有上述5個特色。在掌握這些特色後，相信對於本法之精髓一定更能了然於心矣！

第三節　公務人員行政中立法問題探討

　　本法雖在民國97年12月考試院才函送立法院審議，但若論其前身，則遠自民國80年8月銓敘部即已著手蒐集資料、研擬草案，這段期間不可謂不長。有關問題早經熱心的有識之士提出，並經主管機關檢討納入改進。平實論之，本法大致完備、周延可行。不過基於求全求好心理，吾人仍要雞蛋裡挑骨頭，提出一些問題加以探討，藉供有司當局參考：

　　一、關於創制複決應否加以規定的問題：行政中立所面對的對象主要是政黨或政治團體，對於屬人的選舉與罷免案，政黨或政治團體固然都積極動員、全力以赴，希冀支持的人選當選或過關，所以可能發生行政中立的問題。然而在屬法的創制與複決，已因公民投票法之通過而完成法制化，且日趨重要之際，為政黨的意識型態或政策主張，勢必更加強力推銷與賣力動員，也可能發生行政中立的問題。然而本法除平時的規範外，對於選舉、罷免案多所規範，對於公民投票則僅有一處提及，顯然有所不足。

　　二、關於命令禁止行為可否處罰的問題：本法第9條首先以列舉方式禁止公務人員從事部分政治活動，最後再以概括方式，總括其他經考試院會同行政院以命令禁止之行為。其本意乃在避免掛一漏萬，日後在適用上可能有所不足，故有此舉。不過因為此一法律授權條款形同空白支票，以後如何填發，悉聽考試院與行政院之便，立法院再無聞問空間，是否與法律保留原則相牴觸，恐有值得探討之處；況且形成依法律去處罰違反行政命令者的頭重腳輕現象，在法理上亦有不通之處，誠然值得深思。

　　三、關於長官是否應加明確定義的問題：本法提及長官之處主要有第11條及第14條兩處，旨在規範長官之義務。然而所謂長官，除不同層級之長官外，依公務員服務法規定，亦有主管長官與兼管長官之別。本法究何所指，究竟僅指主管長官？抑或包括兼管長官？均未明言。此外，由於公

務人員散在各階層、各角落之中，公務人員之長官有可能是公務人員、公立學校校長、兼任行政職務之教師，這些人員均在適用或準用之列，並無爭議；但也有可能是總統、狹義的政務人員、民意機關首長，這三種人員並不在準用範圍，如拒不依法辦理時又該如何？本法隻字未提，似有不盡周延之處。

四、關於準用人員是否應該擴大的問題：本法規範適用對象，僅以依法任用、派用之公務人員為限。而準用人員，大致上亦以公務員服務法界定之範圍為限，且不及於軍人，恐怕有畫地自限，走不出去之憾！又，民選總統與政務人員，在高度上似有更大的空間與機會可能濫用行政資源、破壞行政中立，卻完全不受限制，恐有缺漏；而各級民意機關首長亦可能動用各該機關之行政資源，從事不公平競爭，亦有加以限制之必要。至於政府出資成立之財團法人、基金會從業人員、各機關基層服務人員，如技工、工友、以工代職人員等，亦未納入準用範圍，似亦有不夠周延之虞。（劉昊洲，2005：68）

五、關於研究人員是否一體準用的問題：本法第17條第1款僅規定公立學校兼任行政職務之教師納入準用對象，但第3款規定公立學術研究機構研究人員與社會教育機構專業人員，卻不管有無兼任行政職務，均一體準用。兩款規定顯然不平衡，有違教育與學術人員一視同仁、一體看待之原則；且研究人員所掌控之公權力終究較低，似亦無全面準用、予以限制之必要。無怪乎本法公布後，引起中央研究院部分研究人員的激烈反彈矣！

要之，制度設計之目的在求實用，故周延無瑕疵之考量是十分重要的，然而環顧四周，盡善盡美的制度卻也是不存在的。觀諸本法，雖然主管機關已儘量求其周延可行，但如上所述，仍難免有思慮不周之處，誠然有待檢討改進。也只有不斷的檢討改進，制度才會更完美，也更為可行。

　　行政中立確實是值得肯定的價值。（朱敬一，2009：A6）公務人員行政中立法是要求公務人員遵守行政中立事項的專門法律，其目的是規範公務人員動用行政資源或行使公權力的中立性。（朱敬一，2009：A6）然而行政中立所面對的客體卻是政治，包括平時的政黨活動與選前的競選行為，可以說是小巫見大巫，處於相對劣勢的地位。因此想要藉由本法規範去匡正選舉風氣、促進政黨良性競爭、建構良好組織文化，可謂極其不易。本法施行後到底能發揮多少實效，一時之間似也不容易看到。

　　在這樣的背景下，本法之制定過程可以說是備極艱辛，但完成立法後，也絕對是劃時代的里程碑。如上所述，儘管本法仍有規定不盡周延妥適之處，未來執行成效如何亦未可知；然而這第一步畢竟已經跨出，何況如上所述，只是略有疏漏而已，自是瑕不掩瑜，無礙大局。（劉昊洲，2009：20）

第十二章 公務人員訓練進修法之探討

　　公務人員訓練進修法是一部非常年輕的人事法律，制定公布於民國91年1月，施行迄今僅有十多年，在此期間亦未曾提出修正。這雖是行憲後唯一制定有關訓練進修的法律，不過在民國32年6月，國民政府早已制定公布公務員進修及考察選送條例，惟因時隔事移，此一條例幾乎形同停止適用。歷來有關訓練進修事項之辦理，在公務人員訓練進修法未公布施行前，幾乎全依行政命令規定，就法制言之，誠然有所偏頗與不足。也因此考試院每屆考試委員始終將此一法案列為優先施政項目，只是因行政、考試兩院看法不盡一致，仍然延宕許久；幾經協調，始獲致共識，終於在民國91年1月經立法院三讀通過後，咨請總統公布施行，至屬不易。其後為應社會環境變遷與業務發展之需，復於102年12月首度修正部分條文，並即公布施行。

　　所謂訓練進修，實為訓練與進修二者之合稱。訓練，係指各機關學校為因應業務需要及提升公務人員之工作效能，對其主動提供之特定知識與技能，使其得以學習的過程。（考試院，2000：274）進修，乃對公務人員採個別獎勵，並予適當輔導及啟發，促其養成自修美德，或協助其深造，俾資增進專業知能，以利有關業務研究發展的教育措施。（考試院，1990：170）二者意義相近，但實有不同，為立法經濟考量，我國係一併加以規範。

　　公務人員訓練進修法主要規範全國公務人員之訓練進修事宜，明確規定在全國一致之法制事項，由考試院責成公務人員保障暨培訓委員會辦理；在實際執行部分，則視訓練性質，分由各主管機關辦理。雖然本法公布施行前，各主管機關基於實際業務需要，已陸續次第開辦許多訓練與進

修活動；不過本法之公布施行，既使法制完備、辦理有據，且將權責明確劃分，多年來行政與考試兩院的爭議終於得到解決，對於各機關訓練進修業務之推展，可謂裨益至大。

職是，公務人員訓練進修法是重要的，值得探討的。茲分就規範重點、特色歸納與問題探討3部分論述之。

第一節　公務人員訓練進修法規範重點

公務人員訓練進修法全文共21條，不分章節，在人事法律中屬中小型。其規範重點要可分述如次：

一、規範事項及立法定位：本法第1條規定，公務人員之訓練及進修，依本法行之；但其他法律另有規定者，從其規定。可謂是規範事項及立法定位之規定。

二、訓練分類及機關分工：本法第2條規定，公務人員訓練進修法制之研擬，事關全國一致之性質者，由公務人員保障暨培訓委員會辦理之。在執行部分，公務人員考試錄取人員訓練、升任官等訓練、高階公務人員中長期發展性訓練及行政中立訓練，由公務人員保障暨培訓委員會辦理或委託相關機關（構）、學校辦理之。至於公務人員專業訓練、一般管理訓練、進用初任公務人員訓練及前項所定以外之公務人員訓練及進修事項，由各中央二級以上機關、直轄市政府或縣（市）政府辦理或授權所屬機關辦理之。又，各主管機關為執行本法規定事項，有另定辦法之必要者，由各該機關以命令定之。

三、訓練進修會報之法源：本法第3條規定，為加強公務人員訓練進修計畫之規劃、協調與執行成效，應由行政院人事行政總處與公務人員保障暨培訓委員會會同有關機關成立協調會報，建立訓練資訊通報、資源共

享系統；其辦法由協調會報各相關機關協商定之。

　　四、職前及在職訓練規定：本法第4條規定，公務人員考試錄取人員、初任公務人員、升任官等人員、初任各官等主管人員，應依本法或其他相關法令規定，接受必要之職前或在職訓練。高階公務人員接受中長期發展性訓練評鑑合格者，納入人才資料庫，提供機關用人之查詢。各機關學校進用初任公務人員訓練，應由各主管機關於進用前或到職後四個月內實施之。前項訓練以充實初任公務人員應具備之基本觀念、品德操守、服務態度、行政程序及技術暨有關工作所需知能為重點。

　　五、行政中立訓練之依據：本法第5條規定，為確保公務人員嚴守行政中立，貫徹依法行政、執法公正、不介入黨派紛爭，應由公務人員保障暨培訓委員會辦理行政中立訓練及有關訓練，或於各機關學校辦理各項訓練時，列入公務人員行政中立相關課程；其訓練辦法，由考試院定之。

　　六、專業及一般訓練依據：本法第6條規定，公務人員專業訓練及一般管理訓練得按官職等、業務需要或工作性質分階段實施；各機關學校業務變動或組織調整時，為使現職人員取得新任工作之專長，得由各主管機關辦理專業訓練。

　　七、訓練計畫規定之事項：本法第7條規定，公務人員各種訓練之訓練期間、實施方式及受訓人員之生活輔導、請假、獎懲、成績考核、退訓、停訓、重訓、註銷受訓資格、津貼支給標準、請領證書費用等有關事項，應依各該訓練辦法或計畫規定辦理。公務人員各種訓練之訓練計畫，由各主管機關定之。

　　八、進修種類及進行方式：本法第8條規定，公務人員進修分為入學進修、選修學分及專題研究，其方式如下：
1.國內外專科以上學校入學進修或選修學分。
2.國內外機關（構）學校專題研究。

3.國內外其他機關（構）進修。

　前項進修得以公餘、部分辦公時間或全時進修行之。

　九、選送進修之基本條件：本法第9條規定，各機關學校選送進修之公務人員，應具有下列基本條件：

1.服務成績優良，具有發展潛力者。

2.具有外語能力者；但國內進修及經各主管機關核准之團體專題研究者，不在此限。

　前項選送進修，須經服務機關甄審委員會審議通過，並經機關首長核定。

　十、選送國外進修之期間：本法第10條規定，各機關學校選送國外進修之公務人員，其進修期間如下：

1.入學進修或選修學分期間為一年以內；但經各主管機關核准延長者，延長期間最長為一年。

2.專題研究期間為六個月以內；必要時，得依規定申請延長，延長期間最長為三個月。

　經中央一級機關專案核定國外進修人員，其進修期間最長為四年，不受前項第一款之限制。

　十一、選送國內進修之期間：本法第11條規定，各機關學校選送國內全時進修之公務人員，其進修期間為二年以內；但經各主管機關核准延長者，延長期間最長為一年。前項全時進修之公務人員於寒暑假期間，應返回機關上班；但因進修研究需要，經各主管機關核准者，不在此限。

　十二、進修核定與補助規定：本法第12條規定，各機關學校選送或自行申請進修之核定與補助規定如下：

1.選送全時進修之公務人員，於核定進修期間，准予帶職帶薪並得給予相關補助。

2.選送公餘或部分辦公時間進修之公務人員，於核定進修期間得給予相關

補助。

3. 自行申請全時進修之公務人員，其進修項目經服務機關學校認定與業務有關，並同意其前往進修者，得准予留職停薪，其期間爲一年以內。但經各主管機關核准延長者，延長時間最長爲一年；其進修成績優良者，並得給予部分費用補助。

4. 自行申請以公餘時間或部分辦公時間參加進修之公務人員，經服務機關學校認定與業務有關，並同意其前往進修且成績優良者，得給予部分費用補助。

　　前項第一款或第三款受補助之全時進修人員，應依規定向服務機關學校提出報告。

　　十三、進修計畫應確實辦理：本法第13條規定，各機關學校應視業務需要擬定公務人員進修計畫，循預算程序辦理。各機關學校選送進修之公務人員，應確實按核定之進修計畫執行，未報經各主管機關核准，不得變更。

　　十四、完成進修者返回服務：本法第14條規定，各機關學校選送或自行申請全時進修之公務人員於進修期滿，或期滿前已依計畫完成進修，或因故無法完成者，應立即返回服務機關學校服務。

　　十五、進修人員之服務義務：本法第15條規定，公務人員帶職帶薪全時進修結束，其回原服務機關學校繼續服務之期間，應爲進修期間之二倍，但不得少於六個月；留職停薪全時進修結束，其應繼續服務期間與留職停薪期間相同。前項進修人員經各主管機關依法同意商調他機關服務者，其應繼續服務期間得合併計算。

　　十六、違反進修義務之懲處：本法第16條規定，各機關學校選送或自行申請全時進修之公務人員，有下列情形之一者，除由服務機關學校依有關規定懲處外，並依下列規定辦理：

1. 違反第十二條第二項或第十三條第二項規定者，應賠償其進修所領補

助。

2.違反第十四條規定者，應賠償進修期間所領俸（薪）給及補助。

3.違反第十五條規定者，應按未履行義務之期間比例，賠償進修期間所領俸（薪）給及補助。

前項違反之事由因不可歸責於進修人員者，免除其賠償責任。

進修人員依第一項所應負賠償責任，經通知限期繳納應賠償金額，逾期不繳納者，依法移送強制執行。

　　十七、辦理終身學習之法源：本法第17條規定，各主管機關得視業務實際需要協調國內外學術或其他機構，提供公務人員終身學習之機會。

　　十八、收取費用法源及標準：本法第18條規定，各項訓練及進修所需經費除編列預算支應外，得向受訓人員或其服務機關學校收取費用。前項收費標準，由各主管機關定之。

　　十九、配合考核及陞遷評量：本法第19條規定，各機關學校應將公務人員接受各項訓練與進修之情形及其成績，列為考核及陞遷之評量要項，依專才、專業、適才、適所之任用本旨，適切核派職務及工作，發揮公務人員訓練及進修最大效能。

　　二十、施行細則與施行日期：本法第20條規定，本法施行細則，由考試院會同行政院定之。又第21條規定，本法自公布日施行。即為授權訂定施行細則之法源與施行日期之規定。

　　要之，公務人員訓練進修法規範條文並不算多，主要係就公務人員訓練與進修之重要事項，包括訓練種類、機關分工、進修方式、條件、經費、違反義務者之賠償與懲處等加以規範，其重點大致可歸納如上。瞭解這些重點後，自當有助於吾人對此一法律的進一步認識。

第二節　公務人員訓練進修法特色歸納

　　如前所述，本法是非常年輕的人事法律，雖然施行迄今不過十餘年，其長期實效甚難概括論斷，然而這並不代表它沒有短期功效，更不能否認它與眾不同的特色所在。茲就管見所及，探討其特色如下：

　　一、法制統合執行分辦：在理論上，訓練進修課程通常係配合機關業務單位需要去推動；但在實務上，訓練進修業務通常由人事單位辦理，因而衍生訓練進修到底歸屬行政院或考試院的職權爭議，久久不能平息，這也是本法延宕多年的主因。最後兩院協商達成共識，法制部分統合由考試院所屬的公務人員保障暨培訓委員會辦理，至於執行部分則依其性質分由保訓會或中央二級以上機關、直轄市政府或縣（市）政府辦理。終於解決此一業務的職權爭議，也成就本法法制統合、執行分辦，欠缺明確主管機關的特色。

　　二、訓練進修一併規範：訓練與進修兩者之性質十分近似，卻又不全然相同，因此早期國民政府制定之法律僅及於進修，而不見訓練；今日各機關所偏重者在訓練，而非進修。既然兩者不能等量齊觀、一視同仁，則分開規範亦無不可。本法係一併規範，採先規定訓練後規定進修方式處理。將性質不完全相同的兩件事擺在同一法律中規定，自可說是特色之一。

　　三、僅有重要原則規範：訓練與進修事項涉及機關業務推展與公務人員權益，有作為的首長及有企圖心的公務人員無有不重視者；又因兩者均涉及極細微的執行層面，自無法在法律層次鉅細靡遺的規定，只能就重要原則加以規定，其他較次要的則授權以行政命令定之。從本法第2條、第3條、第5條、第7條、第18條及第20條，多達六處授權訂定行政命令的情形觀之，本法此一特色不難瞭解。

　　四、依其性質區分種類：本法雖將訓練與進修放在一起規範，但仍採

先訓練後進修的舖陳方式，且依其性質區分其種類。首先將特定的公務人員考試錄取人員訓練、升任官等訓練及行政中立訓練抽離出來，交由保訓會辦理；至於公務人員專業訓練、一般管理訓練、職前訓練及其他訓練，則交由中央二級以上機關、直轄市政府或縣（市）政府辦理；再將進修方式區分爲入學進修、選修學分及專題研究三種，並責由各機關辦理。此一依性質先區分種類再規定如何處理的作法，亦可說是本法較特殊之處。

五、重視行政中立訓練：行政中立可說是公務人員的一種行爲態度，在政黨競爭激烈，但公務人員普遍欠缺此一認知的情況下，當然有必要加強此一訓練。不過此一訓練究屬特定主題的訓練，與其他訓練種類不盡相當，在實際執行中加強即可，本法卻在法律明文規定，特別突顯出來。顯見本法對於行政中立訓練的重視，自可稱爲其一特色。

六、規範高階訓練法源：高階公務人員中長期發展性訓練，過去雖由保訓會本於權責辦理，且訓練成效亦有目共睹；惟因欠缺明確的法律依據，故與人事總處亦曾有摩擦發生。在此次修法，明確規定由保訓會辦理，對於往後兩機關之間的協調合作，應有正面的助益。

七、明定權利義務責任：參加訓練與進修，既是公務人員的權利，也是公務人員的義務。在權利面，通常公務人員不易忽略；但在義務面，難免會有疏忽或遺漏。爲使執行有據，免杜爭議，本法除就得自行申請進修、得申請留職停薪全時進修及請求部分費用補助等權利事項予以規定外，復就公務人員進修期滿後之服務義務，以及違反義務時之賠償責任明白規定。這些規定，自爲合宜妥適之安排，亦爲本法之特色。

八、賦予訓練收費法源：公務人員參加訓練，除依法應參加者，如行政中立訓練、升任官等訓練外，主要係各機關爲應業務需要，片面要求公務人員參加，義務面大於權利面，所以過去與現在，所有訓練均由各機關自行編列預算支應，不曾向受訓人員收費。然而參考國外及民間作法，向受訓人員酌收部分費用，可能蔚爲未來潮流趨勢。故本法未雨綢繆的規

定，得向受訓人員收取費用，未嘗不是值得肯定的特色。

　　九、列為考核陞遷評量：過去由於沒有法律規定，各政府機關對於訓練一向不太重視，公務人員本身也不喜歡「受訓」、「被訓」，所以除依法應參加者外，各機關指派公差參加受訓、受訓者簽到後即走人、上課場合打瞌睡、做自己事情者時有聽聞，自有不妥。本法明定將各項訓練與進修之情形及其成績，列爲考核及陞遷之評量要項，雖然在實際上不易做到，但在理論上則有提示、提醒之功能，對於訓練效能之提升當有助益，自可說是其特色之一。

　　十、提供終身學習機會：終身學習是近年來興起的熱門課題，隱然蔚爲一股潮流趨勢。爲推動及鼓勵終身學習，我國經於民國91年制定公布終身學習法，做爲各政府機關辦理的依據。不過此法係由教育部主導，偏重的是社會大眾，而非公務人員。惟爲配合此法的施行，讓公務人員也能進行終身學習，本法特別規定應提供公務人員終身學習的機會，自有值得稱述之處。

　　綜上所述，公務人員訓練進修一詞雖然隨時可聞，本法規定看似平常，然而卻仍有一些值得稱述的特色。如上所述10點，吾人當不難瞭解與掌握。

第三節　公務人員訓練進修法問題探討

　　由於法律是民主妥協的產物，而非專業眞理的堅持；用來規範全體國人，也必須接受社會大眾的任何檢驗。因此所有法律都不是完美無瑕的，在制定公布時即可能存在若干瑕疵，在實際執行過程中也可能繼續出現缺失，本法自不例外。曾有學者指出，我國訓練制度主要有：1. 法規紊亂並與實際脫節；2. 未受到應有重視；3. 人員選派不當；4. 訓練經費不足；5.

訓練方法呆板；6. 未與人員儲備、陞遷配合；7. 訓練考核不實等七大問題，（繆全吉等，1989：437）自非無的放矢。從前述規範重點與特色歸納的論述中，吾人當不難發現本法若干值得探討的問題，謹分述如次：

一、應否明定立法目的的問題：大凡法律之制定，在組織法，通常都會明列其上級機關組織法律之依據；在作用法，則會明列其立法目的。本法屬作用法，依理亦應在第一條開宗明義明列其立法目的，然而本法卻沒有，僅言及規範事項為「公務人員之訓練及進修」，自然無法讓人知道何以要制定本法的理由，不能不說是個遺憾。尤有甚者，因為但書規定「但其他法律另有規定者，從其規定」，使得本法淪為其他法律的補充法，而非統攝相關法律的基準法。是否妥適？不辯已明。

二、應否規定適用範圍的問題：我國因採「個別立法主義」的結果，每一法律一開始通常要對適用人員或適用範圍加以定義，藉以確認本法的領域；如有準用之必要者，則在該一法律後面予以規定，方能在某些性質相同之處延長本法的領域，並免除相關機關在執行法律時的爭議與困擾。然而本法並未明定適用範圍，既未對公務人員加以定義，亦未敘明所謂公務人員係依那一法律規定，則公務人員究何所指，是否僅限任用法的公務人員？還是擴及保險法的公務人員？或服務法的公務員？或者更大範圍？既未明言，即不免有所爭議。顯然的，這可能是立法的疏漏所致。

三、是否重訓練輕進修的問題：前言之，訓練與進修性質相近，卻又不完全相同，本法放在一起規範並無不可，但既未對訓練與進修分別定義，則所謂訓練與進修只能授權施行細則予以界定，或停留在人言人殊的學術定義。不過在條文中，經由歸納比較，吾人也可得到「訓練強制、進修隨意」、「訓練免費、進修補助」、「訓練由機關發動、進修由個人發動」的概念，可能被人誤解為本法規定有「重視訓練、輕視進修」之處。是否妥適？顯然值得斟酌。

四、商調服務併算年資的問題：本法第15條規定，公務人員帶職帶薪

全時進修期滿，應回原服務機關學校服務，其服務期間為進修期間之二倍。此一立意至為良善，因為機關既應業務需要選送公務人員帶職帶薪全時進修，無論從服務機關或公務人員個人角度來看，返回原機關學校加倍服務，都顯得名正言順、理所當然。然而同條第2項卻開立巧門，同意依法商調他機關服務者，其應服務期間可以合併計算，這將使得進修人員有投機取巧的機會，「進修回來不安於室，四處找缺；一有機會便來商調，離職他就」；讓商調機關學校有「割稻尾」、「坐享其成」的嫌疑，自己不思培育人才，卻妄想以更佳條件撿現成人員；也讓原服務機關面臨「是否同意商調」的更大壓力，出錢出力培訓人員，最後卻落得人財兩空，不能對機關業務有所提升或幫助，恐怕也會影響其再大力培育人才的意願。此一規定的妥適性如何，已無庸多言。

　　五、師資未見訓示規範的問題：訓練或進修的成效，規劃者、教學者、受訓者、行政支援四方面俱屬重要；其中師資之良窳，更攸關成敗，然而這麼重要的角色在本法中竟未見一詞，不是有些奇怪嗎？固然師資顯得抽象，也不易規定，但如有訓示性、原則性的規範，提醒訓練機關在聘請師資時能注意其學養、品德與表達能力等，至少會比現在毫無規範，可能流於人情的作業模式好些。職是，師資條件應否提升至法律層級規定的問題，允宜儘早處理。

　　六、未見績效評估規定的問題：辦理一項訓練進修，通常包括規劃、執行與評估三個階段，然而多數訓練機關均僅注意到規劃與執行面，甚少就訓練辦理情形加以檢討評估，所以不知好壞在那裡，也無法反饋或回饋，做為下一次辦理的參考。這或許是因為本法未要求各訓練機關做訓練績效評估的結果。為今之計，似可考慮在修法時要求辦理績效評估，俾使各項訓練更見落實，不致落入「為訓而訓」或「為消化預算而辦理訓練」的困境。

　　七、是否分設章節規定的問題：本法既然只有21條條文，屬於中小型

法律，若只就條文數言之，自無分設章節之必要。然而本法既將訓練與進修合併規定，兩者性質不盡相同，若就法律邏輯言之，當可分為通則、訓練、進修與附則四章。如此一來，即可將訓練與進修的共通事項放在通則中加以規定，個別事項則在各自專章中規定，條文不但可以更加精簡，也更符合邏輯次序。不是更好嗎？

　　總而言之，本法在制定當時主要是將現行的行政命令規定及實務作法搬上檯面，提升成為法律層次的規定，所以難免較為務實、較乏理想，也較欠缺全面觀照及整體設計的概念。因此不論就實質內容或形式檢視，都有一些有待斟酌檢討的地方。

　　就公務人員言之，訓練進修是在生涯中必然面臨的課題，雖然有人不想進修、不碰進修，然而卻不能不參加訓練。在參加公務人員考試錄取後，即須參加公務人員考試錄取人員訓練，以後還得參加初任人員職前訓練、各種在職訓練、升任官等訓練等，因此本法規定，可謂攸關公務人員的權益甚鉅。就機關組織而言，欲提高機關素質，除透過離退進用的新陳代謝方式以資調整外，只能透過訓練進修的內造提升方式進行，所以本法規定也在無形中深切影響各政府機關業務的推展。

　　然而揆諸實際，多數機關及公務人員並不特別重視訓練，只是將它當作例行公事；至於進修，更被看成只是少數人的事情。這樣的認知當然跟心態不健全有關，而法制的不盡完備、不夠周延、不能發揮引導作用，似也難辭其咎。（劉昊洲，2009：33）

第十三章 公務人員保障法之探討

　　保障，乃保護與屏障之意。所謂公務人員保障，實即保障公務人員，乃指藉由法令規範與有效執行，藉以充分保障公務人員的合法權益；如其權益受到侵害，則予以救濟之謂。（劉昊洲，2008：186）

　　雖然我國憲法早將公務人員保障事項，明確列舉為考試院職掌事項之一，不過在傳統特別權力關係理論的氛圍之下，一向強調公務倫理與行政紀律，而輕忽公務人員權利及其保障。（許濱松，1997：88）此一情形在民國73年司法院大法官會議作出釋字第187號解釋後，始見改觀。考試院順勢於民國79年9月及83年11月兩度研擬草案提請立法院審議，公務人員保障法終於在民國85年10月制定公布施行，可謂得之不易。在此之前，保障事項雖劃歸由銓敘部掌理，但因沒有法律依據，充其量只是聊備一格而已；在此之後，配合公務人員保障暨培訓委員會組織法之通過，以及保訓會之正式成立，保障事項業已移由該會辦理。在這十數年間，由於保訓會的努力宣導，公務人員權利意識已然抬頭，保障案件有增無減，保障業務蓬勃發展，實非當年所能想像。

　　迄至民國92年5月28日，為配合訴願法之修正，完備保障之實體規範、復審程序、申訴及再申訴程序、增列調處程序、執行規定與再審議程序，公務人員保障法首度修正公布。全文由35條修正為8章共104條，修正幅度頗大，改變亦頗為深遠。為瞭解公務人員保障法制情形，爰分別就本法規範重點、制度特色與問題探討3方面論述之。

第一節　公務人員保障法規範重點

按公務人員保障法計分8章共104條，體系龐大，規範事項鉅細靡遺。其規範重點大致可歸納如下：

一、總則部分

（一）**立法目的及法律定位**：本法第1條前段規定，為保障公務人員之權益，特制定本法；乃本法立法目的。後段明定本法未規定者，適用其他有關法律之規定；可謂定位本法為基準法的性質。

（二）**保障事項與適用對象**：本法第2條規定，公務人員身分、官職等級、俸給、工作條件、管理措施等有關權益之保障，適用本法之規定。

又第3條規定，所稱公務人員，係指法定機關依法任用之有給專任人員及公立學校編制內依法任用之職員；但不包括政務人員及民選公職人員。

（三）**救濟程序與審議組織**：本法第4條規定，公務人員權益之救濟，依本法所定復審、申訴、再申訴之程序行之。

公務人員提起之復審、再申訴事件（兩者併稱保障事件），由公務人員保障暨培訓委員會審議決定。

保障事件審議規則，由考試院定之。

（四）**保障審議案件之訓示**：本法第5條規定，保訓會對於保障事件，於復審人、再申訴人表示不服之範圍內，不得為更不利於該公務人員之決定。

又第6條規定，各機關不得因公務人員依本法提起救濟而予不利之行

政處分、不合理之管理措施或有關工作條件之處置。

公務人員提起保障事件，經保訓會決定撤銷者，自決定書送達之次日起三年內，該公務人員經他機關依法指名商調時，服務機關不得拒絕。

（五）**保障審議案件之迴避**：本法第7條規定，審理保障事件之人員有下列各款情形之一者，應自行迴避：

1. 與提起保障事件之公務人員有配偶、前配偶、四親等內血親、三親等內姻親、家長、家屬或曾有此關係者。
2. 曾參與該保障事件之行政處分、管理措施、有關工作條件之處置或申訴程序者。
3. 現為或曾為該保障事件當事人之代理人、輔佐人者。
4. 於該保障事件，曾為證人、鑑定人者。
5. 與該保障事件有法律上利害關係者。

前項迴避，於協助辦理保障事件人員準用之。

前二項人員明知應迴避而不迴避者，應依法移送懲戒。

有關機關副首長兼任保訓會之委員者，不受第一項第二款迴避規定限制；但涉及本機關有關保障事件之決定，無表決權。

復審人、再申訴人亦得備具書狀敘明理由向保訓會申請迴避。

（六）**保障事件查證之規定**：本法第8條規定，保障事件審理期間，如有查證之必要，經保訓會委員會議之決議，得派員前往調閱相關文件及訪談有關人員；受調閱機關或受訪談人員應予必要之協助；受指派人員應將查證結果向保訓會委員會議提出報告。

二、實體保障部分

（一）**身分權利保障之原則**：本法第9條規定，公務人員之身分應予保障，非依法律不得剝奪。基於身分之請求權，其保障亦同。

（二）**停職與復職相關規定**：本法第10條規定，公務人員非依法律，不得予以停職。

經依法停職之公務人員，於停職事由消滅後三個月內，得申請復職；服務機關或其上級機關，除法律另有規定者外，應許其復職，並自受理之日起三十日內通知其復職。

依前項規定復職之公務人員，服務機關或其上級機關應回復原職務，或與原職務職等相當，或與其原敘職等俸級相當之其他職務；如仍無法回復職務時，應依公務人員任用法及公務人員俸給法有關調任之規定辦理。

經依法停職之公務人員，於停職事由消滅後三個月內，未申請復職者，服務機關或其上級機關人事單位應負責查催；如仍未於接到查催通知之日起三十日內申請復職，除有不可歸責於該公務人員之事由外，視為辭職。

又第11條規定，受停職處分之公務人員，經依法提起救濟而撤銷原行政處分者，除得依法另為處理者外，其服務機關或其上級機關應予復職，並準用前條第二項之規定。

前項之公務人員於復職報到前，仍視為停職。

依第一項應予復職之公務人員，於接獲復職令後，應於三十日內報到；其未於期限內報到者，除經核准延長或有不可歸責於該公務人員之事由者外，視為辭職。

（三）**留用人員之輔導訓練**：本法第12條規定，公務人員因機關裁撤、組織變更或業務緊縮時，除法律另有規定者外，其具有考試及格或銓敘合格之留用人員，應由上級機關或承受其業務之機關辦理轉任或派職，必要時先予輔導、訓練。

依前項規定轉任或派職時，除自願降低官等者外，其官等職等應與原

任職務之官等職等相當，如無適當職缺致轉任或派職同官等內低職等職務者，應依公務人員任用法及公務人員俸給法有關調任之規定辦理。

（四）官等職等與俸給保障：本法第13條規定，公務人員經銓敘審定之官等職等應予保障，非依法律不得變更。

第14條亦規定，公務人員經銓敘審定之俸級應予保障，非依法律不得降級或減俸。

又第15條規定，公務人員依其職務種類、性質與服務地區，所應得之法定加給，非依法令不得變更。

（五）長官指派與監督規定：本法第16條規定，公務人員之長官或主管對於公務人員不得作違法之工作指派，亦不得以強暴脅迫或其他不正當方法，使公務人員為非法之行為。

又第17條規定，公務人員對於長官監督範圍內所發之命令有服從義務，如認為該命令違法，應負報告之義務；該管長官如認其命令並未違法，而以書面下達時，公務人員即應服從；其因此所生之責任，由該長官負之。但其命令有違反刑事法律者，公務人員無服從之義務。

前項情形，該管長官非以書面下達命令者，公務人員得請求其以書面為之，該管長官拒絕時，視為撤回其命令。

（六）執行職務之安全保障：本法第18條規定，各機關應提供公務人員執行職務必要之機具設備及良好工作環境。

又第19條規定，公務人員執行職務之安全應予保障。各機關對於公務人員之執行職務，應提供安全及衛生之防護措施；其有關辦法，由考試院會同行政院定之。

再者，第20條亦規定，公務人員執行職務時，現場長官認已發生危害

或明顯有發生危害之虞者，得視情況暫時停止執行。

（七）危險事件之求償補償：本法第21條規定，公務人員因機關提供之安全及衛生防護措施有瑕疵，致其生命、身體或健康受損時，得依國家賠償法請求賠償。

公務人員因公受傷、殘廢或死亡者，應發給慰問金；但該公務人員有故意或重大過失情事者，得不發或減發慰問金。

前項因公之範圍及慰問金發給辦法，由考試院會同行政院定之。

又第22條規定，公務人員依法執行職務涉訟時，其服務機關應延聘律師為其辯護及提供法律上之協助。

前項情形，其涉訟係因公務人員之故意或重大過失所致者，其服務機關應向該公務人員求償。

公務人員因公涉訟輔助辦法，由考試院會同行政院定之。

（八）執行職務費用之規定：本法第23條規定，公務人員經指派於上班時間以外執行職務者，服務機關應給予加班費、補休假、獎勵或其他相當之補償。

又第24條規定，公務人員執行職務墊支之必要費用，得請求服務機關償還之。

三、復審程序部分

（一）提起復審之事由規定：本法第25條規定，公務人員對於服務機關或人事主管機關（兩者併稱原處分機關）所為之行政處分，認為違法或顯然不當，致損害其權利或利益者，得依本法提起復審。非現職公務人員基於其原公務人員身分之請求權遭受侵害時，亦同。

公務人員已亡故者，其遺族基於該公務人員身分所生之公法上財產請求權遭受侵害時，亦得依本法規定提起復審。

又第26條規定，公務人員因原處分機關對其依法申請之案件，於法定期間內應作為而不作為，認為損害其權利或利益者，亦得提起復審。

前項期間，法令未明定者，自機關受理申請之日起為二個月。

（二）**復審期間有誤之處理**：本法第27條規定，原處分機關告知之復審期間有錯誤時，應由該機關以通知更正之，並自通知送達之次日起算法定期間。

如未告知復審期間，或告知錯誤未通知更正，致受處分人遲誤者，如於處分書送達之次日起一年內提起復審，視為復審期間內所為。

（三）**原處分機關認定原則**：本法第28條規定，原處分機關之認定，以實施行政處分時之名義為準；但上級機關本於法定職權所為行政處分，交由下級機關執行者，以該上級機關為原處分機關。

又第29條規定，原處分機關裁撤或改組，應以承受其業務之機關視為原處分機關。

（四）**提起復審期間之規定**：本法第30條規定，復審之提起，應自行政處分達到之次日起三十日內為之。

前項期間，以原處分機關收受復審書之日期為準。

復審人誤向原處分機關以外機關提起復審者，以該機關收受之日，視為提起復審之日。

又第31條規定，復審人因天災或其他不應歸責於己之事由，致遲誤前條之復審期間者，於其原因消滅後十日內，得以書面敘明理由向保訓會申請回復原狀。但遲誤復審期間已逾一年者，不得為之。

申請回復原狀，應同時補行期間內應為之復審行為。

另第46條規定，復審人在第三十條第一項所定期間向原處分機關或保訓會為不服原行政處分之表示者，視為已在法定期間內提起復審。但應於三十日內補送復審書。

（五）**扣除在途期間之規定**：本法第32條規定，復審人不在原處分機關所在地住居者，計算法定期間，應扣除在途期間。但有復審代理人住居原處分機關所在地，得為期間內應為之復審行為者，不在此限。

前項扣除在途期間之辦法，由保訓會定之。

（六）**期日期間準用之規定**：本法第33條規定，期日期間，除本法另有規定外，準用行政程序法之規定。

（七）**復審能力與法定代理**：本法第34條規定，能獨立以法律行為負義務者，有復審能力。

無復審能力人應由其法定代理人代為復審行為。

關於復審之法定代理，依民法之規定。

（八）**選定與指定復審代表**：本法第35條規定，多數人對於同一原因事實之行政處分共同提起復審時，得選定三人以下之代表人；其未選定代表人者，保訓會得限期通知其選定代表人；逾期不選定者，保訓會得依職權指定之。

又第36條規定，代表人之選定、更換或增減，應提出文書證明並通知保訓會，始生效力。

再者，第37條規定，代表人經選定或指定後，由其代表全體復審人為復審行為。但撤回復審，非經全體復審人書面同意，不得為之。

代表人有二人以上者，均得單獨代表共同復審人為復審行為。

代表人之代表權不因其他共同復審人死亡、喪失復審能力或法定代理變更而消滅。

（九）委任復審代理人原則：本法第38條規定，復審人得委任熟諳法律或有專業知識之人為代理人，每一復審人委任者以不超過三人為限，並應於最初為復審代理行為時，向保訓會提出委任書。

保訓會認為復審代理人不適當時，得禁止之，並以書面通知復審人。

復審代理人之更換、增減或解除，非以書面通知保訓會，不生效力。

復審委任之解除，由復審代理人提出者，自為解除意思表示之日起十五日內，仍應為維護復審人權利或利益之必要行為。

（十）復審代理人執行規定：本法第39條規定，復審代理人就其受委任之事件，得為一切復審行為。但撤回復審，非受特別委任不得為之。

復審代理人有二人以上者，均得單獨代理復審人。

違反前項規定而為委任者，其復審代理人仍得單獨代理。

復審代理人事實上之陳述，經到場之復審人本人即時撤銷或更正者，不生效力。

復審代理權不因復審人本人死亡、破產、喪失復審能力或法定代理變更而消滅。

（十一）輔佐人到場陳述規定：本法第40條規定，復審人或復審代理人經保訓會之許可，得於期日偕同輔佐人到場。

保訓會認為必要時，亦得命復審人或復審代理人偕同輔佐人到場。

前二項之輔佐人，保訓會認為不適當時，得廢止其許可或禁止其續為輔佐。

輔佐人到場所為之陳述，復審人或復審代理人不即時撤銷或更正者，視為其所自為。

（十二）復審文書製作與保存：本法第41條規定，復審事件之文書，保訓會應編為卷宗保存。

保訓會審議復審事件，應指定人員製作審議紀錄附卷，並得以錄音或錄影輔助之；其經言詞辯論者，應另行製作辯論要旨，編為審議紀錄之附件。

（十三）復審人請求閱覽規定：本法第42條規定，復審人或其代理人得向保訓會請求閱覽、抄錄、影印或攝錄卷內文書，或預納費用請求付與繕本、影本或節本；但以維護其法律上利益有必要者為限。

保訓會對前項之請求，除有下列情形之一者外，不得拒絕：
1. 復審事件決定擬辦之文稿。
2. 復審事件決定之準備或審議文件。
3. 為第三人之正當權益有保密之必要者。
4. 其他依法律或基於公益，有保密之必要者。
　　第一項之收費標準，由保訓會定之。

（十四）復審書格式要件規定：本法第43條規定，提起復審應具復審書，載明下列事項，由復審人或其代理人簽名或蓋章：
1. 復審人之姓名、出生年月日、性別、住居所、國民身分證統一編號，有代理人者，其姓名、出生年月日、性別、職業、住居所或事務所、國民身分證統一編號。
2. 復審人之服務機關、職稱、官職等。
3. 原處分機關。

4. 復審請求事項。

5. 事實及理由。

6. 證據。其爲文書者，應添具影本或繕本。

7. 行政處分達到之年月日。

8. 提起之年月日。

提起復審應附原行政處分書影本。

依第二十六條第一項規定提起復審者，第一項第三款、第七款所列事項，載明應爲行政處分之機關、申請之年月日，並附原申請書之影本及受理申請機關收受證明。

（十五）**提起復審之相關程序**：本法第44條規定，復審人應繕具復審書經由原處分機關向保訓會提起復審。

原處分機關對於前項復審應先行重新審查原行政處分是否合法妥當，其認爲復審爲有理由者，得自行變更或撤銷原行政處分，並函知保訓會。

原處分機關自收到復審書之次日起二十日內，不依復審人之請求變更或撤銷原行政處分者，應附具答辯書，並將必要之關係文件，送於保訓會。

原處分機關檢卷答辯時，應將前項答辯書抄送復審人。

復審人向保訓會提起復審者，保訓會應將復審書影本或副本送交原處分機關依第二項至第四項規定辦理。

又第45條規定，原處分機關未於前條第三項期間內處理者，保訓會得依職權或依復審人之申請，通知原處分機關於十五日內檢送相關卷證資料；逾期未檢送者，保訓會得逕爲決定。

（十六）**同一復審禁止與繼承**：本法第47條規定，復審提起後，於保

訓會復審決定書送達前，復審人得撤回之。復審經撤回後，不得再提起同一之復審。

至於第48條規定，復審提起後，復審人死亡或喪失復審能力者，得由其繼承人或其他依法得繼受原行政處分所涉權利或利益之人承受復審程序；但已無取得復審決定之法律上利益或依其性質不得承受者，不在此限。

依前項規定承受復審者，應於事實發生之日起三十日內，向保訓會檢送繼受權利之證明文件。

（十七）**復審書補正程序規定**：本法第49條規定，保訓會認為復審書不合法定程式，而其情形可補正者，應通知復審人於二十日內補正。

（十八）**復審審查原則之規定**：本法第50條規定，復審就書面審查決定之。

保訓會必要時，得通知復審人或有關人員到達指定處所陳述意見並接受詢問。

復審人請求陳述意見而有正當理由者，應予到達指定處所陳述意見之機會。

又第51條規定，保訓會主任委員得指定副主任委員、委員聽取前條到場人員之陳述。

再者，第52條規定，保訓會必要時，得依職權或依復審人之申請，通知復審人或其代表人、復審代理人、輔佐人及原處分機關派員於指定期日到達指定處所言詞辯論。

（十九）**言詞辯論之相關規定**：本法第53條規定，言詞辯論由保訓會主任委員或其指定之副主任委員、委員主持之。

又第54條規定，言詞辯論之程序如下：

1. 主持人或其指定之人員陳述事件要旨。
2. 復審人或其代理人就事件爲事實上及法律上之陳述。
3. 原處分機關就事件爲事實上及法律上之陳述。
4. 有關機關或人員之陳述。
5. 復審人或原處分機關對他方之陳述或答辯，爲再陳述或再答辯。
6. 保訓會委員對復審人及原處分機關或有關人員提出詢問。
7. 復審人之最後陳述。

言詞辯論未完備者，得再爲辯論。

（二十）**證物提出與留置規定**：本法第55條規定，復審人得提出證據書類或證物。保訓會限定於一定期間內提出者，應於該期間內提出。

又第56條規定，保訓會必要時，得依職權或依復審人之申請，命文書或其他物件之持有人提出該物件，並得留置之。

公務人員或機關掌管之文書或其他物件，保訓會得調閱之。

前項情形，除有妨害國家機密者外，該公務人員或機關不得拒絕。

（廿一）**證據鑑定事由與費用**：本法第57條規定，保訓會必要時，得依職權或囑託有關機關、學校、團體或具專門知識經驗者，就必要之物件、證據，實施檢驗、勘驗或鑑定。

前項所需費用由保訓會負擔。

保訓會依第一項檢驗、勘驗或鑑定之結果，非經賦予復審人表示意見之機會，不得採爲對之不利之復審決定之基礎。

復審人願自行負擔費用而請求依第一項規定實施檢驗、勘驗或鑑定時，保訓會非有正當理由不得拒絕。

依前項規定檢驗、勘驗或鑑定所得結果，據為復審人有利之決定或裁判時，復審人得於事件確定後三十日內，請求保訓會償還必要之費用。

此外，第58條規定，鑑定人依前條所為之鑑定，應具鑑定書陳述意見。保訓會必要時，並得請其到達指定處所說明。

鑑定人有數人時，得共同陳述意見；但意見不同者，保訓會應使其分別陳述意見。

鑑定所需資料在原處分機關或保訓會者，保訓會應告知鑑定人准其利用，並得限制其利用之範圍及方法。

（廿二）**出示證據資料及閱覽**：本法第59條規定，原處分機關應將據以處分之證據資料提出於保訓會。

對於前項之證據資料，復審人或其代理人得請求閱覽、抄錄或影印之；保訓會非有正當理由，不得拒絕。

第一項證據資料之閱覽、抄錄或影印，保訓會應指定日、時、處所。

（廿三）**復審人不服時之救濟**：本法第60條規定，復審人對保訓會於復審程序進行中所為之程序上處置不服者，應併同復審決定提起行政訴訟。

（廿四）**應為不受理決定事由**：本法第61條規定，復審事件有下列各款情形之一者，應為不受理決定：

1. 復審書不合法定程式不能補正或經酌定相當期間通知補正逾期不補正者。
2. 提起復審逾法定期間或未於第四十六條但書所定期間，補送復審書者。
3. 復審人無復審能力而未由法定代理人代為復審行為，經通知補正逾期不補正者。
4. 復審人不適格者。

5. 行政處分已不存在者。

6. 對已決定或已撤回之復審事件重行提起復審者。

7. 對不屬復審救濟範圍內之事項，提起復審者。

前項第五款情形，如復審人因該處分之撤銷而有可回復之法律上利益時，不得為不受理之決定。

第一項第七款情形，如屬應提起申訴、再申訴事項，公務人員誤提復審者，保訓會應移轉申訴受理機關依申訴程序處理，並通知該公務人員，不得逕為不受理決定。

此外，第64條規定，提起復審因逾法定期間而為不受理決定時，原行政處分顯屬違法或顯然不當者，保訓會應於決定理由中指明。

（廿五）**合併審議及決定情形**：本法第62條規定，分別提起之數宗復審事件係基於同一或同種類之事實上或法律上之原因者，保訓會得合併審議，並得合併決定。

（廿六）**復審無理由者之駁回**：本法第63條規定，復審無理由者，保訓會應以決定駁回之。

原行政處分所憑之理由雖屬不當，但依其他理由認為正當者，應以復審為無理由。

復審事件涉及地方自治團體之地方自治事務者，保訓會僅就原行政處分之合法性進行審查決定。

（廿七）**復審有理由者之撤銷**：本法第65條規定，復審有理由者，保訓會應於復審人表示不服之範圍內，以決定撤銷原行政處分之全部或一部，並得視事件之情節，發回原處分機關另為處分。但原處分機關於復審人表示不服之範圍內，不得為更不利益之處分。

前項發回原處分機關另為處分，原處分機關未於規定期限內依復審決定意旨處理，經復審人再提起復審時，保訓會得逕為變更之決定。

（廿八）消極處分之處理方式：本法第66條規定，對於依第二十六條第一項提起之復審，保訓會認為有理由者，應指定相當期間，命應作為之機關速為一定之處分。

保訓會未為前項決定前，應作為之機關已為行政處分者，保訓會應認為復審無理由，以決定駁回之。

（廿九）情況判決之駁回規定：本法第67條規定，保訓會發現原行政處分雖屬違法或顯然不當，但其撤銷或變更於公益有重大損害，經斟酌復審人所受損害、賠償程度、防止方法及其他一切情事，認原行政處分之撤銷或變更顯與公益相違背時，得駁回其復審。

前項情形，應於決定主文中載明原行政處分違法或顯然不當。

又第68條規定，保訓會為前條決定時，得斟酌復審人因違法或顯然不當行政處分所受損害，於決定理由中載明由原處分機關與復審人進行賠償協議。

前項協議，與國家賠償法之協議有同一之效力。

（三十）復審決定期間之規定：本法第69條規定，復審決定應於保訓會收受原處分機關檢卷答辯之次日起三個月內為之；其尚待補正者，自補正之次日起算，未為補正者，自補正期間屆滿之次日起算；復審人係於表示不服後三十日內補送復審書者，自補送之次日起算，未為補送者，自補送期間屆滿之次日起算；復審人於復審事件決定期間內續補具理由者，自最後補具理由之次日起算。

復審事件不能於前項期間內決定者，得予延長，並通知復審人。延長以一次為限，最長不得逾二個月。

　　（卅一）**復審程序中止與重算**：本法第70條規定，復審之決定以他法律關係是否成立為準據，而該法律關係在訴訟或行政救濟程序進行中者，於該法律關係確定前，保訓會得停止復審程序之進行，並即通知復審人。

　　保訓會依前項規定停止復審程序之進行者，前條所定復審決定期間，自該法律關係確定之日起，重行起算。

　　（卅二）**復審決定書記載事項**：本法第71條規定，復審決定書應載明下列事項：

1. 復審人之姓名、出生年月日、服務機關、職稱、住居所、國民身分證統一編號。
2. 有法定代理人或復審代理人者，其姓名、出生年月日、住居所、國民身分證統一編號。
3. 主文、事實及理由，其係不受理決定者，得不記載事實。
4. 決定機關及其首長。
5. 年、月、日。

　　復審決定書之正本應於決定後十五日內送達復審人及原處分機關。

　　（卅三）**復審決定書教示規定**：本法第72條規定，保訓會復審決定依法得聲明不服者，復審決定書應附記如不服決定，得於決定書送達之次日起二個月內，依法向該管司法機關請求救濟。

　　前項附記錯誤時，應通知更正，並自更正通知送達之次日起，計算法定期間。

　　如未附記救濟期間，或附記錯誤未通知更正，致復審人遲誤者，如於復審決定書送達之次日起一年內請求救濟，視為於第一項之期間內所為。

　　（卅四）**復審不予處理之情形**：本法第73條規定，復審事件有下列情形之一者，不予處理：

1. 無具體之事實內容者。

2. 未具眞實姓名、服務機關或住所者。

（卅五）**復審文書送達之規定**：本法第74條規定，對於無復審能力人爲送達者，應向其法定代理人爲之。

法定代理人有二人以上者，送達得僅向其中一人爲送達。

又第75條規定，復審代理人除受送達之權限受有限制者外，送達應向該代理人爲之；但保訓會認爲必要時，得送達於復審人本人。

此外，第76條亦規定，復審事件文書之送達，應註明復審人或其代表人、代理人之住居所、事務所，交付郵政機關以復審事件文書郵務送達證書發送。

復審事件文書不能爲前項之送達時，得由保訓會派員或囑託原處分機關、公務人員服務機關或該管警察機關送達，並由執行送達人作成送達證書。

復審事件文書之送達，除前二項規定外，準用行政訴訟法第六十七條至第六十九條、第七十一條至第八十三條之規定。

四、申訴及再申訴程序部分

（一）**提起申訴再申訴事由**：本法第77條規定，公務人員對於服務機關所爲之管理措施或有關工作條件之處置認爲不當，致影響其權益者，得依本法提起申訴、再申訴。

公務人員提起申訴，應於前項之管理措施或處置達到之次日起三十日內爲之。

公務人員離職後，接獲原服務機關之管理措施或處置者，亦得依前二

項規定提起申訴、再申訴。

又第78條規定，提起申訴，應向服務機關為之。不服服務機關函復者，得於復函送達之次日起三十日內，向保訓會提起再申訴。

前項之服務機關，以管理措施或有關工作條件之處置之權責處理機關為準。

（二）**誤提救濟之相互移轉**：本法第79條規定，應提起復審之事件，公務人員誤提申訴者，申訴受理機關應移由原處分機關依復審程序處理，並通知該公務人員。

應提起復審之事件，公務人員誤向保訓會逕提再申訴者，保訓會應函請原處分機關依復審程序處理，並通知該公務人員。

（三）**申訴書格式要件規定**：本法第80條規定，申訴應以書面為之，載明下列事項，由申訴人或其代理人簽名或蓋章：
1. 申訴人之姓名、出生年月日、性別、住居所、國民身分證統一編號、服務機關、職稱、官職等；有代理人者，其姓名、出生年月日、性別、職業、住居所或事務所、國民身分證統一編號。
2. 請求事項。
3. 事實及理由。
4. 證據。
5. 管理措施或有關工作條件之處置達到之年月日。
6. 提起之年月日。

前項規定，於再申訴準用之。

（四）**不服申訴復函之處理**：本法第81條規定，服務機關對申訴事件，應於收受申訴書之次日起三十日內，就請求事項詳備理由函復，必要時得延長二十日，並通知申訴人。逾期未函復，申訴人得逕提再申訴。

　　申訴復函應附記如不服函復者，得於三十日內向保訓會提起再申訴之意旨。

　　（五）再申訴之處理與決定：本法第82條規定，各機關對於保訓會查詢之再申訴事件，應於二十日內將事實、理由及處理意見，並附有關資料，回復保訓會。

　　各機關對於再申訴事件未於前項規定期間內回復者，保訓會得逕為決定。

　　又第81條第3項規定，再申訴決定應於收受再申訴書之次日起三個月內為之；必要時得延長一個月，並通知再申訴人。

　　（六）再申訴決定書之格式：本法第83條規定，再申訴決定書，應載明下列事項：

1. 再申訴人之姓名、出生年月日、服務機關及職稱、住居所、國民身分證統一編號。

2. 有再申訴代理人者，其姓名、出生年月日、住居所、國民身分證統一編號。

3. 主文、事實及理由；其係不受理決定者，得不記載事實。

4. 決定機關及其首長。

5. 年、月、日。

6. 附記對於保訓會所為再申訴之決定不得以同一事由復提再申訴。

　　（七）申訴再申訴準用條款：本法第84條規定，申訴、再申訴除本章另有規定外，準用第三章第二十六條至第四十二條、第四十三條第三項、第四十四條第四項、第四十六條至第五十九條、第六十一條至第六十八條、第六十九條第一項、第七十條、第七十一條第二項、第七十三條至第七十六條之復審程序規定。

五、調處程序部分

（一）**再申訴事件調處規定**：本法第85條規定，再申訴事件審理中，保訓會得依職權或依申請，指定副主任委員或委員一人至三人，進行調處。

前項調處，於多數人共同提起之再申訴事件，其代表人非徵得全體再申訴人之書面同意，不得為之。

又第86條規定，保訓會進行調處時，應以書面通知再申訴人或其代表人、代理人及有關機關，於指定期日到達指定處所行之。

前項之代理人，應提出特別委任之授權證明，始得參與調處。

再申訴人及有關機關無正當理由，於調處期日不到場者，視為調處不成立；但保訓會認為有成立調處之可能者，得另定調處期日。

調處之過程及結果應製作紀錄，由參與調處之人員簽名；其拒絕簽名者，應記明其事由。

（二）**調處書格式要件規定**：本法第87條規定，再申訴事件經調處成立者，保訓會應作成調處書，記載下列事項，並函知再申訴人及有關機關：

1. 再申訴人姓名、出生年月日、服務機關及職稱、住居所、國民身分證統一編號。
2. 有代理人者，其姓名、出生年月日、住居所、國民身分證統一編號。
3. 參與調處之副主任委員、委員姓名。
4. 調處事由。
5. 調處成立之內容。
6. 調處成立之場所。
7. 調處成立之年月日。

前項經調處成立之再申訴事件，保訓會應終結其審理程序。

（三）**調處不成立者之處理**：本法第88條規定，再申訴事件經調處不成立者，保訓會應逕依本法所定之再申訴程序為審議決定。

六、執行部分

（一）**不停止原處分為原則**：本法第89條規定，原行政處分、管理措施或有關工作條件之處置，不因依本法所進行之各項程序而停止執行。

但原行政處分、管理措施或有關工作條件之處置合法性顯有疑義者，或其執行將發生難以回復之損害，且有急迫情事，並非為維護重大公共利益所必要者，保訓會、原處分機關或服務機關得依職權或依申請，就原行政處分、管理措施或有關工作條件之處置全部或一部，停止執行。

又第90條規定，停止執行之原因消滅，或有其他情事變更之情形，保訓會、原處分機關或服務機關得依職權或依申請撤銷停止執行。

（二）**保障事件決定之效力**：本法第91條規定，保訓會所為保障事件之決定確定後，有拘束各關係機關之效力；其經保訓會作成調處書者，亦同。

原處分機關應於復審決定確定之次日起二個月內，將處理情形回復保訓會。必要時得予延長，但不得超過二個月，並通知復審人及保訓會。

服務機關應於收受再申訴決定書之次日起二個月內，將處理情形回復保訓會。必要時得予延長，但不得超過二個月，並通知再申訴人及保訓會。

再申訴事件經調處成立者，服務機關應於收受調處書之次日起二個月內，將處理情形回復保訓會。

（三）**不依決定處理之處罰**：本法第92條規定，原處分機關、服務機關於前條規定期限內未處理者，保訓會應檢具證據將違失人員移送監察院依法處理。但違失人員爲薦任第九職等以下人員，由保訓會通知原處分機關或服務機關之上級機關依法處理。

前項違失人員如爲民意機關首長，由保訓會處新臺幣十萬元以上一百萬元以下罰鍰，並公布違失事實。

前項罰鍰，經通知限期繳納，逾期不繳納者，依法移送強制執行。

又第93條規定，保障事件決定書及其執行情形，應定期刊登公報，以昭大信。

七、再審議部分

（一）**復審決定申請再審議**：本法第94條規定，復審事件經保訓會審議決定，除復審人已依法向司法機關請求救濟者外，於復審決定確定後，有下列情形之一者，原處分機關或復審人得向保訓會申請再審議：

1. 適用法規顯有錯誤者。
2. 決定理由與主文顯有矛盾者。
3. 決定機關之組織不合法者。
4. 依本法應迴避之委員參與決定者。
5. 參與決定之委員關於該復審事件違背職務，犯刑事上之罪者。
6. 復審之代理人或代表人，關於該復審有刑事上應罰之行爲，影響於決定者。
7. 證人、鑑定人或通譯就爲決定基礎之證言、鑑定或通譯爲虛僞陳述者。
8. 爲決定基礎之證物，係僞造或變造者。
9. 爲決定基礎之民事、刑事或行政訴訟判決或行政處分，依其後之確定裁判或行政處分已變更者。

10. 發見未經斟酌之證物或得使用該證物者，但以如經斟酌可受較有利益之決定者爲限。

11. 原決定就足以影響於決定之重要證物漏未斟酌者。

　　前項申請於原行政處分、原決定執行完畢後，亦得爲之。

　　第一項第五款至第八款情形，以宣告有罪之判決已確定，或其刑事訴訟不能開始或續行非因證據不足者爲限。

　　（二）申請再審議期間規定：本法第95條規定，申請再審議應於三十日之不變期間內爲之。

　　前項期間自復審決定確定時起算；但再審議之理由知悉在後者，自知悉時起算。

　　再審議之申請，自復審決定確定時起，如逾五年者，不得提起。

　　（三）申請再審議相關規定：本法第96條規定，申請再審議應以書面敘述理由，附具繕本，連同原決定書影本及證據，向保訓會提起。

　　又第97條規定，再審議之申請，於保訓會作成決定前得撤回之。

　　爲前項撤回者，不得更以同一原因申請再審議。

　　（四）再審議決定結果規定：本法第98條規定，保訓會認爲申請再審議程序不合法者，應爲不受理決定。

　　又第99條規定，保訓會認爲再審議無理由者，應以決定駁回之。

　　經前項決定後，不得更以同一原因申請再審議。

　　再者，第100條規定，保訓會認爲再審議有理由者，應撤銷或變更原復審決定。

（五）**再審議準用相關規定**：本法第101條規定，再審議，除本章另有規定外，準用第三章復審程序及第六章執行之規定。

八、附則部分

（一）**各種準用人員之規定**：本法第102條規定，下列人員準用本法之規定：

1. 教育人員任用條例公布施行前已進用未經銓敘合格之公立學校職員。
2. 私立學校改制為公立學校未具任用資格之留用人員。
3. 公營事業依法任用之人員。
4. 各機關依法派用、聘用、聘任、僱用或留用人員。
5. 應各種公務人員考試錄取占法定機關、公立學校編制職缺參加學習或訓練之人員。

（二）**過渡期間之適用規定**：本法第103條規定，本法修正施行前，尚未終結之復審事件，其以後之程序，依修正之本法規定終結之；尚未終結之再復審事件，其以後之再復審程序，準用修正之本法有關復審程序規定終結之。

本法修正施行後，對於原依相關法律審理中之訴願事件，其以後之程序，應依修正之本法有關復審程序規定終結之。

本法修正施行後，依本法所定程序提起復審者，不得復依其他法律提起訴願或其他類此程序。

（三）**公布施行日期之規定**：本法第104條規定：本法自公布日施行。據此，本法已自85年10月18日施行生效，修正條文亦於民國92年5月30日施行生效。

綜上述之，我國公務人員保障法原僅屬中型法律，條文數不多，但在

民國92年大幅修正增加爲104條條文後，驟然之間體系變大，其規範重點遂也跟著大增。如上所述，吾人當不難瞭解。

第二節　公務人員保障法制度特色

由上所述觀之，本法儘管條文眾多、體系龐大，一時之間或許難以掌握其要點與特色；不過如果吾人用心觀察與留意，仍不難發現本法至少有以下10點與眾不同、值得稱述的特色：

一、參照訴願修正：訴願法在民國88年7月大幅修正，並定自89年7月1日施行。全文增訂爲101條，主要是配合行政訴訟法之修正，將訴願二級制修正爲一級制，增列再審程序，並嚴謹訴願程序之規範。本法在民國85年10月制定公布之際，即有諸多參考訴願法規定之條文；此次修正，主要也是因應訴願法與行政訴訟法之修正，將復審二級制修正爲一級制，並增列許多程序上的規定，如代理、期日、期間、證據鑑定、送達等事項。如謂本法當年係參照訴願法制定，目前規定係參照訴願法修正，亦不爲過。

二、保障方式多元：我國在制定本法之際，雖對欲保障的實體權利籠統帶過，但在保障方式，即明定有復審與申訴兩途，並各有兩級之設。本法修正後，雖減少再復審一級，不過卻增列再申訴事件的調處程序、復審決定後可依法申請的再審議程序，並強化執行效力。使得公務人員能享有的權益保障方式，更顯得多元。

三、建構人事訴願：在特別權力關係之下，早期我國公務人員縱使權益受損，亦僅能循行政內部程序請求救濟，而不能提起訴願及行政訴訟。不過，民國73年司法院大法官會議釋字第187號解釋略以：公務人員依法辦理退休請領退休金，乃行使法律所賦予之權利，應受保障；在程序尚非不得依法提起訴願或行政訴訟。此後，關於人事行政的處分措施，即由絕

對禁止提起訴願，轉變為有條件的許可提起訴願；迄至民國85年10月公務人員保障法公布施行後，原可依訴願法提起的人事訴願案件，即改依保障事件的復審程序辦理。因此，在本質上，復審程序可說是人事訴願程序，是特別的、被抽離的、由專責機關審理的訴願程序。

四、偏重程序規定：前言之，本法在修正前對於欲保障的實體權利，係籠統帶過，僅規定公務人員身分、工作條件、官職等級與俸給等有關權益，應受保障。本法在修正後，對於實體權利雖以更多條文加以規定，不過主要仍偏重程序的規定，就復審、再審議程序、申訴、再申訴程序及調處程序有更多的規範。本法重程序、輕實體的表徵，明顯可見。

五、特重復審管道：本法在修正後，雖仍維持復審、申訴兩個正式的救濟管道，並增列調處程序的一種變異管道。不過這三種管道中，仍以公務人員對於服務機關或人事主管機關所為之行政處分，認為違法或顯然不當，致損害其權利或利益而提起的復審程序，最為重要，也最被重視。從第3章多達51條條文的規定，幾占全部的一半，不難得知。此實因復審乃攸關公務人員具體權益之保障，而非申訴、再申訴與調處可以相提並論。

六、增列調處程序：公務人員對於服務機關所為之管理措施或有關工作條件之處置認為不當，致影響其權益者，原可依本法規定向原服務機關提起申訴，若不服申訴函復者，得於三十日內向保訓會提起再申訴。惟因管理措施或工作條件往往涉及多數人，且申訴係由原服務機關為之，為免原服務機關拒不認錯，也增加保訓會處理的彈性，本法在再申訴事件的審理中，遂增設一種調處程序，直接介入進行調處，未嘗不是個進步的做法。

七、強化執行能力：執行是確保復審決定、再申訴決定的強制力量。為確保此一準司法程序的威信，本法在修正前即有3條關於保障案件決定後如何執行之規定，在修正後則列有專章共5條條文予以規範。對於原處分機關的執行意願與執行能力而言，可謂裨益至大。

八、設再審議程序：我國保障制度初設之際，原無再審議之制，但民國92年5月修正時即仿傚訴願之再審程序，增設再審議程序。明定在復審決定確定後，如有適用法規顯有錯誤等11種情事時，原處分機關或復審人均得向保訓會申請再審議，以求救濟。此一增設的再審議程序，既是先前所無，自可說是現制的特色之一。

九、獨立機關行使：我國訴願之提起，原則上係向原處分機關之上級機關爲之，少數例外是向原處分機關提起。然而提起復審與再申訴，均係向考試院所屬的保訓會提起，「僅此一家，別無分號」，此一專設的獨立機關，按準司法程序專責行使的制度設計，顯然有別於訴願，也是本法重要的特色之一。

十、授權規定不少：如上所述，本法雖無授權訂定施行細則之法源，然而在第4條、第19條、第21條、第22條、第32條、第42條等6處地方，均明確授權考試院、考試院會同行政院、保訓會分別定之。在一個法律之中，有6處授權訂定行政命令的情形，究屬少見。謂爲特色，亦不爲過。

要之，本法皆從保障公務人員立場出發，較尊重當事人個體，任意規定較多，較偏權利維護及救濟手段，且採準司法程序進行，顯然與其他人事法律有所不同，可謂是人事法律中的異數。（劉昊洲，2008:215）也因此，本法具有許多與眾不同的制度特色，即不足爲奇矣！

第三節　公務人員保障法問題探討

關於本法的規範重點與制度特色業已歸納如上，如果吾人稍加留意用心的話，當不難從上面的說明中，發現一些值得探討的問題。爰不惴淺漏，就個人管見分述於後：

一、有否變相鼓勵提起復審之嫌的問題：本法第5條規定，於復審

人、再申訴人表示不服之範圍內，不得爲更不利於該公務人員之決定。揆其原意，旨在保障公務人員避免因提起保障事件而遭受更不利之對待，立意雖善，卻可能因此一規定使保訓會立場趨向某方，反而有害於該會公平客觀的做成決定；也因爲最後決定不會更差，亦不無變相鼓勵當事人勇於提起復審、再申訴之嫌，大幅增加案件量，使該會相關人員難以招架應付。

　　二、欠缺命其迴避機制似有不足的問題：本法第7條明定與提起保障事件者有配偶、四親等內血親等5款情事時應自行迴避；於協助辦理保障事件人員準用之；又復審人、再申訴人亦得備具書狀敘明理由向保訓會申請迴避；如明知應迴避而不迴避者，應依法移送懲戒。此一規定不無嚇阻效果，當有助於官箴維持與案件審理。惟在自行迴避與申請迴避之上卻無機關依職權命當事人迴避這一級之設計，直接上跳移送懲戒，顯然欠缺緩衝機制，有所不足。改進之道或可參照行政程序法第33條規定，納入依職權命其迴避的機制。

　　三、公務人員服從義務是否周妥的問題：本法第17條明定公務人員有服從義務；如認命令違法，應負報告義務；如長官認其命令並未違法，而以書面下達時，仍應服從，其責任由長官負之；但命令違反刑事法律者，則無服從義務。此一規定雖較公務員服務法中第2條、第3條規定明確與進步，然而在層層規範中，公務人員可以免責的仍然只侷限在行政法與民法部分，在刑法部分雖可不服從，卻仍然不能免責。事實上在講求層級節制體系的行政機關，幾乎難以拒絕服從長官的命令，身處弱勢的公務人員仍要擔負刑事責任，恐怕不盡周妥，也有失公平矣！

　　四、復審決定應否增列逕爲變更的問題：按當前復審決定之結果不外4種，除無具體事實內容或未具真實姓名、服務機關或住所者不予處理外，主要是對於不合法者應爲不受理決定，對於無理由者應以決定駁回，對於有理由者應以決定撤銷並發回原處分機關另爲處分，並無得逕爲變更

決定之種類。爲確保復審決定之威信，避免發回另爲處分以致時間延宕，本法是否參照訴願法第81條規定在當次復審時即得逕爲變更之決定，而非俟復審人再提起復審時始得逕爲變更之決定，自是一個值得斟酌的課題。

五、服務機關就是申訴受理機關的問題：本法第78條規定，提起申訴，應向服務機關爲之；如不服服務機關函復者，始向保訓會提起再申訴。因此服務機關便是申訴受理機關，此一規定因瞭解實情，有助於申訴受理機關的函復；不過會自承錯誤，勇於改過的機關終究是少數，使得申訴這一級幾成形式上的虛設，凡提起申訴者幾乎沒有不再提起再申訴者。爲使申訴之設能發揮實效，避免球員兼裁判之嫌，將申訴受理機關改爲服務機關之上級機關，似是一條可行的途徑。

六、復審決定確定申請再審議制的問題：我國三大訴訟法律，包括民事訴訟、刑事訴訟與行政訴訟，在終局判決確定後，均有再審之設；公務員懲戒法亦有再審議制，旨在謀求救濟之途。本法原無再審議，不過修正後，第7章已專章規範，顯見其重要性。不過不論再審或再審議，乃針對確定終局判決而提供之救濟管道，若對復審決定不服者，自可依行政訴訟法規定向該管轄之行政法院提起訴訟，並非已無救濟途徑，從而針對復審決定的再審議制有無保留必要，難免令人有所質疑。

七、聘派僱留人員應否準用本法的問題：所謂聘派僱留人員，係指各機關依法派用、聘用、聘任、僱用或留用人員。依本法第102條規定，計有聘派僱留等5款人員可以準用本法規定予以保障。按這些人員均未具公務人員任用資格，其身分並不符永業保障規定，自不應毫無保留的準用本法全部規定；縱有必要給予起碼的保障，亦應只是有限度的準用某些條文而已，以免保障到不應保障的人，反而有損士氣，徒增困擾。

要之，我國公務人員保障法在民國92年5月大幅修正後，雖已在實體上有更明確的規範，在程序上有更嚴謹的規範，在配套上有更周延的規範，早年被譏評爲「公務人員受損權益救濟法」或「公務人員保障暨培訓

委員會職權行使法」的情形已大有改善。不過如上所述，仍然存在一些顯而易見的瑕疵，值得吾人共同留意與關心。

　　公務人員保障，是憲法第83條及增修條文第6條明確賦予考試院之職掌。爲掌理此一事項，推動此一業務，考試院遂研擬草案條文，函請立法院於民國85年10月三讀通過，完成我國首部保障專法。其後爲配合訴願法之修正，復於民國92年5月大幅修正，將條文數一舉增加爲104條。因此，本法不只是年輕的法律，也可說是大型的人事法律，更可說是由保訓會專責辦理，但與每一政府機關、每一公務人員可能都會發生關係的法律。

　　儘管保障事件的本質是被動的、不告不理的準司法性質，本法規定也較偏向權利救濟，偏重程序規定，所以對於公務人員的保障仍有不足之處；然而「沒有救濟的權利，就不是眞正的權利」，惟有在保障法制健全與落實執行之後，公務人員權利才能說是得到起碼的保障，公法上職務關係的立論基礎也會更加的穩固。正因爲如此，本法應予肯定，也值得探討。吾人自亦期盼：保障法制更爲健全，全體公務人員權益均能得到更周延的保障。

第十四章 公教人員保險法之探討

　　保險，是指透過眾人力量，以分擔個人遭遇危險之損失與傷害之謂。由於人類在生活過程中充滿許多的不確定性，難免會遭遇生、老、病、死、傷、殘、失業等意外事故，影響個人與家庭的生存與生活。為追求生存的安全、圖謀生活的保障，排除「危險」或「不保險」的狀態，故有保險制度的建立。若依保險是否具有營利性質，大致可區分為商業保險與社會保險兩大類。依保險關係成立之情形則可分為契約保險與義務保險兩種。大致言之，義務保險具有強制性與公法效力兩大特徵。（考試院，1995:2）一般簡稱為公保的公教人員保險，乃屬社會保險、義務保險之一種。

　　所謂公教人員保險，即政府在公務人員、公私立學校教職員發生特定事故時，提供一定程度保障的社會保險。依據銓敘統計，迄民國101年底，我國公教人員保險被保險人共有59萬3,846人，（銓敘部，2013:180）規模不小。公教人員保險法的最早淵源，可追溯自民國47年1月總統令制定公布的公務人員保險法，該法並曾於63年1月及84年1月小幅修正。是時保險事項涵蓋生育、疾病、傷害、殘廢、養老、死亡及眷屬喪葬七項。其後為配合全民健康保險自84年3月1日之開辦，將生育、疾病、傷害三項劃歸全民健保範圍，並將自69年8月施行的私立學校教職員保險之適用對象納入本保險，經於88年5月全文修正公布，法律名稱且配合修正為「公教人員保險法」。復於89年1月、91年6月、94年1月、98年7月及103年1月五度修正，以迄於今。

　　為瞭解公教人員保險制度之梗概與精髓，爰分就規範重點、制度特色與問題探討3部分，依序探討公教人員保險法規範之內容。

第一節　公教人員保險法規範重點

按公教人員保險法原有26條，不分章節；修正後分4章，其中第3章又分6節，共有51條條文。主要規定保險對象、保險事項、保險費率的計算與收繳、保險給付的事由與計算、不給付保險金的事由等。其規範重點可依條次序列歸納為下列4章47點：

甲、總則部分

一、立法目的及法律定位：本法第1條規定，為安定公教人員生活，辦理公教人員保險（以下簡稱本保險），特制定本法。本法未規定者，適用其他有關法律。除規定本法立法目的外，亦將本法定位為基本法。

二、適用對象及保險事項：本法第2條規定，本保險之保險對象，包括下列人員：

1. 法定機關（構）編制內之有給專任人員。但依其他法律規定不適用本法或不具公務員身分者，不得參加本保險。
2. 公立學校編制內之有給專任教職員。
3. 依私立學校法規定，辦妥財團法人登記，並經主管教育行政機關核准立案之私立學校編制內之有給專任教職員。
4. 其他經本保險主管機關認定之人員。

前項第一款人員不包括法定機關編制內聘用人員。但本法中華民國一百零三年一月十四日修正施行時仍在保者，不在此限。

又第3條規定，本保險之保險範圍，包括殘廢、養老、死亡、眷屬喪葬、生育及育嬰留職停薪六項。

三、主管部及監理會法源：本法第4條規定，本保險之主管機關為銓敘部。又為監督本保險業務，由本保險主管機關邀請有關機關、專家學者

及被保險人代表組織監理委員會；各以占三分之一爲原則；其組織規程由
考試院會同行政院定之。

四、承保機關及財務費用：本法第5條規定，本保險由考試院會同行
政院指定之機關（構）（以下稱承保機關）辦理承保、現金給付、財務收
支及本保險準備金管理運用等保險業務。本保險之財務責任，屬於中華民
國八十八年五月三十日以前之保險年資應計給之養老給付金額，由財政部
審核撥補；屬於中華民國八十八年五月三十一日以後之虧損，應調整費率
挹注。本保險財務收支結餘，全部提列爲保險準備金；其運用事宜，經本
保險監理委員會及本保險主管機關同意後，得委託經營。其管理及運用辦
法，由本保險主管機關定之。

承保機關辦理本保險所需事務費，由本保險主管機關編列預算撥付；
其金額不得超過年度保險費總額百分之三點五。

本保險準備金應按期上網公布有關保險準備金運用規模與資產配置、
收益率、投資股票類別比率、持股成本及買賣資訊。

五、強制保險及重複禁止：本法第6條規定，符合第二條規定之保險
對象，應一律參加本保險（以下簡稱加保）爲被保險人；其保險期間應自
承保之日起，至退出本保險（以下簡稱退保）前一日止。

被保險人應在其支領全額俸（薪）給之機關加保，不得重行加保。

本保險之同一保險事故，不得重複請領給付。

被保險人不得另行參加勞工保險、軍人保險、農民健康保險（以下簡
稱其他職域社會保險）或國民年金保險。但本法另有規定者，不在此限。

被保險人重複參加其他職域社會保險或國民年金保險（以下簡稱重複
加保）期間，發生第三條所列保險事故（以下簡稱保險事故），除本法另
有規定外，不予給付；該段年資亦不予採認；其所繳之本保險保險費，概

不退還。但非可歸責於服務機關（構）學校或被保險人之事由所致者，得退還其所繳之保險費。

被保險人具有下列各款年資之一者，不適用前項規定：
1. 於中華民國九十四年一月二十日以前之重複加保年資。
2. 因其他職域社會保險之保險效力起算規定與本保險不同所致，且不超過六十日之重複加保年資。

第五項人員之重複加保年資得併計成就請領本保險養老給付之條件。但不予給付。

被保險人於本法中華民國一百零三年一月十四日修正施行後，依規定得另受僱於固定雇主，擔任具有固定工作及薪給，且屬其他職域社會保險應加保對象之職務者（以下簡稱依規定得重複加保者），自參加其他職域社會保險之日起六十日內，得選擇溯自參加其他職域社會保險之日起退保；一經選定後，不得變更。逾期未選擇者或選擇不退保者，其重複加保期間如發生保險事故，除本法另有規定外，不予給付；該段年資亦不予採認。

前項人員之重複加保年資得併計成就請領本保險養老給付之條件，並依第十二條第二項規定計給養老給付。

不符合本保險加保資格而加保者，取消其被保險人資格；其所繳保險費，比照第五項規定辦理；期間領有之保險給付，得自退還之自付部分保險費中扣抵；不足部分，應向被保險人追償。

六、受益人及法定代理人：本法第 7 條規定，被保險人之受益人，除死亡給付或遺屬年金給付外，均為被保險人本人。

被保險人或其受益人為無行為能力者，由其法定代理人代為申請。

被保險人或其受益人生前未申請給付者，除本法另有規定外，他人不得代為請領。

乙、保險費部分

一、保險費率之覈實釐定：本法第8條規定，本保險之保險費率為被保險人每月保險俸（薪）額百分之七至百分之十五。

前項費率應由承保機關委託精算機構，至少每三年辦理一次精算，每次精算五十年；精算時，第五條第二項所定中華民國八十八年五月三十日以前之保險年資應計給之養老給付金額，不計入本保險之保險費率。

本保險主管機關應評估保險實際收支情形及精算結果，有下列情形之一而需調整費率時，應報請考試院會同行政院覈實釐定：
1. 精算之保險費率與當年保險費率相差幅度超過正負百分之五。
2. 本保險增減給付項目、給付內容或給付標準，致影響保險財務。

第一項所稱每月保險俸（薪）額，係以公務人員及公立學校教職員俸（薪）給法規所定本俸（薪）或年功俸（薪）額為準。私立學校教職員比照公立同級同類學校同薪級教職員保險薪額為準釐定。但機關（構）學校所適用之待遇規定與公務人員或公立學校教職員俸（薪）給法規規定不同者，其所屬被保險人之保險俸（薪）額，由本保險主管機關比照公務人員或公立學校教職員之標準核定之。

本法中華民國一百零三年一月十四日修正施行後，被保險人每月保險俸（薪）額，以不超過部長級之月俸額為限。

二、繳付保險費分擔方式：本法第9條規定，本保險之保險費，由被保險人自付百分之三十五，政府補助百分之六十五。但私立學校教職員由政府及學校各補助百分之三十二點五；政府補助私立學校教職員之保險費，由各級主管教育行政機關分別編列預算核撥之。

前項保險費應按月繳付；當月之保險費由各該服務機關（構）學校於當月十五日前，彙繳承保機關；逾期未繳者，承保機關得俟其繳清後，始

予辦理各項給付。其因而致被保險人或受益人蒙受損失時,由服務機關(構)學校負責。

被保險人應自付之保險費,各該服務機關(構)學校得於每月發薪時代扣。

被保險人依法退休(職)並請領本保險養老給付且於本法中華民國一百零三年一月十四日修正施行後再加保者,其保險費應由被保險人自付百分之六十七點五,其餘百分之三十二點五應由服務機關(構)學校補助。

三、留停期間加退保規定:本法第10條規定,被保險人依法徵服兵役而保留原職時,其服役期間之自付部分保險費,由政府負擔。但私立學校教職員應由學校負擔。

前項規定以外之留職停薪被保險人在申請留職停薪時,應選擇於留職停薪期間退保或自付全部保險費,繼續加保;一經選定後,不得變更。

前項人員於留職停薪期間選擇繼續加保又同時參加其他職域社會保險者,應自重複加保之日起六十日內,申請溯自參加其他職域社會保險之日起退保,並得退還其所繳之保險費;退出後不得再選擇加保。未申請退保或逾限申請者,其重複加保期間發生保險事故,不予給付;該段年資除本法另有規定外,亦不予採認;其所繳之保險費,不予退還。

前項未申請退保或逾限申請者之重複加保年資,得併計成就請領本保險養老給付之條件。但不予給付。

依第二項規定,於留職停薪期間選擇繼續加保之被保險人,逾六十日未繳納其應自付保險費,或未繳納依法遞延繳納之自付部分保險費者,溯自未繳納保險費之日起,視為退保。其於欠繳保險費期間發生保險事故所領取之保險給付,應依法追還。

　　依本條規定選擇繼續加保者，其保險俸（薪）額，依同等級公教人員保險俸（薪）額調整。

　　本法所定繳納保險費之規定，於身心障礙者權益保障法或性別工作平等法另有規定者，從其規定。

　　四、停職期間加退保規定：本法第11條規定，被保險人發生依法停職（聘）、休職或失蹤之事故時，除失蹤者應予退保外，其餘人員得比照前條留職停薪人員，由其選擇於停職（聘）、休職期間退保，或自付全部保險費，繼續加保；一經選定後，不得變更。

　　前項選擇退保者，應自復職之日辦理加保手續並接算其保險年資。

　　第一項選擇繼續加保而於繼續加保期間離職或達屆齡退休條件者，應予退保。

　　依法停職（聘）並選擇於停職（聘）期間自付全部保險費繼續加保，且經復職（聘）並補薪者，其服務機關（構）學校、政府應按第九條第一項所定負擔繳交保險費比率，計算停職（聘）期間應負擔之保險費，並由要保機關發還被保險人。

　　被保險人於本法中華民國一百零三年一月十四日修正施行前停職（聘）或休職者，依修正施行前之規定辦理。是類被保險人於停職（聘）期間已參加其他職域社會保險者，該段參加各該保險之年資，不得於復職（聘）補薪時，追溯加保。

丙、保險給付部分

　　一、保險給付事由及標準：本法第12條規定，被保險人在保險有效期間，發生殘廢、養老、死亡、眷屬喪葬、生育或育嬰留職停薪之保險事故時，應予現金給付；其給付金額之計算標準，依下列規定：

1. 養老給付及死亡給付：按被保險人發生保險事故當月起，前十年投保年資之實際保險俸（薪）額平均計算（以下簡稱平均保俸額）。但加保未滿十年者，按其實際投保年資之保險俸（薪）額平均計算。
2. 育嬰留職停薪津貼：按被保險人育嬰留職停薪當月起，往前推算六個月保險俸（薪）額之平均數百分之六十計算。
3. 殘廢給付、生育給付及眷屬喪葬津貼：按被保險人發生保險事故當月起，往前推算六個月保險俸（薪）額之平均數計算。但加保未滿六個月者，按其實際加保月數之平均保險俸（薪）額計算。

第六條第八項所定依規定得重複加保者，其重複加保年資應計給養老給付金額之計算標準，按平均保俸額，扣除已領受其他職域社會保險與本保險養老給付性質相近給付（以下簡稱其他性質相近給付）所據之投保金額計算。

按前項標準計算之本保險養老給付，自領受其他性質相近給付之日起發給。但於本保險養老給付核定之前領受其他性質相近給付者，應自養老給付核定之日起發給。

依第二項規定計給養老給付之人員，於領受其他性質相近給付前死亡者，其重複加保期間不再計給。

二、殘廢給付分類及核給：本法第13條規定，被保險人發生傷害事故或罹患疾病，經醫治終止後，身體仍遺留無法改善之障礙而符合殘廢標準，並經中央衛生主管機關評鑑合格之醫院鑑定為永久殘廢者，按其確定成殘日當月往前推算六個月保險俸（薪）額之平均數，依下列規定核給殘廢給付：

1. 因執行公務或服兵役致成全殘廢者，給付三十六個月；半殘廢者，給付十八個月；部分殘廢者，給付八個月。
2. 因疾病或意外傷害致成全殘廢者，給付三十個月；半殘廢者，給付十五個月；部分殘廢者，給付六個月。

　　前項所稱全殘廢、半殘廢、部分殘廢之標準，由本保險主管機關定之。

　　第一項所稱經醫治終止，指被保險人罹患之傷病經醫治後，症狀固定，再行醫治仍無法改善，並符合前項殘廢標準。

　　承保機關對請領殘廢給付之案件，得施以調查、複驗、鑑定後，審核認定之。

　　三、殘廢給付之審核原則：本法第14條規定，殘廢給付應依下列規定審核辦理：

1. 在加入本保險前已殘廢者，不得請領本保險殘廢給付。
2. 同一部位之殘廢，同時適用二種以上殘廢程度者，依最高標準給付，不得合併或分別請領。
3. 不同部位之殘廢，無論同時或先後發生者，其合計給付月數，以三十個月為限；因公致殘者，以三十六個月為限。
4. 原已殘廢部位復因再次發生疾病或傷害，致加重其殘廢程度者，按二種標準之差額給付。
5. 手術切除器官者，須存活期滿一個月以上，始可請領殘廢給付。被保險人確定成殘日係於死亡前一個月內，或彌留狀態期間，不得據以請領殘廢給付。

　　四、確定成殘日確定標準：本法第15條規定，第十三條所定確定成殘日之認定，依下列規定辦理：

1. 手術切除器官，存活一個月以上者，以該手術日期為準。
2. 醫療或手術後，仍需施行復健治療者，須以復健治療期滿六個月仍無法改善時為準；其他需經治療觀察始能確定成殘廢者，經主治醫師敘明理由，以治療觀察期滿六個月仍無法改善時為準。
3. 殘廢標準已明定治療最低期限者，以期限屆滿仍無法改善時為準。
4. 殘廢標準明定治療最低期限屆滿前即辦理退休、資遣或離職退保，且於

治療達規定期限以上仍無法矯治者，以退保前一日爲準。

　　五、養老給付方式與標準：本法第16條規定，被保險人依法退休（職）、資遣，或繳付本保險保險費滿十五年且年滿五十五歲以上而離職退保時，給與養老給付。

　　養老給付之請領方式及給與標準如下：

1. 一次養老給付：保險年資每滿一年，給付一點二個月；最高以給付四十二個月爲限。但辦理優惠存款者，最高以三十六個月爲限。
2. 養老年金給付：保險年資每滿一年，在給付率百分之零點七五（以下簡稱基本年金率）至百分之一點三（以下簡稱上限年金率）之間核給養老年金給付，最高採計三十五年；其總給付率最高爲百分之四十五點五。
3. 依前二款規定計算給付月數或給付率之年資有畸零月數及未滿一個月之畸零日數，均按比例發給。

　　依第一項規定請領養老給付之被保險人符合下列條件之一者，給與養老年金給付：

1. 繳付本保險保險費滿十五年以上且年滿六十五歲。
2. 繳付本保險保險費滿二十年以上且年滿六十歲。
3. 繳付本保險保險費滿三十年以上且年滿五十五歲。

　　被保險人請領養老年金給付而有下列情形之一者，其養老年金給付應依基本年金率計給：

1. 依法資遣。
2. 繳付本保險保險費滿十五年以上而離職退保。
3. 支（兼）領之月退休（職、伍）給與係由下列權責單位負最後財務責任：
   (1)政府機關（構）或學校。
   (2)政府機關（構）或學校與被保險人共同提儲設立之基金。但所設基金屬個人帳戶者，不在此限。

　　被保險人已依第三項規定請領養老年金給付者，再支（兼）領前項第三款所定月退休（職、伍）給與時，其原經承保機關審定之養老年金給付，應自再支（兼）領月退休（職、伍）給與之日起，改依前項及第八項規定計給。

　　依第一項規定請領養老給付之被保險人有下列情形之一者，以支領一次養老給付為限：

1. 未符合第三項養老年金給付條件。

2. 犯貪污治罪條例之罪，或犯刑法瀆職罪，或於動員戡亂時期終止後，犯內亂罪、外患罪，經判刑確定。

3. 依第四十五條規定準用本法之外國人。

　　依第一項規定請領養老給付之被保險人具有中華民國一百零三年一月十四日修正施行前之保險年資且符合第三項各款條件之一者，可選擇依本條規定請領養老年金給付，亦得選擇請領一次養老給付；一經領受，不得變更。

　　依第四項規定按基本年金率計給養老年金給付之被保險人，其每月退休（職、伍）給與，加計每月可領養老年金給付之總和，不得超過其最後在職加保投保俸（薪）額二倍之百分之八十；超過者，應調降養老年金給付，或得選擇不請領養老年金給付而請領一次養老給付；一經領受，不得變更。

　　前項所定每月退休（職、伍）給與之內涵，比照第十七條第四項及第五項規定辦理。

　　被保險人具有本法中華民國一百零三年一月十四日修正施行前後保險年資且選擇請領一次養老給付者，修正施行前之保險年資最高以給付三十六個月為限；修正施行後之保險年資，每滿一年，應加給一點二個月，合併修正施行前保險年資最高以給付四十二個月為限；畸零月數及未

滿一個月之畸零日數，均按比例發給。

　　本法中華民國一百零三年一月十四日修正施行前已退保而未再加保，並依第八項規定選擇請領一次養老給付之被保險人，其加保超過三十年之保險年資，每滿一年，加給一點二個月，合併最高以給付四十二個月為限；畸零月數及未滿一個月之畸零日數，均按比例發給。但被保險人所領一次養老給付依規定得辦理優惠存款者，不適用上述加給規定。

　　前項加給之養老給付金額，應由承保機關依本法審定後，通知最後服務機關（構）學校負擔財務責任並支給被保險人。

　　第八項之給付率自公務人員及公立學校教職員退撫法律制定通過後，另行調整。

　　六、養老年金給付之上限：本法第17條規定，被保險人依前條第三項規定請領養老年金給付者，其每月退休（職、伍）給與，加計每月可領養老年金給付之總和，不得超過其最後在職加保投保俸（薪）額二倍之一定百分比（以下簡稱退休年金給與上限）。

　　被保險人依前項規定計得之每月養老年金給付率，於前條第四項有特別規定者，從其規定。

　　第一項所定退休年金給與上限，應依下列規定計算：
1. 保險年資十五年以下，每滿一年，以百分之二計；第十六年起，每滿一年，以百分之二點五計，最高增至百分之八十。
2. 保險年資未滿六個月者，以六個月計；滿六個月以上未滿一年者，以一年計。

　　第一項所定每月退休（職、伍）給與，包含下列內涵：
1. 保險人支（兼）領之月退休（職、伍）給與或類此之非一次性離退給與。

2. 被保險人支（兼）領之一次性退休（職、伍）給與、資遣給與、年資結算金或類此之一次性離退給與，應依平均餘命，按月攤提併入每月退休給與計算。

3. 被保險人依規定領有其支（兼）領一次退休（職、伍）給與之每月優惠存款利息。

前項第二款所定一次性離退給與之按月攤提計算方式，於本法施行細則定之。

第一項及第三項之退休年金給與上限自公務人員及公立學校教職員退撫法律制定通過後，另行調整。

七、危勞降齡之年金給付：本法第18條規定，被保險人擔任具有危險及勞力等特殊性質職務而屆齡退休者，其繳付本保險保險費滿十五年以上，可請領養老年金給付，不受第十六條第三項各款年齡之限制。

被保險人因公傷病致不堪勝任職務而命令退休者，或符合第十三條所定殘廢標準之全殘廢，且經評估為終身無工作能力而退休（職）或資遣者，其請領養老年金給付，不受第十六條第三項各款加保年資及年齡之限制；其加保年資未滿十五年者，以十五年計。

被保險人未符合第十六條第三項所定養老年金給付請領年齡者，得選擇至年滿養老年金給付起支年齡之日起領取（以下簡稱展期養老年金給付）；一經領受，不得變更。

法定機關（構）編制內之有給專任人員經本保險主管機關同意得參加勞工保險，嗣因原機關（構）依法律整併或改制（隸）者，除其他法律另有規定外，應改參加本保險；其加保年資未達第十六條第三項所定請領養老年金給付之加保年資條件，應併計於原機關（構）參加勞工保險之保險年資，以符合養老年金給付請領條件；該參加勞工保險之保險年資不計給本保險養老年金給付。

具有任期之公職被保險人於任期屆滿,依法退職時,其加保年資未達第十六條第三項所定請領養老年金給付之加保年資條件者,得併計退職前曾參加國民年金保險或得領取其他性質相近給付之保險年資,以成就請領本保險養老年金給付之條件。但併計本保險以外之其他保險年資,不計給本保險養老年金給付。

被保險人保險年資滿十五年,未符合第十六條養老年金給付請領資格者,得提前五年請領養老年金給付,每提前一年,依第十六條規定計算之給付金額減給百分之四,最多減給百分之二十。

八、養老年金給付之計給:本法第19條規定,依第十七條規定計得之每月可領養老年金給付,其保險年資每滿一年之給付率低於基本年金率時,仍應按基本年金率計給;超過上限年金率時,應按上限年金率計給。

九、超額年金之審定支給:本法第20條規定,依第十七條規定計得之每月可領養老年金給付中,屬於超過基本年金率計得之金額(以下簡稱超額年金),應由承保機關依本法審定後,通知負擔財務責任之最後服務機關(構)學校按月支給被保險人。但私立學校之被保險人所領超額年金,由政府及學校各負擔百分之五十。

前項應負擔支給責任之最後服務機關(構)學校有改制(隸)、裁併、解散、消滅或民營化等情形,應依其情形,改由承受其業務之機關(構)學校或上級機關或法人主管機關或事業主管機關按月支給。

第一項所定應負支給及財務責任者有未支給或逾期支給情形,致被保險人蒙受損失時,應由各該負支給及財務責任之最後服務機關(構)學校或政府負責;如有爭議,應由其主管機關或上級機關協調處理之。

依第二十二條第四項、第七項,或第二十五條第二項規定,按原領養老年金給付金額之半數給與遺屬年金給付者,其原領養老年金給付包含超額年金時,比照本條規定辦理。

十、**保險年資之合併計算**：本法第21條規定，被保險人於本法中華民國八十八年五月三十一日修正生效前後之保險年資，應合併計算發給養老給付，並受第十六條所定養老年金給付最高採計三十五年或一次養老給付最高給付四十二個月之給付月數上限（以下簡稱養老給付上限）之限制。

前項屬於本法修正生效前保險年資之一次養老給付，仍依原公務人員保險法或原私立學校教職員保險條例規定標準計算；其未滿五年者，每滿一年給付一個月，未滿一年之畸零月數，按比例發給；屬於修正生效後之保險年資，依第十六條第二項第一款及第三款規定計算。

被保險人於本法中華民國八十八年五月三十一日修正生效前後保險年資，合計十二年六個月以上者，其一次養老給付之平均養老給付月數未達一年一點二個月時，以一年一點二個月計算；其保險年資合計未滿十二年六個月者，其一次養老給付月數未達原公務人員保險法或原私立學校教職員保險條例規定標準時，補其差額月數。

十一、**年金給付停喪與發給**：本法第22條規定，養老年金給付除本法另有規定外，應自符合請領條件之日起，按月發給，至被保險人死亡當月止。

領受養老年金給付者有下列情形之一，應即停止領受之權利，俟原因消滅後恢復：
1. 再加保。
2. 卸任總統、副總統享有禮遇期間。

領受養老年金給付者有下列情形之一，喪失領受之權利：
1. 死亡。
2. 依第十八條第二項後段所定未滿十五年而以十五年計給規定請領養老年金給付者，再參加其他職域社會保險或本保險。是類人員有再任職之事實而未依其身分參加社會保險者亦同。

3. 喪失中華民國國籍。

4. 犯貪污治罪條例之罪，或犯刑法瀆職罪，或於動員戡亂時期終止後，犯內亂罪、外患罪，經判刑確定。

前項第一款人員之養老年金給付，其遺屬得就以下方式之一請領；一經領受，不得變更：

1. 請領一次養老給付者，應扣除已領受養老年金給付總額後，給與其餘額（以下簡稱一次養老給付之餘額）。

2. 請領遺屬年金給付者，按原領養老年金給付金額之半數，改領遺屬年金給付。

依第三項第二款規定喪失領受養老年金給付權利者，改給與依其實際加保年資應給與一次養老給付之餘額；已無餘額者，不再計給。

依第三項第三款及第四款規定喪失領受養老年金給付權利者，改給與一次養老給付之餘額；已無餘額者，不再計給。

依第十八條第三項規定請領展期養老年金給付之被保險人，於領受給與之前死亡者，由其遺屬請領一次養老給付金額；其符合請領遺屬年金給付條件之遺屬不請領一次養老給付金額時，得選擇按原得領養老年金給付金額之半數，改領遺屬年金給付；一經領受，不得變更。

十二、再次加保之相關規定：本法第23條規定，被保險人請領養老給付後再加保時，原領養老給付不得繳回；其原有保險年資不得合併計算。其再次符合請領本保險養老給付條件者，合併各次計給養老給付，不得超過養老給付上限。

被保險人領受養老給付已達養老給付上限後再加保者，日後退休（職）、資遣或離職退保時，不再發給養老給付。但再加保期間未領取本保險其他給付者，其自付部分之保險費應加計利息發還。

被保險人符合請領本保險養老給付條件者，應自符合條件之日起三個月內選擇請領或不請領；逾期未作選擇者，視同選擇不請領。

前項人員選擇不請領者，仍得於第三十八條所定時效內請領。但屬於再加保者，於再次退保前，不得請領原有保險年資之養老給付。

前項人員於再次退保時，併計原有保險年資及再加保年資後，符合請領本保險養老給付條件者，按其再次退保時之平均保俸額給付；未符合請領本保險養老給付條件者，得請領原未請領之養老給付；得請領養老年金給付者，自再次退保之日起發給。

被保險人依第三項及第四項規定選擇不請領且於第三十八條所定期限內死亡者，原未請領之養老給付得由其遺屬比照第二十二條第七項規定，請領一次養老給付或改領遺屬年金給付。

十三、公私保年資合併計算：本法第24條規定，本法中華民國八十八年五月三十一日修正生效前，原參加公務人員保險及私立學校教職員保險之年資，得合併計算；其養老給付不得超過養老給付上限。

被保險人在本法中華民國八十八年五月三十一日修正生效前，已依公務人員保險法規定請領養老給付並再參加私立學校教職員保險者，或已依私立學校教職員保險條例規定請領養老給付並再參加公務人員保險者，其重行參加各該保險之年資，依本法規定請領養老給付。

十四、停職加退保請領規定：本法第25條規定，被保險人因停職（聘）、休職或留職停薪而選擇退保者，於復職（聘）同日辦理退休或資遣，應以停職（聘）、休職或留職停薪退保當時之保險年資及平均保俸額，依復職（聘）當時之規定，請領養老給付。

被保險人因停職（聘）或休職而選擇繼續加保並於繼續加保期間達屆齡退休條件應予退保者，該被保險人或其遺屬應於原因消滅後，依下列規

定請領給付：

1. 被保險人依法補辦退休者，應以達屆齡退休條件而退保當時之保險年資及依原因消滅當時之規定，請領養老給付。

2. 被保險人於依法辦理退休期限屆滿前死亡，或於原因消滅前死亡，應由其遺屬以被保險人達屆齡退休條件而退保當時之保險年資及依原因消滅或死亡當時之規定，請領一次養老給付金額。

3. 前款被保險人於本法中華民國一百零三年一月十四日修正施行後死亡時，已符合第十六條第一項及第三項所定養老年金給付請領條件者，其符合請領遺屬年金給付條件之遺屬得請領一次養老給付金額，或選擇按原領養老年金給付金額之半數，改領遺屬年金給付；一經領受，不得變更。

　　十五、過渡期間之請領規定：本法第26條規定，被保險人於本法中華民國九十四年一月二十一日修正生效後退保而未請領本保險養老給付者，除第四十九條另有規定外，其保險年資予以保留，俟其符合下列條件之一時，得由原服務機關（構）學校，以其退保當時之保險年資，依退保當時之規定，請領本保險養老給付：

1. 於參加勞工保險或軍人保險期間依法退休（職、伍）。
2. 領受國民年金保險老年給付。
3. 年滿六十五歲。

　　前項人員所具本保險保留年資已領取補償金者，不適用前項規定。

　　第一項人員於本法中華民國一百零三年一月十四日修正施行後退保而請領本保險養老給付時，符合第十六條第三項規定者，得請領養老年金給付，並自申請之日起發給。

　　十六、死亡給付之分類及標準：本法第27條規定，被保險人死亡時，依下列規定給與一次死亡給付：

1. 因公死亡者，給與三十六個月。

2. 病故或意外死亡者，給與三十個月。但繳付保險費二十年以上者，給與三十六個月。

被保險人死亡時，其符合請領遺屬年金給付條件之遺屬不請領前項一次死亡給付，得選擇請領遺屬年金給付，並依平均保俸額，以保險年資滿一年，按百分之零點七五給付率計算，最高以給付百分之二十六點二五為限。畸零月數及未滿一個月之畸零日數，按比例發給。

被保險人加保年資未滿十五年而因公死亡者，其遺屬請領遺屬年金給付時，得以十五年計給。

被保險人曾領取本保險或公務人員保險或私立學校教職員保險之養老給付者，其遺屬依前三項規定請領一次死亡給付或遺屬年金時，應扣除已領養老年金給付之年資或給付月數後，發給之；其合併前後給付，不得超過養老給付上限。

本保險失蹤退保之被保險人，其遺屬得於其死亡或受死亡宣告之日起，按退保當時之保險年資，依死亡或受死亡宣告當時之規定，請領一次死亡給付或遺屬年金給付。

請領本保險展期養老年金給付之被保險人於再加保期間死亡者，其遺屬不請領遺屬年金給付或不合請領遺屬年金給付條件時，應就本條所定一次死亡給付或一次養老給付金額，擇一請領；一經領受，不得變更。

依第二十二條第二項規定停止領受養老年金給付者，於再加保期間死亡，其遺屬不請領遺屬年金給付或不合請領遺屬年金給付條件時，應就一次死亡給付或一次養老給付之餘額，擇一請領；一經領受，不得變更。

第一項第二款但書所定繳付保險費二十年以上，包含已領養老給付之保險年資。

　　十七、遺屬年金給付之請領：本法第28條規定，前條一次死亡給付，應由亡故被保險人之配偶領受二分之一；其餘依序由下列受益人平均領受之：

1.子女。

2.父母。

3.祖父母。

4.兄弟姐妹。

　　具中華民國國籍之遺屬為配偶、子女、父母或第五項但書所定領受者，得依第二十二條、第二十五條或前條規定，選擇請領遺屬年金給付，並應由未再婚配偶領受二分之一；其領受順序依前項規定。

　　前項遺屬請領遺屬年金給付時，須符合下列條件：

1.配偶須未再婚且符合下列條件之一：
　　(1)年滿五十五歲且婚姻關係於被保險人死亡時已存續二年以上。未滿五十五歲者，得自年滿五十五歲之日起支領。
　　(2)因身心障礙而無謀生能力且婚姻關係於被保險人死亡時已存續二年以上。

2.子女或第五項但書所定領受者，須符合下列條件之一：
　　(1)未成年。
　　(2)因身心障礙且無謀生能力之成年人。

3.父母須年滿五十五歲且每月工作收入未超過公務人員俸給法規所定二百八十俸點折算之俸額。未滿五十五歲者，得自年滿五十五歲之日起支領。

　　前項所稱無謀生能力之範圍，於本法施行細則定之。

　　亡故被保險人無第一項第一款至第三款受益人時，由配偶單獨領受；無配偶時，其應領之一次死亡給付或遺屬年金給付，由第一項各款受益人依序領受。同一順序受益人有數人時，應共同具名並平均領受；有喪失或拋棄領受權者，由同一順序其他受益人平均領受。但第一項第一款所定第一順序之領受人喪失或拋棄領受權者，由其子女代位領受之。

　　第一項所定同一順序受益人有數人時，得委任其中具有行為能力者一人代為申請；受益人均無行為能力者，由各受益人之法定代理人推派一人代為申請；因故無法共同請領時，其他受益人得分別按其擇領種類及本條規定之比例請領。承保機關核付後，另有未具名之同一順序受益人申請時，由具領之受益人負責分與之。

　　被保險人生前預立遺囑，於第一項受益人中指定領受人者，從其遺囑。無第一項受益人時，得由被保險人指定受益人。

　　亡故被保險人之遺屬依第二十二條第四項、第七項，或第二十五條第二項規定，分別請領一次養老給付餘額、一次養老給付金額或遺屬年金給付者，其遺屬範圍、請領順序、限制等，比照本條及臺灣地區與大陸地區人民關係條例有關本保險死亡給付受益人相關規定辦理。

　　被保險人於本法中華民國一百零三年一月十四日修正施行前死亡者，其死亡給付之受益人及其領受順序，依修正施行前之規定辦理。

　　十八、遺屬年金給付之停喪：本法第29條規定，遺屬年金給付應自符合請領條件之日起，按月發給，至受益人死亡當月止。

　　領受遺屬年金給付之受益人有下列情形之一，停止其領受之權利，俟原因消滅後恢復：
1. 入獄服刑、因案羈押或拘禁。
2. 失蹤。
3. 前條第三項所定無謀生能力之遺屬已有謀生能力。

　　領受遺屬年金給付之受益人有下列情形之一，喪失其領受之權利：
1. 死亡。
2. 喪失中華民國國籍。
3. 動員戡亂時期終止後，犯內亂罪、外患罪，經判刑確定。
4. 前條第三項第一款之配偶再婚。
5. 前條第三項第二款第一目之領受者已成年。

　　十九、遺屬年金給付之選擇：本法第30條規定，亡故被保險人之遺屬具有領受二個以上遺屬年金給付之資格時，應擇一請領。

　　被保險人或其受益人同時符合請領養老年金及遺屬年金給付條件時，應就養老年金或遺屬年金給付擇一請領。

　　二十、年金給付金額之調整：本法第31條規定，本保險之年金給付金額，於中央主計機關發布之消費者物價指數累計成長率達正負百分之五時，由考試院會同行政院，考量國家經濟環境、政府財政與本保險準備金之財務盈虧，另定調整比率。

　　被保險人或其遺屬有下列情形之一者，得比照前項規定辦理：
1. 請領展期養老年金給付。
2. 依第二十二條第二項規定恢復領受養老年金給付。
3. 依第二十三條第五項後段規定請領原未請領之養老年金給付。
4. 依第二十九條第二項規定恢復領受遺屬年金給付。

　　廿一、溢領年金給付之繳還：本法第32條規定，依本法領受養老年金或遺屬年金給付者停止或喪失領受權利時，本人或其遺屬應自事實發生之日起三十日內，檢具相關文件資料，經原服務機關（構）學校轉陳或直接通知承保機關，自事實發生之次月起，停止發給年金給付。

　　前項人員溢領年金給付時，承保機關應以書面通知溢領人於三十日內繳還；逾期未繳還者，承保機關得自匯發年金給付帳戶餘額中，追回溢領

之年金給付金額。

廿二、**執行公務等致殘情事**：本法第33條規定，第十三條第一項第一款所稱因執行公務或服兵役致成殘廢者及第二十七條所稱因公死亡者，指下列情形之一，且具有相當因果關係者：

1.因執行職務發生危險。

2.因公差遭遇意外危險或罹病。

3.因辦公往返或在辦公場所遇意外危險。

4.奉召入營或服役期滿，在往返途中遇意外危險。

5.於執行職務、服役、公差、辦公場所，或因辦公、服役往返途中，猝發疾病。

6.因盡力職務，積勞過度。

7.在服役期內，因服役而積勞過度，或在演習中遇意外危險。

前項第六款及第七款所定積勞過度，應由服務機關（構）學校列舉因公積勞之具體事實及負責出具證明書，並繳驗醫療診斷書。

因被保險人本人之交通違規行為所致殘廢或死亡者，不適用第一項規定。

廿三、**眷屬喪葬津貼之發給**：本法第34條規定，被保險人之眷屬因疾病或意外傷害而致死亡者，依下列標準，給與喪葬津貼：

1.父母及配偶，給與三個月。

2.子女之喪葬津貼如下：

　　(1)年滿十二歲，未滿二十五歲者，給與二個月。

　　(2)已為出生登記且未滿十二歲者，給與一個月。

符合請領同一眷屬喪葬津貼之被保險人有數人時，應自行協商，推由一人檢證請領；具領之後，不得更改。有協商不實，致損及其他被保險人權益時，由具領人負責。

被保險人之生父（母）、養父（母）或繼父（母）死亡時，其喪葬津貼應在不重領原則下，擇一請領。

廿四、育嬰留停津貼之發給：本法第35條規定，被保險人加保年資滿一年以上，養育三足歲以下子女，辦理育嬰留職停薪並選擇繼續加保者，得請領育嬰留職停薪津貼。

前項津貼，自留職停薪之日起，按月發給；最長發給六個月。但留職停薪期間未滿六個月者，以實際留職停薪月數發給；未滿一個月之畸零日數，按實際留職停薪日數計算。

同時撫育子女二人以上者，以請領一人之津貼為限。

夫妻同為本保險被保險人者，在不同時間分別辦理同一子女之育嬰留職停薪並選擇繼續加保時，得分別請領。

廿五、生育給付之發給規定：本法第36條規定，被保險人有下列情形之一者，得請領生育給付：
1. 繳付本保險保險費滿二百八十日後分娩。
2. 繳付本保險保險費滿一百八十一日後早產。

被保險人符合前項規定者，給與二個月生育給付。

丁、附則部分

一、保險給付權利之保障：本法第37條規定，被保險人或其受益人領取各項保險給付之權利，不得作為讓與、抵銷、扣押或供擔保之標的。但被保險人有下列情形之一者，承保機關得自其現金給付或發還之保險費中扣抵：
1. 欠繳保險費。
2. 欠繳依法遞延繳納之自付部分保險費。

3. 溢領或誤領保險給付。

　　二、保險給付請求權時效：本法第38條規定，請領本保險給付之權利，自請求權可行使之日起，因十年間不行使而當然消滅。

　　被保險人或其受益人於前項期限內請領本保險給付者，除本法另有規定外，應依保險事故發生時之規定辦理。

　　本保險定期發給之給付，其各期請求權時效，依第一項規定計算。

　　三、不予保險給付之情事：本法第39條規定，因戰爭變亂或因被保險人或其父母、子女、配偶故意犯罪行為，以致發生保險事故者，概不給與保險給付。

　　又第40條規定，被保險人或其受益人以詐欺行為領得各項給付，除依法治罪外，應追繳其領得保險給付之本息。

　　四、承保機關給付之規範：本法第41條規定，依本法支付之各項給付，經承保機關核定後，應於十五日內給付之。逾期給付係歸責於承保機關，或最後服務機關（構）學校、政府者，其逾期部分應加給利息；其利率於本法施行細則定之。

　　本保險之定期給付，屬按月給付者，除核定當期外，各期給付至遲於次月底前發給。但本法及其施行細則另有規定者，不在此限。

　　被保險人或其受益人赴國外、香港、澳門等地區超過一個月者，得申請改為每滿六個月發給一次。

　　五、給付優先清償之項目：本法第42條規定，本保險就下列情形有最優先受清償之權：
1. 服務機關（構）學校或被保險人積欠之保險費。
2. 被保險人或其受益人應繳還溢領或誤領之給付。

被保險人或其受益人就私立學校未依第二十條規定負擔之給付，有最優先受清償之權。

六、資料查詢及保管規定：本法第43條規定，為辦理承保作業、審核保險給付，或審議爭議案件等本保險業務所需資料，本保險主管機關或承保機關得洽請相關機關（構），或要求被保險人、受益人提供之；各該機關（構）、被保險人及其受益人不得拒絕。

前項資料之提供機關（構）已建置電腦化作業者，本保險主管機關或承保機關得逕洽連結提供；各該機關（構）不得拒絕。

承保機關辦理按月給付查證所需相關資料，由承保機關按月將其基本資料送本保險主管機關轉送或逕送戶政主管機關、入出國主管機關或其他相關機關比對；資料比對結果應於次月第三個工作日以前送承保機關。

本保險主管機關或承保機關所取得之資料，應盡善良管理人之注意義務，確實辦理資訊安全稽核作業；其保有、處理及利用，應遵循個人資料保護法之規定。

被保險人或其受益人領受年金給付期間，承保機關得予以查證，並得於查證期間暫停發給；查證期間暫停發給者，經查證符合給付條件時，應補發查證期間之給付，並繼續發給。

被保險人或其受益人無正當理由，不繳交或補具承保機關審核給付或查證所需相關證明文件者，承保機關不負發給或遲發保險給付之責任。

七、保險業務之免課稅捐：本法第44條規定，本保險之一切帳冊、單據及業務收支，均免課稅捐。

八、準用人員及退休金保險：本法第45條規定，法定機關編制內有給之民選公職人員及外國人任第二條所定職務者，準用本法之規定。

又第46條規定，中華民國七十四年六月三十日以前已參加退休人員保險，於本法中華民國九十四年一月二十一日修正生效時仍在保者，得繼續參加該保險；其辦法由考試院會同行政院定之。

九、救濟及程序再開規定：本法第47條規定，被保險人或其受益人對於承保機關現金給付案之審定結果如有不服，得按其身分，分依公務人員保障法或訴願法之規定，提起救濟；如有顯然錯誤，或有發生新事實、發現新證據等行政程序再開事由，得依行政程序法相關規定辦理。

第二十條所定應負最後支付責任之機關（構）學校或政府，未支付或逾期支付超額年金或遺屬年金給付時，該給付之領受人得以應負最後支付責任之機關（構）學校或政府為相對人，依法提起救濟。

十、年金給付範圍之限定：本法第48條規定，本法中華民國一百零三年一月十四日修正施行之養老年金及遺屬年金給付規定，限私立學校被保險人適用之。其他被保險人俟公務人員及公立學校教職員適用之退撫法律及本法修正通過後施行。

前項被保險人於中華民國九十九年一月一日至本法中華民國一百零三年一月十四日修正施行前，繳付本保險保險費滿十五年以上而退保且符合養老給付請領條件及養老年金給付之起支年齡條件者，得溯及適用本法關於請領養老年金給付之規定，並自符合請領條件之日起，按月發給，不受第五十一條規定限制。

前項被保險人已領取一次養老給付者，得於本法中華民國一百零三年一月十四日修正施行後六個月內，一次全數繳回承保機關後，申請改領養老年金給付；逾期不得再申請改領。

被保險人於本法中華民國一百零三年一月十四日修正施行前死亡者，不適用前二項規定。

　　第一項被保險人養老年金及遺屬年金給付之保險費率，應依第八條所定精算機制，按年金所需費率覈實釐定之。

　　十一、勞保年資之併計給付：本法第49條規定，被保險人符合下列情形者，得於年滿六十五歲時，併計其曾參加勞工保險之保險年資，請領本保險養老年金給付：

1. 中華民國九十九年一月一日以後退保。

2. 繳付本保險保險費及曾參加勞工保險各未滿十五年之保險年資合計達十五年以上。

3. 符合第十六條第一項或第二十六條所定養老給付請領條件。

　　前項被保險人應按退出本保險當時之平均保俸額，依基本年金率計給養老年金給付；該參加勞工保險之保險年資不計給本保險養老給付。

　　被保險人之本保險或勞工保險年資，有下列情形之一者，不予併計：

1. 已請領勞工保險老年給付。

2. 已請領本保險養老給付。

3. 已領取本保險或勞工保險年資之補償金。

　　被保險人有下列情形之一者，不適用第一項及第二項規定：

1. 犯貪污治罪條例之罪，或犯刑法瀆職罪，或於動員戡亂時期終止後，犯內亂罪、外患罪，經判刑確定。

2. 依所適用人事法令應予免職、解聘或撤職；於處分前離職者，亦同。

3. 依所適用人事法令應予停職（聘）或休職，且未依法復職；於處分前離職者，亦同。

　　第一項及第二項人員請領之本保險養老年金給付，應自申請之日起發給。

　　被保險人於本法中華民國一百零三年一月十四日修正施行前死亡者，

不適用第一項及第二項規定。

第一項第二款所定未滿十五年之保險年資，應包含已請領本保險養老給付或勞工保險老年給付之保險年資。

十二、施行細則及施行日期：本法第50條規定，本法施行細則由考試院會同行政院定之。

又第51條規定，本法施行日期，由考試院會同行政院定之。

要之，本法主要規定公教人員遭遇殘廢、養老、死亡、眷屬喪葬、生育及育嬰留職停薪等六項事故，如何發給其現金給付的措施及相關權利義務。其規範重點大致可歸納爲上述4部分47點，明乎此，則本法之梗概已不難瞭解矣！

第二節　公教人員保險法制度特色

在對本法的規範重點加以探討後，如果吾人有所用心，自不難歸納得知本法至少具有如下8個特色：

一、強制保險權義兼具：公教人員保險在定位上係屬社會保險，也是強制保險。只要符合本保險所定資格，均應一律參加本保險爲被保險人，也應依照本法規定事項去執行，包括繳費等事項，就此言之，可謂是被保險人的義務。不過，一旦有本保險規定的保險事故發生時，則可領取一定金額的現金給付，顯然就是被保險人的權利。因此，參加公保既是公務人員的權利，也是義務。

二、只辦部分保險項目：公保係因職業工作而得以參加的社會保險，在一般職業保險，通常包括一般傷病醫療、職業傷病給付、失業給付等項目。然而因爲公務人員之職務受到相當保障，在本質上無失業之虞，故無

失業給付之設計；且在民國84年3月全民健康保險開辦後，原有之生育、疾病與傷害三項免費醫療項目業已劃歸全民健保之範圍。公保僅辦理其中殘廢、養老、死亡及眷屬喪葬四項現金給付項目，復在98年7月開辦育嬰留職停薪給付一項，在103年1月修法後，後增加生育給付一項，可謂是只辦理部分保險項目的職業保險。

三、私校人員一併納入：按私立學校教職員最早原係參加勞保，其後以教育性質及職業屬性並不適宜，故教育部前曾研擬「私立學校教職員參加公務人員保險條例草案」，之後經行政院修正爲「私立學校教職員保險條例草案」，經立法院三讀通過後，自民國69年10月1日起施行，除適用對象、提撥比率不同、年資分別計算外，私校保險與原公保並不同。所以在民國88年5月修正時逐將兩者合併，法律名稱配合修正爲公教人員保險法。此一將私校教職員一併納入，擴大適用對象的作法，堪稱本法重點的特色之一。

四、兼一次及年金給付：本保險之現金給付，原僅採一次付清之給付方式，沒有分期給付或年金給付方式。不過爲順應世界潮流趨勢，增加退休公教人員之及死亡公教人員遺屬保障，銓敘部早已研議增列年金給付方式；並於103年1月修法通過。於養老及死亡給付中，增列年金給付之擇領方式。此一劃時代的作法，自可謂是本法的一大特色。

五、最高給付金額相同：本法所定之現金給付中，眷屬喪葬津貼、生育給付、育嬰留職停薪津貼三項，保險給付明顯偏低；殘廢、養老與死亡三項之一次現金給付，考量整個保險財務負擔，除一次養老給付最高以給付四十二個月爲限外，均以支領保險俸給三十六個月爲最高給付金額，數額亦不算高。不過殘廢給付須因公致成全殘廢者，死亡給付須因公死亡或繳付保險費二十年以上者，始可領取最高三十六個月保險俸給。此一齊頭式的最高支領限制，明顯低於一般商業保險，亦爲本法的特色之一。

六、共同繳付籌款方式：關於保險經費來源，本法明定應按月繳付，

由被保險人自付百分之三十五，政府補助百分之六十五；但私立學校教職員由政府及學校各補助百分之三十二點五。不論雙方或三方繳付，均屬共同繳付，且涵蓋本人、僱主與政府三個層次。正因為有政府的補助，且不以營利為目的，本保險方能名正言順的說是社會保險。

七、授權費率自給自足：本法第8條明定保險費率為被保險人每月保險俸給百分之七至百分之十五，在此一法定範圍內授權由行政部門委託辦理精算及覈實釐定。復依第5條規定，保險財務屬於舊制（即民國88年5月30日以前）部分，由財政部審核撥補；屬於新制（即民國88年5月31日以後）虧損部分，應調整費率挹注。可知本法係採授權費率制，而非固定費率制，如有必要，行政部門自可調整因應；目前業已改採自給自足方式，不再由政府負最後保證責任。較諸他制及舊制，自屬本法特色之一。

八、增加眷屬喪葬津貼：不論是社會保險或商業保險，大致均以被保險人本人發生法定保險事故時，始給予醫療或現金給付。本保險卻在本人之外，增列對父母、配偶、子女死亡者給予喪葬津貼之規定，此一給付最多三個月，金額其實不大，類似福利津貼性質。明顯與其他保險有別，說是本法特色，當不為過。

九、增列生育育嬰津貼：本法原列有生育之免費醫療項目，惟民國84年3月已併入全民健康保險。嗣後參考勞保及其他先進國家作法，分別於98年7月及103年1月修法，針對申請育嬰留職停薪人員，按月發給津貼，最長發給六個月；如有分娩或早產情形，核給二個月生育給付。此一津貼與給付金額其實不大，但對於年輕公教人員而言，助益力頗大，且寓有鼓勵生育、發揚母性的重大意義，自可說是本法的特色之一。

要之，本法乃社會保險之一種，在屬性上為公教人員之職業保險，也是強制保險。就法律規範內容言之，實有許多與眾不同的特色，如上所述9點，吾人當能了然於心。

第三節 公教人員保險法問題探討

由於本法規定與公教人員權益密切相關，且因本法屬具體執行的法律，每個月都會面臨扣款繳費的義務，一旦發生保險事故，復有申請現金給付的權利出現。職是，在實務操作上，本法其實有許多值得探討的問題。謹依序分述如下：

一、私校教職員納入一體規定的問題：私立學校教職員雖係教育人員，但並非公務員，更非公務人員，所以基於私校教職員共同意願之政策考量，當年雖然同意納入公保範圍，卻以制定特別法之方式辦理，主要是避免這些人員根本不是公務員或公務人員之質疑。如今雖以「公教人員」取代「公務人員」，在適用範圍上可以涵括，卻又衍生原已加保的公立學校教職員到底以「公」或改「教」的身分參加本保險的疑慮。將兩種不同的適用對象放在同一法律中規範，以壯大公保的勢力範圍，到底是否妥適，當然是一個值得斟酌考量的問題。

二、因公成殘或死亡事由規定的問題：本法第33條明定因執行公務或服兵役致成殘廢及因公死亡等7種情事，此七款明確規定的情事與退休法、撫卹法規定不盡配合，在實務上常常引發爭議。按退休法第6條界定因執行職務發生危險等4種情事為因公傷病；至於撫卹法第5條則明定因冒險犯難或戰地殉職等7種情事為因公死亡。三個法律規定不同，雖係個別立法之必然結果，但主管機關既都是考試院所屬的銓敘部，業管單位都是該部退撫司，且適用情況雷同，為免當事人或遺族之誤解與不平，實有相互配合、齊一規定的必要。

三、殘廢標準配合身障法規定的問題：本法第13條規定符合殘廢標準等一定條件者予以殘廢給付，但何謂殘廢標準，本法並未界定，而是授權本保險主管機關訂定「公教人員保險殘廢給付標準表」以為辦理依據。該殘廢給付標準表規定雖然明確詳盡，惟既與身心障礙者權益保障法第5條

所定身心障礙之8款事由明顯不同，再加上有些規定失之過嚴或不盡合理，因此在施行過程中屢見爭議。殘廢給付標準表規定事項與程度應否與身障法有所配合，自是一個值得重視的課題。

四、死亡給付金額與計算方式的問題：在目前公保三項主要保險事項中，殘廢給付單獨成一組，養老給付與死亡給付兩者是一組，彼此具有替代性。易言之，先領取殘廢給付後，可以再領取養老給付或死亡給付兩項中的一種；但養老給付與死亡給付之間只能領取其中一種。前言之，本法對於這三種保險事項之一次給付，除未辦理優惠存款之保險年資，最高給付四十二個月外，均以三十六個月為最高給付金額，惟殘廢給付須因公致成全殘廢，死亡給付須因公死亡，或繳付保險費二十年以上病故或意外死亡者，始能拿到三十六個月。就一般觀念言之，死亡較諸殘廢或退休養老嚴重許多，故死亡給付應高於殘廢給付或養老給付，其給付金額不應以三十六個月為限，可以更高。而其給付金額計算方式，除依死亡原因認定外，尚可依照任職年資長短分別給與，方能兼顧公平合理與撫卹遺孤之旨。

五、死亡給付受益人配合他法的問題：在屬商業保險之一般人壽保險及有死亡給付之社會保險，除被保險人本人外，通常尚列有父母、配偶與子女等親屬為受益人。本法第28條明定受益人為配偶、子女、父母、祖父母與兄弟姐妹之順序與撫卹法同，而與退休法略有小別，與民法遺產繼承人之順序亦有不同。又此所稱之遺屬與退休法、撫卹法之遺族，兩者之意義與範圍是否相同？如無不同，應否配合一致？自是值得斟酌。

六、因戰爭死亡或殘廢不給付的問題：戰爭帶來之死傷極大，乃眾所皆知之事實。為免嚴重影響保險財務，故各種商業保險或社會保險通常都排除因戰爭衍生的現金給付；本法亦在第39條規定，因戰爭變亂以致發生保險事故者，概不給與保險給付。此一規定雖符一般保險減輕財務負擔及減少風險之作法，卻與鼓勵為公效勞之旨悖離，且與第33條規定之法理邏

輯有違。試想在服役期間積勞過度或演習中遇意外危險，以致殘廢或死亡者，即可認定是因公成殘或因公死亡，但遭遇更嚴重的戰爭致成死亡或殘廢者，不但不能領取因公成殘或死亡之加發給付，即連一般的殘廢或死亡給付都不能領取，其情何堪？如何能平人心？此一規定在其他保險或有道理，但在公保顯然有斟酌檢討的必要。

七、公保監理會改為常設單位的問題：本法第4條第2項明定為監督本保險業務，由本保險主管機關邀請有關機關、專家學者及被保險人代表組織監理委員會，其組織規程則授權由考試院會同行政院定之。據此可知，公保監理會之組織依據乃屬作用法之本法，其組織規程乃行政命令，而非組織法律，與中央行政機關組織基準法及中央法規標準法之規定有違，亟應改在銓敘部組織法中明列此一單位，使其成為常設單位，方能免除「黑機關」或「黑單位」之批評。

八、留職停薪加退保處理不同的問題：公務人員留職停薪的事由極多，參照公務人員留職停薪辦法第4條規定，應予留職停薪之事由有8款之多，得申請留職停薪之事由亦有5款之多。然而本法卻獨厚依法徵服兵役之留職停薪，在服役期間不但可以繼續加保，其應自付部分之保險費，並改由政府負擔；至於私立學校教職員，則由學校負擔。其他事由之留職停薪，只能選擇退保或自付全部保費繼續加保。同是留職停薪，但兩者權益差距極大，是否合宜妥適，不無值得斟酌檢討之處。

九、中央與地方民代適用不同的問題：在目前僅存的中央民意代表，即立法委員，先依立法委員行為法第13條規定，其待遇支給比照中央部會首長標準；再依本法第24條規定，係屬法定機關編制內有給之公職人員，故可準用本法規定，不但可以依法請領各種保險事故之給付或津貼，在卸任之際，如併計以前年資，符合第16條規定繳付保險費滿十五年並年滿五十五歲而離職退保時，一樣可以發給養老之一次或年金給付。然而各級地方民意代表，包括直轄市、縣（市）議員、鄉（鎮、市）民代表，雖依

地方制度法第52條規定，得支研究費等必要費用，在開會期間並得酌支出席費、交通費及膳食費，但在解釋上因非屬「有給」之公職人員，故不能參加本保險，而係參加勞保。由於公保與勞保權益有別，以致時有地方民意代表質疑何以未能比照立法委員參加公保的聲音出現。是否修正相關法規，讓中央與各級地方民意代表的標準一致，顯然也是該重視的地方。

十、養老給付優惠存款的法源問題：退休公務人員領取之養老給付，原無所謂優惠存款問題，惟爲彌補早期退休公務人員微薄所得，照顧其晚年生活，遂參照一次退休金優惠存款規定，訂定退休公務人員公保養老給付金額優惠存款要點，做爲養老給付金可以辦理優惠存款之依據。然而此一要點僅爲銓敘部之職權命令，本法既無規範，亦無授權法源。後來在民國100年1月修正施行之公務人員退休法雖已有原則性的規定，解決法律依據的問題；但依本法發給的養老給付，其如何辦理後續的優惠存款，卻得改依其他法律規定，亦不盡周妥。自宜改在本法中規定，方是正辦。

要之，本法係屬具體執行之法律，攸關公務人員本人及其家屬的權利與義務甚鉅，所以公務人員沒有不特別關注的，在實務執行過程中難免就會斤斤計較，用放大鏡加以檢視。也因此，本法的一些問題便浮現出來。如上所述10點，確有值得探討之處，值得政府當局愼思以對。

如前所述，公保是一種社會保險、義務保險、職業保險，參加公保既是公教人員的權利，也是其義務。因爲具有強制性，所以不管喜不喜歡，只要符合一定之資格條件，均應依法加保，並按月扣繳保費；一旦發生法定之保險事故，便可以依法請領一定金額之一次現金給付或年金給付。既有減輕當事人受害程度的考量，也有藉眾人力量分擔風險的安排，只要不提前請辭離職，或發生前揭停喪領受權等情事，人人最後都有機會領取養老給付，不幸的話則由遺族領取死亡給付。

　　本法是建構公教人員保險制度的主幹，關於適用及準用對象、保險項目、保險費率的範圍與收繳、保險給付的事由與計算方式、不給付保險金的事由等重要事項，本法均有明確的規範。其他不足之處，再藉由施行細則與其他行政命令予以補充。從上面的探討中，當不難瞭解本法的規範重點，也不難掌握本法的制度特色及值得探討的相關問題。如能有益於政府有關人員的思維與改進，使得本法更為周延健全，甚幸矣！

第十五章　公務人員退休法之探討

　　退休，係指機關人員因年老力衰而不克繼續服務時，使之退職，而由機關給與一定金額之養老金，俾能使其安享餘年之意。（張潤書，1989：589）在公務人員，退休是公務人員身分離卸或消滅的最主要方式，不但其身分因而改變，工作因而免除，就其任職期間與國家或機關之間的種種權利義務關係也將做個清算與了結。公務人員不論任職多久，職務多高，除非有辭職、資遣、死亡撫卹或撤免職等特殊情形者外，遲早都得面對退休的到來，這是攸關國家人事制度發展與維持的必要設計，也是確保政府機關新陳代謝、永續經營的必要舉措，更是安撫現職人員勇於任事，免卻後顧之憂的必要照護。以民國101年為例，全年計有1萬169名公務人員退休，其人數不可謂不多。（銓敘部，2013:165）職是，不論從國家、政府機關或公務人員的角度觀之，公務人員退休法的規範，都極其重要。

　　我國開始有退休制度，當在春秋之間，當時稱退休為「老」或「告老」。（邱創煥，1993：903）至於現代公務人員退休制度，始自民國3年北京政府公布的文官卹金令，民國16年國民政府復公布官吏卹金條例，惟此二者均合退休與撫卹為一體。（李飛鵬，1980：232）直至民國32年11月，國民政府分別制定公務員退休法與公務員撫卹法，單獨的、個別的退休制度始告建立，不過因為戰事頻仍、政局不穩、財政困窘，並未真正落實執行。此一情形，在民國48年總統令修正公布公務人員退休法後，終於得到改善契機，並付諸全面施行。民國68年為應實際需要，又有小幅度的修正。

　　為建構相對提撥的退撫基金，有效解決政府龐大的退休撫卹支出，民

國82年元月總統令修正公布本法相關條文，並由考試院定自民國84年7月1日起施行，一般稱此為退撫新制。此外在84年1月及97年8月亦有兩度個別條文的修正，但較諸其他法律，本法在此一階段堪稱相對穩定。

嗣後為改善退撫基金財務結構，健全退休制度建構，處理優惠存款法源問題，以及修正不合時宜之處，復於99年8月修正公布公務人員退休法，定自100年1月施行。修正後全文共37條，一樣不分章節。其修正幅度頗大，全體公務人員莫不矚目與關心，爰就現行條文規定不惴淺陋探討之。

第一節　公務人員退休法歸納重點

如上所述，現行公務人員退休法共有37條條文，不分章節，其中不少條文又含許多項、款，其條文數幾乎是未修正前21條之2倍以上，故可歸納之重點相對亦多。爰依條次歸納說明如次：

一、規範事項與範圍：本法第1條規定公務人員之退休，依本法行之。又第2條規定，適用範圍指依公務人員任用法律任用，並經銓敘審定之現職人員。

二、區分退休之種類：修正本法第3條，將現行公務人員退休種類分為自願退休、屆齡退休及命令退休3種。

三、增自願退休條件：修正本法第4條，除維持現行應准其自願退休條件，即「任職五年以上，年滿六十歲」、「任職滿二十五年」外，另增列公務人員配合機關裁撤、組織變更或業務緊縮，依法令辦理精簡而辦理退休時，符合「任職滿二十年以上」、「任職滿十年以上，年滿五十歲」及「任本職務最高職等年功俸最高級滿三年」等條件者，亦得准其自願退

休。又配合修正第10條對於配合機關裁撤、組織變更或業務緊縮，或擔任危險及勞力等特殊職務，身心障礙致不堪勝任職務而辦理退休人員，另定領取月退休金之條件，俾與一般自願退休人員有所區隔。

四、定屆齡退休條件：本法第5條規定，公務人員任職滿五年以上，年滿六十五歲者，應予屆齡退休。前項年齡，對於擔任具有危險及勞力等特殊性質職務者，得由銓敘部認定後酌予減低，但不得少於五十五歲。

五、修命令退休條件：本法第6條規定，公務人員任職滿五年以上，因身心障礙，致不堪勝任職務，繳有中央衛生主管機關評鑑合格醫院出具已達公教人員保險殘廢給付標準表所定半殘廢以上之證明，並經服務機關認定不能從事本職工作，亦無法擔任其他相當工作且出具證明者，應予命令退休；如有具體事證，而不願提出醫療證明者，經主管人員及人事主管人員送請考績委員會初核，機關首長核定後，應令其以病假治療；逾請假期限仍不堪勝任職務或仍未痊癒，應由機關主動辦理其命令退休。如公務人員之身心障礙不堪勝任職務，係因：1.因執行職務發生危險，2.在辦公場所發生意外，3.因辦公往返途中遇意外危險，4.盡力職務，積勞過度所致，經服務機關證明者，乃屬因公傷病情形，則不受五年之限制。

六、加發慰助金規定：將原規定於公務人員任用法第29條有關資遣之規定納入本法第7條規定，並增列資遣案件之辦理程序規定，亦排除機要人員部分情況得辦理資遣之規定。另修正第8條，增列公務人員配合機關裁撤、組織變更或業務緊縮，依相關法令精簡而辦理退休、資遣人員得最高一次加發七個月俸給總額慰助金之規定。惟如退休、資遣生效日起七個月內再任由政府編列預算支給俸（薪）給、待遇或公費之專任公職；或由政府捐助（贈）、轉投資之財團法人、行政法人、所屬事業百分之二十以上之職務、政府代表或公股代表者，即應收繳其餘額，並繳回原機關。

七、退休給與之計算：本法第9條規定，退休金之給與有3種：1.一次退休金；2.月退休金；3.兼領二分之一之一次退休金與二分之一之月退休金。

　　一次退休金，以退休生效日在職同等級人員之本（年功）俸加一倍為基數內涵，每任職一年給與一又二分之一個基數，最高三十五年給與五十三個基數。未滿一年者，每一個月給與八分之一個基數；未滿一個月者，以一個月計。

　　月退休金，以在職同等級人員之本（年功）俸加一倍為基數內涵，每任職一年，照基數百分之二給與，最高三十五年，給與百分之七十為限。未滿一年者，每一個月照基數內涵六百分之一給與；未滿一個月者，以一個月計。至於兼領人員之退休給與，各依其應領一次退休金與月退休金按比例計算之。

　　所稱之等級，指公務人員經銓敘審定之俸（薪）級及俸（薪）點；本（年功）俸應按公務人員俸給法規定折算俸額計算。又，中華民國八十四年七月一日以後初任公務人員且服務逾三十五年者，一次退休金之給與，自第三十六年起，每年增給一個基數，但最高給與六十個基數為限。月退休金之給與，自第三十六年起，每年增給百分之一，以增至百分之七十五為限；未滿一年者，每一個月照基數一千二百分之一給與；未滿一個月者，以一個月計。

　　此外，本法第10條規定應准其自願退休、應予屆齡退休、符合傷殘命令退休人員之退休金發給方式：1.任職五年以上未滿十五年，或屆齡延長服務者，給與一次退休金。2.任職滿十五年以上，由退休人員就前揭三種退休金種類擇一支領。

　　惟如依第四條第二項規定，配合機關裁撤等情形而精簡，得准其自願退休人員，於任職滿二十年以上且年滿五十五歲者，仍得擇領或兼領月退休金。

　　八、減額或展期給與：本法第11條規定，任職滿二十五年應准其自願退休者，如符合下列月退休金起支年齡規定時，得擇領或兼領月退休金：

1.年滿六十歲。2.任職年資滿三十年以上且年滿五十五歲。

　　如未達月退休金起支年齡者，就下列方式擇一領取退休金：

1. 支領一次退休金。

2. 至年滿月退休金起支年齡之日起領取月退休金。

3. 提前於年滿月退休金起支年齡前開始領取月退休金，每提前一年減發百分之四，最多得提前五年減發百分之二十。

4. 支領二分之一之一次退休金，並至年滿月退休金起支年齡之日起領取二分之一之月退休金。

5. 支領二分之一之一次退休金，並提前於年滿月退休金起支年齡前開始領取二分之一之月退休金，每提前一年減發百分之四，最多得提前五年減發百分之二十。

　　惟如曾依公教人員保險法規定領有殘廢給付，且於退休前五年內曾有考績列丙等及請延長病假之事實者，得擇領或兼領月退休金，則不受第一項月退休金起支年齡限制。

　　本法中華民國一百年一月一日修正施行前任職滿二十五年以上且年滿五十歲者，辦理退休時，不受第一項月退休金起支年齡之限制。

　　除前項人員外，本法中華民國一百年一月一日修正施行前具有依本法合於採計退休之年資者，辦理退休時，其年資與年齡之合計數與附表一規定之指標數相符或高於指標數，且年滿五十歲以上者，亦得擇領或兼領月退休金，不受第一項月退休金起支年齡之限制。年資與年齡合計數之計算，未滿一年畸零月數不計入。此即一般所稱之「八五制」。

　　中華民國一百零一年一月一日前修正施行前任職滿二十五年以上且年滿五十五歲者，於年滿五十五歲之日起一年內，辦理退休時，得一次加發五個基數之一次退休金，並由各級政府編列預算支給。

　　前項人員於退休生效日起一年內，再任由政府編列預算支給俸（薪）

給、待遇或公費之專任公職，應由再任機關按比例收繳其加發之退休金，並繳回原服務機關。

九、危勞降齡之給與：本法第12條規定，擔任危險及勞力等特殊性質職務，辦理退休者，退休金依下列規定給與：

1. 任職五年以上未滿十五年者，給與一次退休金。

2. 任職滿十五年以上且年滿五十五歲者，由退休人員就三種退休金種類擇一支領。

3. 任職滿十五年以上未滿五十五歲之月退休金起支年齡者，依前條第二項規定減額或展期等五種方式擇一領取退休金。

本法中華民國一百年一月一日修正施行前符合第四條第三項規定條件，且任職滿十五年以上者，辦理退休時，得就三種退休金種類擇一支領，不受前項月退休金起支年齡之限制。

本法中華民國一百年一月一日修正施行前具有依本法合於採計退休之年資者，辦理退休時，其年資與年齡之合計數與附表二規定之指標數相符或高於指標數，且任職滿十五年以上者，亦得擇領或兼領月退休金，不受第一項月退休金起支年齡之限制。年資與年齡合計數之計算，未滿一年畸零月數不計入。

十、因公傷病之給與：本法第13條規定，因公傷病之命令退休人員請領一次退休金者，任職未滿五年，以五年計；請領月退休金者，任職未滿二十年，以二十年計。如因執行職務發生危險以致傷病而辦理退休人員，另加發五至十五個基數之一次退休金，其加發之標準，由考試院定之。因同一事由，其他法律另有加發退休金之規定者，僅得擇一支領之。

前二項規定加發之退休金，由各級政府編列預算支給。

十一、退撫基金之撥繳：本法第14條規定，公務人員退休撫卹新制（以下簡稱退撫新制）自中華民國八十四年七月一日起實施。因機關改制

或其他原因而另定實施日期者，依其實施日期認定。

退撫新制實施之公務人員退休金，應由政府與公務人員共同撥繳費用建立之退休撫卹基金（以下簡稱退撫基金）支給，並由政府負最後支付保證責任。

公務人員退休撫卹基金管理機關（以下簡稱基金管理機關）對前項退撫基金之財務，應實施定期精算。

第二項共同撥繳費用，按公務人員本（年功）俸加一倍百分之十二至百分之十五之費率，政府撥繳百分之六十五，公務人員繳付百分之三十五。撥繳滿四十年後免再撥繳。

公務人員辦理退休時，其繳納基金費用未予併計退休之年資，應一次發還其本人原繳付之退撫基金費用本息。

公務人員依規定不合退休、資遣於中途離職者，得申請一次發還其本人原繳付之退撫基金費用本息。繳付退撫基金五年以上，除因案免職或撤職而離職者外，得同時申請一次發給政府撥繳之退撫基金費用本息。

公務人員退撫新制實施後之年資，已按公營事業移轉民營條例或其他退休（職）、資遣法令辦理年資結算、退休（職）或資遣者，不適用前項發還退撫基金費用本息之規定。

第二項退撫基金之撥繳、管理及運用等事項，另以法律定之。

十二、新制年資之採計：本法第15條規定，依本法退休、資遣人員，在退撫新制實施後之任職年資，除本法另有規定外，應以依法繳付退撫基金之實際月數計算。未依法繳付退撫基金之任職年資或曾經申請發還離職、免職退費或核給退休（職、伍）金、資遣給與或辦理年資結算核發相當退休、資遣或離職給與之任職年資，均不得採計。

　　公務人員在退撫新制實施後，曾任政務人員、公立學校教育人員或軍職人員之年資，應於轉任公務人員時，將其與政府共同撥繳未曾領取之退撫基金費用本息移撥公務人員退撫基金帳戶，始得併計其任職年資。

　　公務人員在退撫新制實施後，曾任依規定得予併計之其他公職、公營事業人員年資，得於轉任公務人員到職支薪之日起五年內，由服務機關向基金管理機關申請補繳退撫基金費用。於轉任之日起三個月內申請補繳者，其應繳之退撫基金費用，由基金管理機關依其任職年資、等級對照公務人員同期間相同俸級繳費標準換算複利終值之總和，由公務人員全額負擔一次繳入退撫基金帳戶；逾三個月期限申請補繳退撫基金者，另加計利息，始得併計其任職年資。

　　公務人員於退撫新制實施後，曾服義務役軍職、替代役人員年資，其未併計核給退除給與者，應於初任到職支薪或復職復薪時，依銓敘審定之等級，比照前項規定補繳退撫基金費用，始得併計年資。其應補繳之退撫基金費用，由服務機關與公務人員比照前條第四項規定之撥繳比例共同負擔。

　　曾任公立學校教育人員或軍職人員轉任公務人員者，其退撫新制實施後曾服義務役軍職、替代役人員年資，應依轉任公務人員前適用之退休（伍）法令規定補繳退撫基金費用，並依第二項規定辦理移撥，始得併計年資。

　　有關公務人員撥（補）繳退撫基金費用之標準、期限、申請程序及其他有關事項，由基金管理機關擬訂，報請銓敘部核定發布。

　　十三、退休年齡之認定：本法第16條規定，公務人員退休年齡之認定，依戶籍記載自出生之日起十足計算。

　　應予屆齡退休人員之退休生效日期如下：
1.於一月至六月間出生者，至遲為七月十六日。

2.於七月至十二月間出生者，至遲爲次年一月十六日。

月退休金自退休生效日起發給。

十四、再任年資之併計：本法第17條規定，依本法退休、資遣或離職者，如再任公務人員時，無須繳回已領之退休金、資遣給與或離職退費。其退休、資遣或離職前之任職年資，於重行退休時不予計算。

曾依本法或其他法令辦理退休（職、伍）、資遣、離（免）職退費或年資結算核發相當退休、資遣或離職給與之公務人員、公立學校教育人員、政務人員、公營事業人員、民選首長及中華民國八十四年七月一日以後轉任之軍職人員與其他公職人員，於再任或轉任公務人員並依本法重行退休、資遣之年資，連同以前由政府編列預算支付退休（職、伍）金、資遣給與、離（免）職退費或辦理年資結算給與之年資合併計算，以不超過第九條及第二十九條所定最高採計年資爲限。

前項人員重行退休時，其再任或轉任後之任職年資滿十五年以上者，得就三種退休金種類擇一支領，並按其核定之退休年資計算退休給與。但其退撫新制實施前再任或轉任之年資，應接續於前次由政府編列預算支付退休（職、伍）金、資遣給與或年資結算給與等採計年資之後，按接續後年資退休金種類計算標準核發給與。依本法重行資遣者，其退撫新制實施前年資之資遣給與計算方式亦同。

十五、撫慰金請領順序：本法第18條規定，依本法支領月退休金或兼領月退休金人員死亡時，另給與遺族一次撫慰金。除未再婚配偶爲領受撫慰金遺族外，依下列順序領受：
1.子女。
2.父母。
3.兄弟姊妹。
4.祖父母。

　　配偶與各順序遺族依下列規定共同領受撫慰金：

1.同一順序遺族有數人時，按人數平均領受。但有配偶共同領受時，配偶應領撫慰金之二分之一，其餘遺族平均領受二分之一。

2.同一順序遺族如有拋棄或因法定事由喪失領受權者，其撫慰金應由同一順序其他遺族依前款規定領受。無第一順序遺族時，由次一順序遺族依前款規定領受。

　　第一項之一次撫慰金，以其核定退休年資、等級，按死亡時同等級現職人員本（年功）俸，依第九條及第三十一條計算其應領之一次退休金為標準，扣除已領之月退休金，補發其餘額，並依同等級現職人員本（年功）俸計算發給六個基數之撫慰金。其無餘額者亦同。

　　遺族為配偶、未成年子女、已成年因身心障礙而無謀生能力之子女或父母，如不領一次撫慰金，得依下列規定，按原領月退休金之半數或兼領月退休金之半數，改領月撫慰金：

1.年滿五十五歲或因身心障礙而無工作能力之配偶，給與終身。但以其婚姻關係，於退休人員退休生效時已存續二年以上，且未再婚者為限。

2.未成年子女給與至成年為止。

3.已成年因身心障礙而無謀生能力之子女及父母給與終身。

　　未滿五十五歲而不得依前項第一款領受終身月撫慰金之配偶，得自年滿五十五歲之日起，支領終身月撫慰金。

　　月撫慰金，自退休人員死亡時之次一個定期起發給。

　　退休人員生前預立遺囑，於第一項遺族中指定撫慰金領受人者，從其遺囑。如未立遺囑，且同一順序遺族無法協調選擇同一種類之撫慰金時，由遺族分別依其擇領種類，按第二項規定之比例領取。

　　第一項人員有下列情形之一者，原服務機關得先行具領三個基數之一次撫慰金辦理喪葬事宜，如有剩餘，依其退撫新制實施前、後核定年資之

比例計算，分別歸屬公庫及退撫基金：

1. 無合法之撫慰金領受遺族者。

2. 在臺灣地區無遺族，其居住大陸地區遺族未隨侍辦理喪葬者。

3. 在臺灣地區無遺族，大陸地區有無遺族未明者。

前項第二款、第三款人員合於請領撫慰金之大陸地區遺族，得於五年請領時效內請領服務機關未具領之三個基數撫慰金及前項撫慰金餘額。

依第十一條第二項第二款及第四款規定擇領或兼領月退休金人員，未達月退休金起支年齡前亡故者，依第一項至第九項規定發給撫慰金。

又第19條規定，退撫新制實施前擇領或兼領月退休金人員，其所支月退休金及遺族一次撫慰金，均照退撫新制實施前原規定給與標準支給。

前項支領月退休金人員於退撫新制實施後死亡者，其遺族符合前條第四項規定者，得改領月撫慰金。

十六、退休表件之送核：本法第20條規定，自願、屆齡退休人員應檢齊有關證明文件，報請服務機關於退休生效日前送達銓敘部核定，並以退休生效日前三個月送達為原則。

命令退休人員，應檢齊有關證明文件，由服務機關函轉銓敘部核定。

十七、不受理退休情形：本法第21條規定，公務人員有下列情形之一者，銓敘部應不受理其退休申請案：

1. 留職停薪期間。

2. 停職期間。

3. 休職期間。

4. 動員戡亂時期終止後，涉嫌內亂罪、外患罪，尚未判刑確定，不起訴處分尚未確定，或緩起訴尚未期滿。

5. 其他法律有特別規定。

　　前項第二款至第五款人員，逾屆齡退休年齡，應於原因消滅後六個月內，以書面向原服務機關申請辦理退休。但有下列情形之一者，仍不得辦理退休：

1.撤職或免職。

2.六個月應辦理期限屆滿時，仍有第二十二條規定喪失辦理退休權利之法定事由。

　　前項人員於所定六個月應辦理期限內死亡者，遺族得申請依一次退休金之標準核發給與。但退休條件已達得擇領月退休金，且其遺族符合第十八條第四項所定條件者，得按應領月退休金之半數給與月撫慰金。

　　前二項人員均以其原因消滅之次日為退休生效日。

　　十八、喪失退休之權利：本法第22條規定，公務人員有下列情形之一者，喪失其申請辦理退休、資遣之權利：

1.褫奪公權終身。

2.動員戡亂時期終止後，犯內亂罪、外患罪，經判刑確定。

3.喪失中華民國國籍。

4.其他法律有特別規定。

　　十九、停領月退金情事：本法第23條規定，擇領或兼領月退休金之人員有下列情形之一者，停止領受月退休金之權利，至其原因消滅時恢復：

1.褫奪公權，尚未復權。

2.領受月退休金後再任由政府編列預算支給俸（薪）給、待遇或公費之專任公職。

3.再任由政府捐助（贈）之財團法人、行政法人、公法人職務或政府暨所屬營業、非營業基金轉投資事業職務，並具有下列條件之一者：

　　(1)任職於政府原始捐助（贈）或捐助（贈）經費累計達法院登記財產總額百分之二十以上之財團法人、行政法人、公法人或政府及其所屬營業基金、非營業基金轉投資金額累計占該事業資本額百分之

二十以上之事業職務。

(2)擔任政府捐助（贈）成立財團法人、行政法人、公法人之政府代表或政府轉投資事業之公股代表。

(3)任職政府直接或間接控制其人事、財務或業務之財團法人、行政法人、公法人、轉投資或再轉投資事業之職務或擔任政府代表、公股代表。

本法中華民國一百年一月一日修正施行前擇領或兼領月退休金人員有下列情形之一者，自一百年四月一日起停止領受月退休金之權利，至原因消滅時恢復：

1. 有前項第二款規定情形，且再任職務之固定性工作報酬每月未達委任第一職等本俸最高俸額及專業加給合計數額。

2. 有前項第三款規定之情形。

領受月撫慰金之遺族，有第一項第一款情形者，停止領受月撫慰金之權利。

未依規定自再任之日起停止支領月退休金而有溢領情事者，應由支給機關依法追繳自應停止支領日起溢領之退休金。

年滿六十五歲，擇領或兼領月退休金之人員，不得再任第一項第二款或第三款之職務。但再任政務人員、民意代表或民選首長者，不在此限。

本法中華民國一百年一月一日修正施行前已任職者，得繼續任職至任期屆滿或離職時止，不受前項規定之限制。

擇領或兼領月退休金之人員，再於第一項第三款所列機構任董（理）事長及執行長者，其初任年齡不得逾六十五歲；任期屆滿前年滿七十歲者，應即更換。但有特殊考量，經主管院核准者，不在此限。

二十、喪失月退金情事：本法第24條規定，擇領或兼領月退休金之人

員有下列情形之一者，喪失領受月退休金之權利：

1.死亡。

2.褫奪公權終身。

3.動員戡亂時期終止後，犯內亂罪、外患罪，經判刑確定。

4.喪失中華民國國籍。

　　廿一、禁止撫慰之情形：本法第25條規定，支領或兼領月退休金人員死亡時，其遺族有下列情形之一者，不得申請撫慰金：

1.褫奪公權終身。

2.動員戡亂時期終止後，犯內亂罪、外患罪，經判刑確定。

3.未具中華民國國籍。

　　依第十八條第四項請領月撫慰金遺族，有死亡、喪失中華民國國籍或前項第一款及第二款情形之一者，喪失領受月撫慰金之權利。

　　廿二、退休請領之保障：本法第26條規定，請領退休金、撫慰金、資遣給與之權利，不得作為扣押、讓與或供擔保之標的。

　　廿三、退休請領之時效：本法第27條規定，請領退休金、資遣給與、離職退費、撫慰金等之權利，自請求權可行使之日起，因五年間不行使而當然消滅。

　　前項之離職退費人員如轉任民營單位或私立學校服務，依勞動基準法、勞工退休金條例或私立學校教職員退休法令辦理退休者，其依第十四條第六項申請發給政府及本人繳付之退撫基金費用本息，得至遲於年滿六十五歲之日起一年內向基金管理機關提出申請，不適用前項時效規定。

　　定期發給之月退休金、月撫慰金各期請求權時效，依第一項規定計算。

　　廿四、法官退休之規定：本法第28條規定，本法所定之屆齡及命令退

休不適用於法官。但法官合於本法所定之退休條件者，亦得自願退休。

　　廿五、新舊年資之併計：本法第29條規定，公務人員在退撫新制實施前、後均有任職年資者，應前、後合併計算。但退撫新制實施前之任職年資，仍依原規定標準最高採計三十年。退撫新制實施後之任職年資，可連同併計，最高採計三十五年。任職年資逾三十五年者，其前、後年資之採計由當事人取捨。

　　公務人員在退撫新制實施前、後均有任職年資者，其退休金或資遣給與，依下列規定併計給與：

1. 退撫新制實施前任職年資應領之退休金或資遣給與，依第三十一條規定標準，由各級政府編列預算支給。
2. 退撫新制實施後任職年資應領之退休金或資遣給與，依第九條第二項至第六項規定標準，由退撫基金支給。

　　依本法規定繳納基金費用未予併計退休之年資，依其本人繳付退撫基金費用之本息，按未採計之退撫新制實施後年資占繳費年資之比例計算，由退撫基金一次發還。

　　廿六、補償金發給規定：本法第30條規定，公務人員在退撫新制實施前、後均有任職年資，合計滿十五年以上者，其退休金應選擇同一給付方式請領。

　　退撫新制實施前已有任職年資未滿十五年，於退撫新制實施後退休，其前、後任職年資合計滿十五年以上，擇領月退休金者，另按退撫新制實施前未滿十五年之年資為準，依下列規定擇一支給補償金，由各級政府編列預算支給：

1. 每減一年，增給二分之一個基數之一次補償金。
2. 每減一年，增給基數二百分之一之月補償金。

　　退撫新制實施前已有任職年資未滿二十年，於退撫新制實施後退休，

其前後任職年資合計滿十五年擇領月退休金者，依其在退撫新制實施後年資，每滿六個月一次增發二分之一個基數之補償金，最高一次增發三個基數，至滿二十年止。其前、後任職年資合計逾二十年者，每滿一年減發二分之一個基數之補償金，至滿二十六年者不再增減。其增減基數之補償金，由退撫基金支給。

廿七、其他年資之採計：本法第31條規定，公務人員退撫新制實施前之年資併計，除本法另有規定外，仍適用退撫新制實施前規定。

中華民國八十七年六月五日以後退休、資遣生效，其退撫新制實施前曾任義務役軍職人員年資，未併計核給退除給與者，亦得採計為退休、資遣年資。

公務人員具各縣（市）政府及鄉（鎮、市）公所設立之托兒所納編前保育員任職年資，應予併計退休年資。但因該年資不具備公務人員資格且已支領離職互助金，不再計算退休給付。

廿八、舊制給與之標準：本法第31條第4項另又規定，公務人員退撫新制實施前任職年資應給與之退休金，依下列標準計算：

1. 一次退休金，以退休人員最後在職等級，按退休生效日在職同等級人員本（年功）俸加新臺幣九百三十元為基數內涵，任職滿五年者，給與九個基數，每增一年加給二個基數；滿十五年後，另行一次加發二個基數，最高總數以六十一個基數為限。未滿一年者，每一個月給與六分之一個基數。未滿一個月者，以一個月計。

2. 月退休金，以退休人員最後在職等級，按在職同等級人員本（年功）俸為基數內涵，每任職一年，照基數內涵百分之五給與，未滿一年者，每一個月給與一千二百分之五；滿十五年後，每增一年給與百分之一，未滿一年者，每一個月給與一千二百分之一，最高以百分之九十為限。未滿一個月者，以一個月計。另十足發給新臺幣九百三十元。

廿九、**優惠存款之規範**：本法第32條規定，退撫新制實施前任職年資，依前條或退撫新制實施前原規定標準核發之一次退休金及退撫新制實施前參加公務人員保險年資所領取之養老給付，得由臺灣銀行股份有限公司辦理優惠存款。

兼具退撫新制實施前、後任職年資且支（兼）領月退休金人員，其退休所得如超過最後在職同等級人員現職待遇之一定百分比（以下簡稱退休所得比率上限），在依本法支（兼）領之月退休金不作變動之前提下，應調整其養老給付辦理優惠儲存之金額。

前項退休所得以月退休金及公保養老給付優惠存款每月利息計算；現職待遇以本（年功）俸加一倍計算。退休所得比率上限計算如下：

1. 支領月退休金人員，核定退休年資二十五年以下者，以百分之七十五為上限；以後每增一年，上限增加百分之二，最高增至百分之九十五。未滿六個月者，增加百分之一；滿六個月以上未滿一年者，以一年計。
2. 兼領月退休金人員，依前款比率，按其兼領月退休金之比例折算。

前項人員所領退休所得不得高於同等級現職人員待遇。

第一項一次退休金與養老給付優惠存款之適用對象、辦理條件、期限、利率、利息差額補助、金額及前二項退休所得、現職待遇、百分比訂定之細節等相關事項，由考試院會同行政院以辦法定之。

支領一次退休金或養老給付，並依第一項規定辦理優惠存款人員，如有第二十三條及第二十四條規定應停止或喪失領受月退休金情事者，其優惠存款應同時停止辦理。未依規定停止辦理者，應由支給機關依法追繳其自應停止辦理日起溢領之金額。

三十、**退休核定與救濟**：本法第33條規定，銓敘部於受理退休、資遣或撫慰金案之申請，應於二個月內核定或審定；必要時，得延長一個月。

退休、資遣人員或請領撫慰金遺族，對於退休、資遣案或撫慰金案之核（審）定結果如有不服，得依公務人員保障法提起救濟；如有顯然錯誤，或有發生新事實、發現新證據等行政程序再開事由，得依行政程序法相關規定辦理。

卅一、禁止核定後變更：本法第34條規定，依本法辦理自願或屆齡退休人員，其生效日期應於申請時審慎決定，逾核定生效日之後，不得請求變更。

公務人員依本法擇領退休金、補償金之種類、退撫新制實施前後年資之取捨及遺族擇領撫慰金之種類，均應於申請時審慎決定，經銓敘部核定並領取給與後，不得請求變更。

卅二、畸零年資之過渡：本法第35條規定，依本法辦理退休、資遣並於中華民國一百年四月一日前生效者，其退撫新制實施前年資累計不滿一年之畸零數，依本法一百年一月一日修正施行前原規定計算。

卅三、施行之相關規定：本法第36條規定，本法施行細則，由考試院定之。

又第37條規定，本法自公布日施行。本法中華民國九十九年七月十三日修正條文自一百年一月一日施行。

綜上所述，本法此次修正後，條文數增加為37條，且部分條文均分許多項款目，使得本法規定內容大幅增加，連帶的可以歸納的重點就多。較之其他人事法律，本法條文數及內容文字之多，絕對屬於「前段班」。相信在瞭解上述的規範重點後，對於本法即應有梗概的認識矣！

第二節　公務人員退休法主要特色

　　退休，是公務人員任職至最後才需要親自去面對的事情，看似久遠，但倏忽即至；且只是一次性的權利，任職二、三十年，且符合一定的條件後才能享有的權利，用過即無。本法乃公務人員退休制度的骨幹，其規定以離開現職為主要前提，以任職年資為主要基礎，以金錢酬報為主要內涵，顯然與其他人事法律大異其趣。因此不論從形式上或實質上觀察，本法皆有許多與眾不同的特色，謹分述如次：

　　一、依年老久任建制：雖然各國退休制度，不論公部門或私企業，大致上均以年齡與年資為主要考量依據。在多數國家，大部分都以年滿六十五歲為最大退休年齡；而以服務滿二十五年或年滿六十歲為一般自願退休的最低條件，僅在具有危險及勞力等特殊性質職務者，始放寬至五十歲以上，我國公務人員退休制度亦然。明顯的不論屆齡或自願退休，年齡與年資的考量因素居多，說是依「年老久任」精神建制，當不為過。

　　二、退休資格分五種：我國公務人員退休制度對於退休種類之區分，主要是以退休條件為標準，原區分為命令退休與自願退休兩種。惟民國100年1月修正施行後已區分為屆齡退休、命令退休與自願退休三種。其中自願退休又可分為應准自願退休與得准自願退休兩種情形，退休資格多達四種。此外如將資遣計入，則達五種。種類之多，自可說是特色之一。

　　三、相對提撥儲金制：我國公務人員退休制度，在民國84年7月1日以後，業已捨棄由各級政府編列預算支付退休金的恩給制，改採由政府與公務人員相對提撥成立退撫基金支應的儲金制，除舊制年資、因公傷病成殘退休金等部分仍由政府編列預算支付外，其餘均由退撫基金支付之。這種由雙方共同提撥成立基金的儲金制，對於減輕政府龐大的財政負擔，助益頗大，亦是值得稱述的特色之一。

四、擇領方式多元化：我國公務人員退休金擇領方式原只有支領一次退休金與月退休金兩種方式，既單調又缺乏彈性。民國68年修正增列兼領二分之一、三分之一、四分之一之一次退休金，其餘領取月退休金等三種方式；但此三種兼領方式，請領人數甚少。民國100年1月修正施行後只保留兼領二分之一之一次退休金與月退休金二種。讓任職十五年以上者，可按自己實際需要擇一支領之，使得選擇更加多樣化，更能符合各種不同的需求。說是特色，當不為過。

五、提高退休金給與：中央政府遷臺後，勵精圖治，國家財政漸入佳境，隨即於民國48年全面修正施行退休制度。惟因公教人員待遇微薄，退休金所得相對更少，歷經數次通貨膨脹後，退休人員甚至無法以其退休金安養晚年生活。因此民國84年7月施行之退撫新制，已改以本（年功）俸加一倍作為退休金基數內涵，並將採計年資上限提高至三十五年；惟如退撫新制實施後初任公務人員者自第三十六年起，支領一次退休金人員每年增給一個基數，但最高至六十個基數為限；支領月退休金人員每年增給百分之一，最高至百分之七十五為限。已大幅提高退休人員退休金實質所得，對於退休人員晚年生活之照護，助益頗大。此一改進規定，乃本法值得稱述的一個特色。

六、新舊年資得併計：為使退撫新制順利上路，本法將公務人員任職年資，依84年7月1日為準加以切割，在此之後的年資始依本法規定辦理，在此之前的年資仍依修正前的舊規定辦理。兩段年資併計，卻分別依照新舊規定計算及發給退休金，使得新法與舊法規定同時並存適用，而此一並存之過渡期將長達三十五年。這一新舊並存、過渡期甚長的情形，除情同孿生兄弟的撫卹法外，在其他法律是絕無僅有的。謂之特色，應不為過。

七、因公病退之鼓勵：為激勵公務人員勇於任事，免卻後顧之憂，本法第13條特別規定，公務人員如係因公傷病以致心神喪失或身體殘廢不堪勝任職務而命令退休者，任職未滿五年而請領一次退休金者，均以五年

計；任職未滿二十年而請領月退休金者，均以二十年計。政府已盡最大能力照顧，對於公務人員因公傷病退休者而言，雖不能彌平其身心創傷，但在經濟酬報上，可謂十分優渥，應有助於其生活照顧，自屬特色之一。

八、明定請求權時效：如上所述，本法第27條明定請領退休金權利，因五年不行使而消滅。此一消滅時效之規定既與行政程序法第131條規定相符，亦與其他法律，如保險法、撫卹法等人事規定一致；固非本法獨具之特色，不過明定時效期間，敦促當事人履行權利，不讓請求權長久處於不確定狀態，確實是當前許多法律的修正方向。本法早有規定，可謂是先行者，亦屬較為特殊之處。

九、另發補償金規定：按本法82年1月修正公布前第8條原規定退休金計算基準之月俸額，包括實領本俸及其他現金給與。惟因行政機關怠惰，其他現金給與規定始終未曾出現，經退休公教人員團體一再抗議，遂修正增訂本法第16條之1，明定發給一次補償金之計算標準，並於100年1月修正施行之新法改移第30條；另在84年發布其他現金給與補償金發給辦法。此一附掛於退休法而發給補償金的作法，既是前所未見，謂之特色，當不為過。

十、改發撫慰金規定：本法原僅有月退休金與一次退休金兩種支領方式，惟因無補發相當一次退休金餘額與一年月俸額撫慰金之規定，使得選擇支領月退休金者形同賭注。活得越久，領到的金額就越多；不幸退休後數年早走，未領部分無異奉獻給國家，故請領一次退休金者多，願意請領月退休金者極少，對於各級政府財政負擔帶來龐大壓力，也失掉照顧退休人員晚年生活之美意。民國68年修正，除增列三種兼領方式外，更列入補發相當一次退休金餘額與一年月俸額之一次撫慰金規定，使得選擇支領月退休人數大量增加；民國84年配合退撫新制實施，復提高為：發給相當於同等級現職人員六個基數之一次撫慰金，遺族如不領一次撫慰金時，得按原領月退休金之半數改領月撫慰金。惟民國100年1月修正施行之新法，增訂「防嫩妻條款」，即年滿五十五歲或因身心障礙而無工作能力之配偶，

其婚姻關係於退休人員退休生效時已存續二年以上，且未再婚者，其月撫慰金始得給與終身。使得此一原爲照顧退休人員晚年生活的退休制度，又延伸至照顧亡故退休人員遺族生活的撫慰層面，既是本法的改進措施，也是具有創意的特色之一。

十一、增優惠存款法源：我國退休軍公教人員辦理優惠存款，原無法源依據，僅有考試院訂定的職權命令做爲依據。惟因與法律保留原則有違，且優惠存款年息偏高，屢被外界質疑，故100年1月修正施行之新法業已明訂優惠存款辦理之依據及重要原則。此爲前所未有，自可謂爲特色。

總而言之，公務人員退休法在本質上本與其他人事法律相異，復加上數次修正改變，使得本法產生許多與眾不同、值得稱述的特色。如上所述11點，不過是其中犖犖之大者，吾人自應關注與瞭解。

第三節　公務人員退休法問題探討

退休，既是公務人員任職很長一段期間後退離其職，國家給與退休金，以安其晚年生活；在情感上難免因生活型態的改變而依依不捨或徬徨無助，在法律上則是切斷公務人員與國家的臍帶關係，做個清算了結。因此，各級政府沒有不重視的，全體公務人員也沒有不在意的。在法律條文落實爲實際執行的過程中，難免因爲大家拿著放大鏡檢視而發現許多問題。固然這些問題見仁見智，各有不同看法，但絕對值得有關當局認眞看待。茲分述如次：

一、幾限於請領退休金的問題：綜觀本法規定，幾乎以如何計算及發給退休金爲主，包括退休種類、退休金支領方式、年資採計及退休金計算標準、停止及喪失領受退休金之情形。至於其他的非物質性措施、退休後的生活照護等完全未置一詞，不見規範，使得原應規範整體退休制度的本

法，幾乎退位為「公務人員請領退休金權利法」。此一應照顧退休公務人員到什麼程度的問題，誠然值得吾人深思。

二、新舊制銜接與過渡的問題：為減少退撫新制推行的阻力，減低政府與退撫基金的財政壓力，所以民國82年本法修正時係採一刀切的方式，在修正施行後的年資始適用新規定，修正施行前的年資仍適用原規定。正因為這樣的規定，使得本法雖經修正，但修正前的舊法仍須保留適用，且須保留的過渡期間長達三十五年；也使得併計新舊制年資而選擇支領月退休金人員的退休實質所得偏高。雖然這是改制的不得不然，但過渡期如是之長，前所未見。是否明定一選擇期間，要求當事人盡早確定，或採行其他有效的方式，自然值得吾人關切與注意。

三、起支月退休金延後的問題：本法原僅規定服務滿二十五年且年滿五十歲者，或年滿六十歲又服務十五年以上者可以選擇支領月退休金，即一般所稱之「七五制」。民國100年1月修正施行之新法，則明定應年滿六十歲，或任職年資滿三十年以上且年滿五十五歲者，始得擇領或兼領月退休金，即一般所稱之「八五制」。否則只能支領一次退休金；或只辦理退休，延至年滿月退休金起支年齡之日起始領取月退休金，即所謂「展期年金」；或按每提前一年支領月退休金減發百分之四，最多提早五年減發百分之二十，即所謂「減額年金」。此一規定雖然有助於提高退休平均年齡，減緩退撫基金財務惡化，相對的卻可能引發新的退休熱潮，不利於各機關人事的新陳代謝。得失之間，一時恐怕難以精準估量。

四、遺族支領月撫慰金的問題：退休公務人員支領月退休金死亡者，得補發其應領一次退休金之餘額，並加發一年月俸額（或六個基數）之一次撫慰金，其條件較為優厚，原有鼓勵退休公務人員選擇支領月退休金之政策寓意，用心可謂良苦。然民國82年修正時，復進一步規定遺族為父母、配偶或未成年子女者，如不領一次撫慰金時，得按原領或兼領月退休金之半數，改領月撫慰金，且無期間限制。雖然民國100年1月修正施行之新法已有「防嫩妻條款」之資格限制，但一樣沒有期間限制。此一規定固

然對遺族有更周延之照顧，然而其照顧程度比在職死亡公務人員遺族之撫卹還更長久、更優渥。是否符合法理及事理之平，恐怕值得斟酌。

五、限制領月退者再任的問題：按本法100年1月修正施行之新法，已明文限制再任政府捐補助法人職務或轉投資事業職務者，應停止支領月退休金至其原因消滅時恢復。按人民工作權，原是憲法刻意保障的基本人權之一，公務人員退休後，以其智慧與經驗再覓第二春工作，繼續為國家社會奉獻，提供生產力，原屬美事，應予肯定；惟因經濟發展不佳，這些年來，失業率均在百分之四以上，許多年輕人找不到正職工作；公務人員退休後再任政府捐補助或轉投資之相關職務，一方面有支領雙薪之社會疑慮，一方面又有與年輕人爭搶工作之不良觀瞻。故本次修法，適度限制這類人員停止領受月退休金，至其原因消滅時恢復，雖然對於有意再覓第二春工作之退休人員帶來若干不便；但衡諸現實，允屬符合社會正義與時勢需要之舉，應表肯定之意。

六、條文與項款目安排的問題：本法目前有37條，條文數雖然稍多，且未分設章節，或許還說得過去，然而條文中的項數之多，遠非其他法律可以比擬，即有可議之處。按第18條條文有10項之多，其他多達5項以上的條文亦有第7條、第9條、第11條、第14條、第15條、第23條、第32條等7條之多。條文內容偏多，即失去法規應有的文字簡潔性與事項單一性，遂使本法被批評為「不像法律的法律」、「只是立法說明的法律」。此一批評並非無的放矢，如何讓條文更加簡潔與清晰，也是本法值得探討的問題之一。

退休是人生的大事，象徵著職涯的結束，自由人的開始。公務人員退休，意謂著與國家之間的「公法上職務關係」從此切斷，對社會的「工作責任」已告一段落；所以國家與個人無不重視退休制度的規範與安排。我國在退休制度建立之後，歷經經濟困頓、漸入富裕與陷入不景氣等三個階

段，退休的內涵也配合時勢需要數度調整，這不僅攸關國家的財政負擔，
也關係退休人員的經濟來源與晚年生活。說退休是人生的大事，絕不為
過。

　　正因為退休是如此的重要，所以公務人員退休法的規範內容值得吾人
特別關注。從前述重點歸納、主要特色與問題探討中，相信吾人對於本法
當有一定程度的瞭解，對於如何改進的作法也有起碼的認知才是！

表 15-1：自願退休人員年資與年齡合計法定指標數表（公務人員退休法第十一條第五項附表）

適用期間	指標數
中華民國一百年一月一日至一百年十二月三十一日	七十五
中華民國一百零一年一月一日至一百零一年十二月三十一日	七十六
中華民國一百零二年一月一日至一百零二年十二月三十一日	七十七
中華民國一百零三年一月一日至一百零三年十二月三十一日	七十八
中華民國一百零四年一月一日至一百零四年十二月三十一日	七十九
中華民國一百零五年一月一日至一百零五年十二月三十一日	八十
中華民國一百零六年一月一日至一百零六年十二月三十一日	八十一
中華民國一百零七年一月一日至一百零七年十二月三十一日	八十二
中華民國一百零八年一月一日至一百零八年十二月三十一日	八十三
中華民國一百零九年一月一日至一百零九年十二月三十一日	八十四

表 15-2：擔任危險或勞力等特殊性質職務自願退休人員年資與年齡合計法定指標數表（公務人員退休法第十二條第三項附表）

適用期間	指標數
中華民國一百年一月一日至一百年十二月三十一日	六十五
中華民國一百零一年一月一日至一百零一年十二月三十一日	六十六
中華民國一百零二年一月一日至一百零二年十二月三十一日	六十七
中華民國一百零三年一月一日至一百零三年十二月三十一日	六十八
中華民國一百零四年一月一日至一百零四年十二月三十一日	六十九

第十六章　公務人員撫卹法之探討

　　撫卹，係指公務人員在職期間死亡，由國家給與其遺族撫慰照顧之意。如果有所選擇的話，絕對沒有公務人員願意在職死亡辦理撫卹，也絕對沒有遺族願意領取撫卹金，最好讓撫卹法停留在「備而不用」的地步。然而很不幸的，很遺憾的，每年平均有二、三百名軍公教人員面臨此一情況，其遺族不接受也得接受。以民國101年為例，銓敘部總共辦理265件撫卹案。（銓敘部，2013：174）在一片哀戚之中，如何酬報亡故公務人員在世時的奉獻，如何照顧其遺族未來的生活，如何協助及鼓舞其遺族度過眼前的困難，不但是人事行政不可或缺的一環，也是老人學日漸重視的課題。吾人怎可忽略撫卹的重要性呢？又怎能不去注意公務人員撫卹法的規定呢？

　　按我國制度，最早係將撫卹與退休放在同一法律中規範，一體視之。不過因為退休旨在「頤養天年」，撫卹旨在避免「身後蕭條」。（陳新民，2005：228）此外，兩者在辦理原因、領受對象及制度設計、給與計算等方面亦有明顯不同。民國32年11月，國民政府分別制定公務員退休法與公務員撫卹法後，兩者終於走上分途發展的途徑；撫卹一詞，也才開始專指對公務員死亡的撫慰措施。（徐有守，1991：397）其後於36年6月及60年6月復兩度全文修正，法律名稱並配合修正為公務人員撫卹法。又在70年12月、82年1月、84年1月另有三度部分條文修正；其中82年1月之修正，乃配合退撫新制之實施，將政府編列預算支付之恩給制調整為政府與公務人員相對提撥成立基金支給之儲金制，修正幅度較大。此外，為配合撫卹給與之計算、給卹順序之調整等，亦於99年7月修正部分條文，並於

100年1月施行。

　　誠然，公務人員撫卹法的修法頻率並不算高，雖曾有籌款及給付計算的重大改變，但施行過程中大致還算穩定；歷來適用的人數雖然不多，但對於不幸亡故公務人員遺族的矜恤照顧，則是值得肯定的。為進一步瞭解本法規定，爰分從規範重點、特色歸納、問題探討3部分論述之。

第一節　公務人員撫卹法規範重點

　　目前公務人員撫卹法計有22條條文，不分章節，其規範重點大致可歸納為如下19點：

　　一、規範事項與範圍：本法第1條規定，公務人員之撫卹，依本法行之。又第2條規定，本法適用範圍，指依公務人員任用法律任用，並經銓敘審定之人員。乃係本法規範事項與適用範圍之規定。

　　二、給與撫卹金事由：本法第3條規定，公務人員病故或意外死亡、因公死亡者，給與遺族撫卹金。復依本法施行細則第3條規定，病故或意外死亡不包括自殺。

　　三、撫卹金計算方式：本法第4條規定，病故或意外死亡人員撫卹金之給與如下：

（一）一次撫卹金：

1. 任職未滿十五年者，給與一次撫卹金。每任職一年給與一又二分之一個基數，未滿一年者，每一個月給與八分之一個基數。未滿一個月者，以一個月計。

2. 任職未滿十年者，除依目前規定給卹外，每減一個月加給十二分之一個

基數。已領退休（職、伍）金或資遣給與者，其年資應合併計算；逾十年者不再加給。

（二）一次及年撫卹金：

任職滿十五年以上者，除每年給與五個基數之年撫卹金外，其滿十五年部分，給與十五個基數之一次撫卹金。以後每增一年加給二分之一個基數，最高給與三十個基數。未滿一年者，每一個月給與二十四分之一個基數。未滿一個月者，以一個月計。

基數內涵之計算，以公務人員最後在職時之本（年功）俸加一倍為準。年撫卹金應隨同在職同等級公務人員之本（年功）俸調整支給之。

所稱等級，指公務人員經銓敘審定之俸（薪）級俸（薪）點；本（年功）俸應按公務人員俸給法規定折算俸額計算。

四、因公死亡之加發：本法第5條對因公死亡人員加發撫卹金之規定為：

1. 冒險犯難或戰地殉職；加給一次撫卹金百分之五十。
2. 執行職務發生意外或危險以致死亡；加給一次撫卹金百分之二十五。
3. 公差遇險或罹病以致死亡；加給一次撫卹金百分之二十五。
4. 於執行職務、公差或辦公場所猝發疾病以致死亡；加給一次撫卹金百分之十五。
5. 戮力職務，積勞過度以致死亡；加給一次撫卹金百分之十。
6. 因辦公往返，猝發疾病、發生意外或危險以致死亡；加給一次撫卹金百分之十。但因防（救）災趕赴辦公發生意外或危險以致死亡者，加給一次撫卹金百分之二十五。

第3項另規定因公死亡人員任職未滿十五年者，以十五年計；第一款人員任職滿十五年以上未滿三十五年者，以三十五年計。又第4項規定雖

係執行職務、公差或辦公往返之因公死亡,卻因公務人員本人交通違規行為而發生意外事故以致死亡者,仍依病故或意外死亡給卹。

五、改發一次撫卹金:本法第6條規定,公務人員任職滿十五年以上死亡,生前預立遺囑,不願依第四條規定請領撫卹金者,得改按公務人員退休法一次退休金之標準,發給一次撫卹金;其無遺囑,而遺族不願依第四條規定辦理者亦同。如係因公死亡人員加給之一次撫卹金,其應加給部分,仍以第四條規定之標準計算。如擇領一次撫卹金,應於辦理時審慎決定,經銓敘部審定並已領取撫卹金後,不得請求變更。

六、增發撫卹金法源:本法第7條規定,公務人員受有勳章或有特殊功績者,得給與勳績撫卹金;其給與標準,由考試院會同行政院定之。

七、領受撫卹金順序:本法第8條規定,公務人員遺族撫卹金,應由未再婚配偶領受二分之一;其餘由下列順序之遺族平均領受之:

1.子女。但領受人死亡、拋棄或因法定事由喪失領受權者,由其子女代位領受之。

2.父母。

3.祖父母。

4.兄弟姊妹。但以亡故公務人員無配偶或配偶再婚者為限。

前項遺族中,如無子女、父母或祖父母者,其撫卹金由未再婚配偶單獨領受;如無配偶或配偶再婚,其應領之撫卹金,依序由前項各款遺族領受;同一順序有數人時,其撫卹金應平均領受,如有死亡、拋棄、因法定事由喪失或停止領受權者,由同一順序其餘遺族平均領受之。

公務人員生前預立遺囑,指定第一項遺族領受撫卹金者,從其遺囑。

無第一項遺族辦理撫卹者,公務人員之繼承人得向公務人員退休撫卹基金管理機關申請發還公務人員原繳付之退休撫卹基金費用本息;無繼承人者,得由原服務機關先行具領,以辦理喪葬事宜。如有剩餘,歸屬退撫

基金。

八、領年撫卹金年限：本法第9條規定，遺族年撫卹金，自該公務人員死亡之次月起給與，其年限規定如下：

1. 冒險犯難或戰地殉職者，給與二十年。

2. 執行職務發生意外或危險，公差遇險或罹病，以致死亡者，給與十五年。

3. 於執行職務、公差或辦公場所猝發疾病，戮力職務積勞過度，因辦公往返猝發疾病、發生意外或危險，以致死亡者，給與十二年；但因防（救）災趕赴辦公發生意外或危險以致死亡者，給與十五年。

4. 病故或意外死亡者，給與十年。

前項遺族，如係無子（女）之寡妻（鰥夫）者，得給與終身。

領卹子女給卹年限屆滿時尚未成年者，得繼續給卹至成年；子女雖已成年，仍在學就讀者，得繼續給卹至取得學士學位止。

中華民國八十四年六月三十日以前死亡經審定之年撫卹金，仍依公務人員死亡時之原規定辦理；給卹年限屆滿時，依前二項規定辦理。

第三項所定在學就讀者，以就讀國內學校具有學籍之學生，且在法定修業年限之就學期間為限；就讀大學或獨立學院者，以取得一個學士學位為限。

九、停喪撫卹金事由：本法第10條規定，遺族有下列情形之一者，不得請領撫卹金：

1. 褫奪公權終身。

2. 動員戡亂時期終止後，犯內亂、外患罪，經判刑確定。

3. 未具中華民國國籍。

公務人員遺族於領受年撫卹金期間，如有死亡、拋棄、喪失中華民國

國籍或前項情形之一者，喪失其年撫卹金領受權。

又第11條規定，公務人員遺族經褫奪公權尚未復權者，或通緝有案尚未結案者，停止其領受撫卹金之權利，至其原因消滅時恢復。

十、請領撫卹權時效：本法第12條規定，請領撫卹金之權利，自請求權可行使之日起，因五年不行使而當然消滅。

十一、撫卹金請領保障：本法第13條規定，請領撫卹金之權利及未經遺族具領之撫卹金，不得作為扣押、讓與或供擔保之標的。

十二、殮葬補助費法源：本法第14條規定，公務人員死亡者，應由各級政府編列預算給與殮葬補助費；其給與標準，由考試院會同行政院定之。

十三、撫卹金籌措來源：本法第15條規定，公務人員退休撫卹新制（以下簡稱退撫新制）自中華民國八十四年七月一日起實施。因機關改制或其他原因而另定施行日期者，依其實施日期認定。

退撫新制實施後之公務人員撫卹金，應由政府與公務人員共同撥繳費用建立之退撫基金支給，並由政府負最後支給保證責任。但公務人員在退撫新制實施前任職年資及第七條規定受有勳章或有特殊功績人員所給與之撫卹金、第四條規定任職未滿十年人員及第五條規定因公死亡人員所加給之撫卹金，均由各級政府編列預算支給。

退撫基金之撥繳費率及政府與公務人員撥繳比例，依公務人員退休法規定辦理。

第二項退撫基金之撥繳、管理及運用等事項，另以法律定之。

十四、過渡期間之規定：本法第16條規定，依本法撫卹之公務人員，於退撫新制實施後之任職年資，除本法另有規定外，應以依法繳付退撫基

金之實際月數計算。未依法繳付退撫基金之任職年資或曾經申請發還離職、免職退費或核給退休（職、伍）金、資遣給與或辦理年資結算核發相當退休、資遣或離職給與之任職年資，均不得採計。

公務人員於退撫新制實施後，曾任政務人員、公立學校教育人員或軍職人員之年資，應於轉任公務人員時，將其與政府共同撥繳未曾領取之退撫基金費用本息移撥公務人員退撫基金帳戶，始得併計其任職年資。

公務人員於退撫新制實施後，曾任依規定得予併計之其他公職、公營事業人員年資，得於轉任公務人員到職支薪之日起五年內，由服務機關向基金管理機關申請補繳退撫基金費用。於轉任之日起三個月內申請補繳者，其應繳之退撫基金費用，由基金管理機關依其任職年資、等級，對照公務人員同期間相同俸級繳費標準，換算複利終值之總和，由公務人員全額負擔一次繳入退撫基金帳戶。逾三個月期限申請補繳退撫基金費用者，另加計利息，始得併計其任職年資。

公務人員於退撫新制實施後，曾服義務役軍職、替代役人員之年資，其未併計核給退除給與者，應於初任到職支薪或復職復薪時，依銓敘審定之等級，比照前項規定補繳退撫基金費用，始得併計年資。其應補繳之退撫基金費用，由服務機關與公務人員比照公務人員退休法規定之撥繳比例共同負擔。曾任公立學校教育人員或軍職人員轉任公務人員者，其退撫新制實施後曾服義務役軍職、替代役人員之年資，應依轉任前適用之規定補繳退撫基金費用，並依第二項規定辦理移撥，始得併計年資。

公務人員撥（補）繳退撫基金費用之標準、期限、申請程序及其他有關事項，由基金管理機關擬訂，報請銓敘部核定發布。

十五、新舊年資之併計：本法第17條規定，公務人員於退撫新制實施前、後均有任職年資者，應合併計算，並均依本法修正施行後之規定給卹。退撫新制實施前之任職年資，仍依原規定標準最高採計三十年；退撫

新制實施後之任職年資，可連同併計，並應優先採計。

公務人員於退撫新制實施前之年資併計，仍適用退撫新制實施前規定；其於中華民國八十七年六月五日以後死亡，在退撫新制實施前，曾服義務役軍職年資未併計核給退除給與者，亦得採計為撫卹年資。

本法修正施行前死亡之撫卹案，仍依修正前之規定辦理。

十六、遺族共同請領權：本法第18條規定，具有撫卹金領受權之同一順序遺族有數人者，請領撫卹金時，應共同提出，並得委任其中具有行為能力者一人代為申請；遺族均無行為能力者，由各遺族之法定代理人推派一人代為申請。但遺族未能取得一致請領之協議，或行蹤不明者，得由其他遺族按具有領受權之人數比例，分別請領撫卹金。

十七、遺族撫卹之救濟：本法第19條規定，公務人員遺族對於撫卹案之審定結果，如有不服，得依公務人員保障法提起救濟；如有顯然錯誤，或有發生新事實、發現新證據等行政程序再開事由，得依行政程序法相關規定辦理。

十八、休停期間得撫卹：本法第20條規定，公務人員於休職、停職或留職停薪期間病故或意外死亡者，其遺族得依本法規定申請辦理撫卹，並給與殮葬補助費。

十九、施行之相關規定：本法第21條規定，本法施行細則由考試院定之。又第22條規定，本法自公布日施行。本法中華民國九十九年七月十三日修正條文，自一百年一月一日施行。這些均屬有關施行之規定。

綜上所述，本法雖僅有22條，條文數並不算多，但因規範亡故公務人員遺族撫卹事項，既須酬謝其生前對國家之貢獻，也必須照顧其遺族往後之生活，所以規範重點不在少數。如上所述19點，吾人應可瞭解。

第二節　公務人員撫卹法特色歸納

　　撫卹，對於公務人員而言，是迫不得已的，莫可奈何的；撫卹法在人事法律中也是非常特殊的法律，以公務人員的任職為基礎，卻以公務人員不在人世為生效要件；以遺族為權利人，但僅以金錢給與為主要內涵。在在與其他法律有所不同，其制度設計亦較退休法複雜。從這些本質出發，撫卹法的諸多特色是值得期待的。謹分述如次：

　　一、死亡事實為前提：如前所述，撫卹是以公務人員本人在職死亡為基礎的權利，只有死亡，才能申請辦理撫卹。此一以死亡為前提的權利，是絕對的一次性權利，用過之後絕不可能再有第二次；且退休與撫卹之間存在著替代性，兩者只能擇一適用。如果可以選擇的話，相信大家都會選擇辦理退休，而非撫卹，所以撫卹也是不得已的一次性權利，撫卹法最好只是「備而不用」的法律，顯然與其他人事法律上的權利大相逕庭。

　　二、權利人並非本人：公務人員本人既已死亡，其所有的應享權利與應負義務均隨之終止，故請領撫卹金權利絕非本人，而是本法所規定的遺族。對公務人員而言，撫卹金可謂是用不到的遺產。正因為撫卹金的請領權屬於遺族，所以喪失或停止請領撫卹金的事由是以遺族為規範對象。此一以公務人員死亡為前提，卻非以公務人員本人為適用規定的情形，亦與其他人事法律完全不同。

　　三、死亡原因簡單化：死亡事實是撫卹的前提，死亡原因與任職年資則是給與撫卹金多寡的主要關鍵。本法先將死亡原因區分為病故或意外死亡、因公死亡兩大類，再將因公死亡情形歸類為六種，至於病故與意外死亡者並未再細分，卻在施行細則第3條明文排除自殺死亡，死亡原因之分類可謂極其簡單。此一情形與商業保險之人壽保險極其接近，但與勞工保險之分類明顯有別，亦可謂為特色。

四、兼領兩種撫卹金：為酬謝亡故公務人員在工作上的貢獻，並充分照顧其遺族之生活，本法規定撫卹金之給與方式分為單領一次撫卹金、兼領一次撫卹金與年撫卹金兩種。除亡故公務人員任職不滿十五年且非因公死亡者只能領取一次撫卹金，或依亡故公務人員遺囑或其遺族意願選擇領取一次撫卹金者外，原則上係以兼領一次撫卹金與年撫卹金之方式為主，大致上較退休金給與條件（不含支領月退休金人員亡故，其配偶選擇支領半數月撫慰金之情形）更為優厚，政府盡最大程度照顧亡故公務人員之遺族，自為本法之特色。

五、年資計算區段化：不論公務人員退休或撫卹，均以任職是否十五年未滿或以上為重要區隔。不過在退休部分，僅做為能否選擇支領或兼領月退休金之依據，退休金給與計算方式並無不同；但在撫卹部分，除做為能否兼領一次與年撫卹金或只能單領一次撫卹金之依據外，撫卹金給與計算方式也有明顯差異。對於任職未滿十五年者一次撫卹金之給與，原則是每任職一年給與一又二分之一個基數；但任職十五年以上者一次撫卹金之給與，除給與十五個基數外，原則上每增一年係加給二分之一個基數。此一以任職是否十五年未滿或以上，做為支領撫卹金種類及計算撫卹金給與的重要依據，顯然也是本法一大特色。

六、共同籌款儲金制：我國公務人員撫卹金給與，原由各級政府按年編列預算支付，斯即所謂恩給制，但在民國84年7月1日以後，業已配合退休金籌措，改採儲金制。除舊制任職年資及因公死亡應加發部分外，均由政府與公務人員相對提撥共同籌款之退撫基金支付。此一儲金制既是撫卹制度的一大改革，也可說是現行法律的重要特色。

七、撫卹給與較優厚：前言之，我國初始係退休與撫卹一體規範，其後考量公務人員在職期間不幸亡故，其情殊堪憐憫，且子女尚小，往後生活尤應予以關照，故撫卹給與應優於退休給與，撫卹規定應與退休規定不同。本法除任職未滿十五年一次撫卹金之計算，或任職二十年以上依生前

遺囑或遺族意願改按一次退休金之標準計算者外，在任職十五年以上者之撫卹給與，如不考慮支領月退休金人員亡故，其配偶選擇支領半數月撫慰金之特別情形，其撫卹所得明顯優於一次退休金或月退休金；特別是因公死亡撫卹，更是大大優於因公傷病成殘退休。撫卹給與較退休給與普遍更為優厚的說明，遂不脛而走。

八、一律照新制給付：退撫新制給付金額優於舊制給付，本不待多言。在退休部分，由於退休人數眾多，考量退休經費負擔，故將年資予以切割，新制年資按新規定給付，舊制年資仍照舊規定給付。惟在撫卹部分，因撫卹人數不多，且其遺族更應予以照顧，故本法第17條規定修正施行前之舊制年資，均依修正施行後之規定給卹，只是依第15條規定仍由各級政府編列預算支給。此一依新制計算標準給卹之規定，使得撫卹給與大幅提高。謂為特色，當不為過。

九、發給殮葬補助費：本法第14條明定公務人員在職亡故者應給予殮葬補助費。實務上金額固然不大，但用以貼補亡故公務人員後事負擔，也足以告慰亡者及其遺族，當屬德政。正因為這一規定，充分展現撫卹與退休的不同，也使得本法超越「亡故公務人員遺族請領撫卹金權利法」的層次，成為真正的「公務人員撫卹法」。

要之，就公務人員法制而言，本法係屬備而不用、迫不得已才用的性質；但揆諸實際情況，適用個案雖然不多，卻非沒有，因此仍然有存在的必要。也因為撫卹的本質是以死亡事實為要件，在基礎上有別於其他人事法律，連帶的在其他方面也有些許與眾不同的特色。以上所述9點，或僅是其中犖犖大者，吾人當不難瞭解。

第三節　公務人員撫卹法問題探討

　　如上所述，撫卹既是公務人員在職期間死亡，由國家給與其遺族撫慰照顧，則本法關於撫卹之規定是否周延妥適？合宜可行？是否適用？亡故公務人員遺族在難以接受親人驟然死亡之際，能否接受本法的制度規定及服務機關的協助？當然都值得拿起放大鏡檢視。根據前面的論述，吾人不難發現，本法規定至少有下列8個問題值得探討：（劉昊洲，2013：15）

　　一、適用範圍與定義的問題：本法第2條明定「依公務人員任用法律任用，並經銓敘審定之人員」為適用範圍，且以現職人員為限，與退休法第2條之規定一致，雖然已改正以往因文字規範不一，而被質疑兩者指涉意義與適用範圍有無不同的情形，但基於「死者為大」、「撫卹從寬」的傳統認知，本法第20條又放寬「公務人員於休職、停職或留職停薪期間病故或意外死亡者，遺族得申請辦理撫卹」之規定，兩法規定仍有不同。遂又引發撫卹資格應否與退休資格相同？是否一定侷限於常任公務人員的爭議？自有值得深思之處。

　　二、資淺者撫卹給與的問題：本法關於撫卹給與多寡的規定，最主要是以死亡原因論斷，其次是以年資長短為據。如果是因公死亡者，任職未滿十五年者概以十五年計；任職十五年以上未滿三十五年者以三十五年計，且一次撫卹金分別另加發百分之五十至百分之十不等；不可謂不優厚。但如是病故或意外死亡且任職年資未滿十五年者，不但只能領取一次撫卹金，且因任職一年只能領取一又二分之一個基數的撫卹金，其遺族撫卹所得將甚為微薄，不但難以矜卹遺孤，說不定連後事開銷都不太夠。是否明定一基本年資保障，如「任職不滿五年者以五年計」之規定，誠然值得主政者認真思考及面對。

　　三、因公死亡之認定的問題：我國原在公務人員撫卹法施行細則中明定因冒險犯難或戰地殉職等四種情事為因公死亡，後以是否因公死亡攸關

公務人員遺族請領撫卹金之多寡，事屬重大權益，故將此四種情事提升至法律位階，改列在本法第5條；民國99年7月復修正增列兩款事由。就法律規定言之，尚屬周妥，並無爭議；然而在認事用法的實務執行過程中，卻屢見爭議。問題在亡故公務人員遺族與服務機關首長及人事人員對於因公死亡總是從寬解讀，但銓敘機關老是從嚴認定。晚近銓敘部依撫卹法施行細則第13條規定，已組成因公死亡撫卹案件審查小組，就個案審查認定，已較客觀，且更具公信力；然而多數遺族對於不能給與因公撫卹事由之認定，還是難以接受。此一認定機制與尺度，恐怕還有檢討的空間。

　　四、自殺死亡者撫卹的問題：自殺死亡者能否辦理撫卹，向來有很大的爭議，銓敘部過去很長一段時間是以函釋方式依自殺原因，認定其遺族可否辦理撫卹。按62年4月函釋，原則不得撫卹，但如有因公傷殘、在職得病醫治不癒、心神喪失等三種情形者，即准辦理撫卹；惟87年12月函釋，係原則可以撫卹，但如因故意犯內亂、外患、貪污、瀆職或殺人罪自殺而死，其犯罪情節重大，應不予撫卹。這些規定雖見批評，但大致符合社會常理。為符法律保留原則，在100年1月修正施行之現行法草案中，原擬規定自殺死亡者得辦理撫卹，惟因有立法委員認為此舉形同鼓勵自殺，故予以刪除；銓敘部為表示對立法委員意見的尊重與回應，即反方向操作，在施行細則第3條明文排除「病故或意外死亡，不包括死亡」，即將自殺死亡者排除於撫卹範圍之外。此制實施兩年多以來，雖僅數起案例，但遺族卻極度反彈，除依法提起救濟外，也四處陳情，造成相關人員相當的困擾。顯然的，此一規定是否周妥合宜、符合情理，亦有值得檢討的空間。（劉昊洲，2013：2）

　　五、撫卹金領受順序的問題：公務人員在職死亡，其遺族請領撫卹金權利方告發生，而其所有財產也概歸遺族繼承。撫卹金請領權及領受順序由屬於公法的撫卹法規範，遺產繼承權及繼承順序則由屬於私法的民法繼承編規定，兩者規範主體與作用既然不同，自不必強求一致，不過如果能夠相互配合的話，當然更好。本法100年1月修正施行之條文，大致上已配

合民法第1138條規定，允稱進步；惟兄弟姊妹與祖父母之順序適巧顛倒，是否配合民法再予修正，當然值得斟酌檢討。

　　六、撫卹收支差距大的問題：雖然公務人員撫卹人數一向不多，而民國84年6月30日以前任職年資及所有因公死亡應加發之撫卹金，均由政府編列預算支付之，僅有政府財政負擔問題，並無基金收支平衡問題。不過民國84年7月1日以後任職年資，業已改由政府與公務人員相對提撥成立之退撫基金支付。因為提撥費率目前僅有百分十二，依退休法第14條規定提撥費率最多只能至百之十五，從收支平衡的角度看，明顯的嚴重不足；再加上採行確定給付制，以及撫卹支出多於退休支出之故，使得撫卹部分的基金收支差距益形擴大。是否配合改採確定提撥制，或適度提高提撥費率，也是值得考慮的課題。

　　七、未規範遺族照顧的問題：本法既稱「公務人員撫卹法」，而非「亡故公務人員遺族請領撫卹金權利法」，則有關公務人員撫卹之重要事項，理當全面性的加以規定。然而如上所述，本法主要就公務人員死亡原因及其遺族如何請領撫卹金之權利加以規範，對於遺族生活照顧及後事協助處理等均隻字未提，明顯的仍有不足。

　　八、僅規定請領權利的問題：我國撫卹支出原採恩給制，所有經費概由政府支出，故僅規定亡故公務人員遺族如何請領撫卹金，亦即只規定政府支付撫卹金方面，本無問題。然而在民國84年7月1日實施退撫新制後，退撫經費的來源已改由政府與公務人員相對提撥建立之退撫基金支付；本於「收支一體」，退撫基金之收繳自應分別於退休法與撫卹法中規定，方屬正辦。遺憾的是收繳比例及提撥費率雖已在退休法中規定，卻未在本法規定；也未見本法有準用或依照退休法規定辦理的字眼，顯然是個疏漏。

　　要之，本法既是備而不用、使用率不高的法律，難免易被忽略，所以不論在政策、法制、執行或文字體例等方面，總有一些不盡如人意的地方。如上所述8個問題，確實是存在的，值得政府當局及關心公務人員撫

卹制度的前輩及同儕們共同思考及面對。

　　撫卹權，雖是公務人員的一項權利，但絕對是公務人員最不願享受的權利。然而一旦碰到，在一片愁雲慘霧、哀戚傷痛的情境中，遺族也不得不接受事實，向主管機關提出撫卹金請領權。基於酬謝公務人員生前在職務上的貢獻，安慰公務人員不幸亡故的事實，以及照顧其遺族未來生活的考量，退休與撫卹分開規定，撫卹優於退休的制度設計，是可以被理解與接受的。然而公務人員知道嗎？亡故公務人員遺族又知道多少呢？

　　誠然，在傳統忌諱談到「死」的情況下，絕大多數人都不願碰到本法、接觸撫卹，所以本法當是公務人員最陌生的人事法律之一。儘管社會不重視，公務人員又刻意疏忽，卻無法否認本法的重要性。如果拿掉這一塊，公務人員人事法制將是殘破的、不完整的，公務人員的撫卹權也無法得到保障。

　　職是，爰不惴淺漏、甘冒不諱，分從規範重點、特色歸納與問題探討3部分探討我國公務人員撫卹法。期能有助於社會大眾的認識與瞭解，特別是亡故公務人員遺族，也能裨益於政府相關人員的檢討與改進。

第十七章　公務人員協會法之探討

　　結社權，是憲法第14條賦予人民的基本權利之一，然而多年以來，因為在動員戡亂時期戒嚴體制之下，以及特別權力關係理論的影響，公務人員部分的結社權始終不曾以法律加以規範，形同被剝奪禁止。此一情形迄至民國八十年前後，司法院大法官會議歷次解釋逐漸朝公法上職務關係之方向調整，考試院也積極研擬公務人員基準法草案，明白揭示公務人員與國家之關係為公法上職務關係，並打算專章規定公務人員協會相關事宜以後，始有明顯改變。其後因公務人員基準法草案規範事項既廣泛又複雜，實非短時間能夠完成立法程序；銓敘部轉而以規劃草擬公務人員協會法草案為重心，並於民國88年8月函陳考試院審議，考試院於90年3月與行政院會銜函請立法院審議，惟迄91年1月第四屆立法委員任期結束，仍未能完成三讀，依立法院職權行使法第13條「屆期不予繼續審議」之規定，本法案之立法程序暫時劃下句號。

　　雖然如此，不過考試院審酌認為公務人員協會法草案仍有儘速立法之迫切性，經參酌朝野立法委員審查意見就原擬草案酌加修正後，復於91年5月與行政院會銜第二次函請立法院審議，該院很快的在同年6月完成三讀，隨即咨請總統公布，並經考試院明定自92年1月1日施行。從此公務人員的結社權正式解凍，而全國第一個成立的機關公務人員協會——銓敘部公務人員協會，也順利的在92年1月15日正式成立，自然深具象徵性與指標性的意義。（林文益，2004：31）

　　公務人員協會法公布施行後，在短短兩年期間雖有銓敘部等5個機關公務人員協會已成立運作，並有行政院農業委員會等11個機關奉准籌設，惟此一情況與當初預期各機關會普遍且盡速成立的認知頗有差距。銓敘部

經邀集專家學者及各機關代表深入探討，普遍認為成立門檻太高，是機關公務人員協會未能普遍成立的主因之一，於是以降低協會成立門檻為重心的公務人員協會法部分條文修正草案，即於94年3月由考試院與行政院會銜送請立法院審議，立法院很快的在該年5月完成三讀，總統在6月15日公布，考試院明令自7月1日施行，第一次修正條文也就正式上路運作。

其後，為配合國民大會之廢止，立法院復於95年5月修正部分條文，並於同年6月奉總統令公布施行，本法很快的完成第二次修正。

為進一步瞭解公務人員協會的運作情形，爰從法制角度切入，分就內容摘述、規範特色與問題探討3部分探討之。

第一節　公務人員協會法內容摘述

公務人員協會法修正前後條文均維持52條，屬中大型的法案，惟未分章節。其規定內容大致可歸納如下：

一、立法目的與定位：本法第1條第1項明定立法目的：公務人員為加強為民服務、提昇工作效率、維護權益、改善工作條件及促進聯誼合作。第2項前段規定適用範圍為公務人員協會之組織、管理及活動；後段規定其法律地位，謂：本法未規定者，適用民法有關法人之規定；即以民法為本法的補充法。

二、適用對象之界定：本法第2條藉由對公務人員之定義，界定本法適用對象，第1項明確規定公務人員係指於各級政府機關、公立學校、公營事業機構擔任組織法規所定編制內職務支領俸（薪）給之人員。但第2項則以列舉條款，明文排除：1.政務人員；2.各級政府機關、公立學校首長及副首長；3.公立學校教師；4.各級政府所經營之各類事業機構中，對經營政策負有主要決策責任以外之人員；5.軍職人員；亦即這五種人員均

不准參加公務人員協會。

　　三、協會性質與分級：本法第3條明定公務人員協會為法人；第4條第1項規定公務人員協會分為機關公務人員協會與全國公務人員協會兩級；第2項規定機關公務人員協會分為三種，一是總統府、國家安全會議及五院等院級機關公務人員協會；二是各部及同層級機關之機關公務人員協會；三是各直轄市、縣（市）之機關公務人員協會。藉此分類分級，機關公務人員協會數目也被匡定在八十個左右，除非未來機關組織調整，否則數目當不致變動。

　　四、主管機關之確立：本法第5條將主管機關區分為一般會務主管機關與目的事業主管機關兩種。全國公務人員協會及中央院級及部級之機關公務人員協會，其一般會務主管機關均為銓敘部；地方各直轄市、縣（市）之機關公務人員協會，其一般會務主管機關為各該直轄市、縣（市）政府。至於公務人員協會所興辦之事業，則受各該目的事業主管機關之指導及監督。

　　五、協會之各項職掌：公務人員協會之職掌大體區分為得建議、得協商及得辦理三大類。本法第6條規定：1. 考試事項；2. 公務人員之銓敘、保障、撫卹、退休事項；3. 公務人員任免、考績、級俸、陞遷、褒獎之法制事項；4. 公務人員人力規劃及人才儲備、訓練進修、待遇調整之規劃及擬議、給假、福利、住宅輔購、保險、退休撫卹基金等權益事項；5. 公務人員法規之制（訂）定、修正及廢止事項；6. 工作簡化事項；均得提出建議。第7條第1項先規定得提出協商事項有三，即：1. 辦公環境之改善；2. 行政管理；3. 服勤方式及起訖時間；第2項接著規定：1. 法律已有明文規定者；2. 依法得提起申訴、復審、訴願、行政訴訟者；3. 為公務人員個人權益者；4. 與國防、安全、警政、獄政、消防及災害防救相關者；則不得提出協商。第8條則明定公務人員協會得辦理事項有：1. 會員福利；2. 會員訓練進修；3. 會員與機關間或會員間糾紛之調處與協助；4. 學術講座之

舉辦、圖書資料之蒐集及出版；5.交流、互訪等聯誼；6.接受政府機關或公私團體之委託；7.會員自律公約之訂定；8.其他法律規定事項等八項；此外，全國公務人員協會另得推派代表參與涉及全體公務人員權益有關之法定機關及團體。

　　六、協會發起與籌組：本法第9條規定，公務人員得依法組織及加入機關公務人員協會，這也就是說公務人員是發起與籌組其服務機關公務人員協會的唯一主體，惟公務人員協會之發起、籌組與入會係採自由原則。第10條復就公務人員協會之發起與籌組加以規定，中央院級及部級機關經各該機關公務人員三十人以上之發起，即得籌組，惟如機關公務人員人數未達三十人者，得加入同層級機關公務人員協會；各直轄市、縣（市）經行政區域內地方機關公務人員三十人以上之發起，得籌組各直轄市、縣（市）之機關公務人員協會；各機關成立之機關公務人員協會以一個為限，惟所屬各服務機關得設分會，仍以設一分會為限，並均應冠上各該機關或各該行政區域之名稱；至於全國公務人員協會則由中央各機關公務人員協會達五分之一與各地方機關公務人員協會達三分之一時，即得共同發起與籌組，並應冠上中華民國名稱。第11條規定發起與籌組之程序，明定應由發起人檢具申請書、章程草案及發起人名冊向主管機關立案，之後即應組成籌備會，辦理會員招募工作，如招募會員人數已達八百人，或超過機關預算員額數五分之一，且不低於三十人時，即得召開成立大會；成立大會之召開應函請主管機關備查，主管機關得派員列席；且應於大會召開後三十日內檢具章程、會員名冊、理監事及會務人員簡歷冊各一份報請主管機關許可。合於規定者，則由主管機關發給立案證書及圖記。第11條之1則規定申請立案之組數與籌設期間，如主管機關先後收受多組發起人申請立案時，應優先受理先申請者之案件，其同意立案以一組為限；又經主管機關同意申請立案後，應於六個月內召開成立大會，逾期廢止其立案同意，但報經主管機關核准者得延長之，其期間以三個月為限。

　　七、章程應載之事項：本法第12條明定公務人員協會章程應載明：1.

名稱；2. 宗旨；3. 會址；4. 組織；5. 會員之入會、出會及除名；6. 會員之權利與義務；7. 理監事與候補理監事之名額、權限、任期及其選任與解任；8. 會議；9. 經費及會計；10. 財產之處分；11. 章程之修改；12. 定有會員代表大會者，其組織、會員代表之權限、任期及其選任與解任；13. 定有獎懲事項者，其事項；14. 設有基金者，其設立及管理事項；15. 興辦事業者，其事業名稱及相關事項；16. 其他依法令規定應載明之事項。復規定章程之訂定或修改，應有全體會員或會員代表過半數之出席，並經出席會員或會員代表三分之二以上之同意，並均應函請主管機關備查。

　　八、理監事會之組織：本法第13條規定，公務人員協會應置理事、監事，分別組成理事會、監事會；理事、監事由全體會員或會員代表就會員中選任，機關公務人員協會置理事五人至十五人，全國公務人員協會理事總額不得逾三十五人，監事名額則不得超過該協會理事名額三分之一，亦得置候補理事及候補監事，其名額不得超過該協會理事、監事名額之三分之一，但不足一人時以一人計。理監事若有變更時，應函主管機關備查。另規定理事、監事名額在三人以上者，得分別互選常務理事及常務監事，其名額不得超過理事或監事總額之三分之一，並由理事就常務理事中選舉一人為理事長，對外代表協會，其不設常務理事者，就理事中互選之；常務監事在三人以上時，應互推一人為監事會召集人。第14條規定理監事任期均為兩年，連選得連任，但理事長之連任以一次為限。又第18條規定理事會、監事會每三個月至少舉行會議一次，候補理監事均得列席；會議之決議，各以理事、監事過半數之出席，出席人員過半數或較多數之同意行之。凡此均為有關協會理監事會組織之規定。

　　九、理監事會之職掌：本法有關理監事會職掌主要規定在第15條，該條規定公務人員協會理事會、監事會應依章程及會員或會員代表大會之決議，分別執行職務；理事會處理公務人員協會之事務，監事會監督章程之遵守及會員或會員代表大會決議事項之執行，並審核理事會所提出之帳冊。

十、理監事卸任事由：理監事之卸任，除任期屆滿外，主要有被解任與被罷免兩種情形。本法第16條規定，理監事如有：1. 喪失會員資格者；2. 因故辭職經理事會或監事會決議通過者；3. 被罷免或撤免者；4. 經會員或會員代表大會決議停權處分，期間逾二分之一者，應即解任；其中因故辭職者應提請會員或會員代表大會追認。第17條規定理監事執行職務，如有違反法令、章程或會員或會員代表大會決議情事者，除依有關法令及章程處理外，得經會員或會員代表大會罷免之。第20條規定理事、監事應親自出席理事、監事會議，不得委託他人代理；非有正當理由不得請假，無故連續二次缺席者，視為辭職，由候補理事、候補監事分別依次遞補。第19條則規定理事長或監事會召集人無故不召開理事會或監事會超過二個會次者，應由主管機關解除理事長或監事會召集人職務，另行改選或改推。第22條另規定理監事出缺之遞補，公務人員協會之理監事出缺時，其缺額由候補理監事依次遞補，其任期至原任理監事任期屆滿為止。

十一、主管機關之處分：本法第21條規定，公務人員協會如有違背法令或章程、逾越權限、妨害公益情事或廢弛會務者，主管機關應予下列處分：1. 警告；2. 撤銷其決議；3. 停止其業務之全部或一部；4. 撤免其理事、監事；其中第一款至第三款之處分，目的事業主管機關亦得為之。

十二、會員（代表）大會之職權：本法第23條規定公務人員協會以會員或會員代表大會為最高機關，並明定下列事項均應經會員或會員代表大會之議決：1. 章程之修改；2. 理監事之罷免；3. 會員之除名；4. 財產之處分；5. 有關公務人員法規制（訂）定、修正及廢止之建議；6. 收支預算之編列；7. 會務報告及收支決算之承認；8. 理事會、監事會提案之審議；9. 全國公務人員協會或國際性組織之加入或退出；10. 其他應經會員或會員代表大會決議事項。此即為會員（代表）大會職權之相關規定。

十三、會員（代表）大會之召開：本法第24條首先規定會員或會員代表大會分定期會議與臨時會議兩種，均由理事長召集之，理事長因故不能

召集時，由理事互推一人召集之；復規定定期會議每年至少召開一次，臨時會議經理事會決議、會員或會員代表五分之一以上之請求或監事會之請求，應召開之；定期會議及臨時會議應分別於十五日及五日前將召開會議之事由、時間、地點連同議程通知各會員或會員代表，並報請主管機關備查。第25條規定會員或會員代表大會應有全體會員或會員代表過半數之出席，出席會員或會員代表過半數之同意，始得議決，但章程之修改等五種情形，應經出席會員或會員代表三分之二以上之同意，始得議決。

十四、全國協會之代表：本法第26條規定，全國公務人員協會由中央與地方各機關公務人員協會共同組織之，並分別自各該機關公務人員協會推選會員代表，其會員人數在一千人以下者，各推選一名，超過一千人者，每一千人增加代表一名，尾數未滿一千人者以一千人計，分別代表各該機關公務人員協會行使職權。此即有關全國公務人員協會會員代表選任之方式，以及其代表行使職權之規定。

十五、協會之經費來源：本法第27條規定公務人員協會經費來源，包括：1. 入會費；2. 常年會費；3. 捐款；4. 委託收益；5. 基金及其孳息；6. 政府補助費；7. 其他收入及孳息。另規定入會費及常年會費之數額及繳納方式，應經會員或會員代表大會議決；捐款人對協會之捐款支出，得依所得稅法規定，列為扣除額。

十六、協商程序及效力：本法第28條規定協商事項之提出，第29條規定協商之開始及停止，第30條規定協商之效力及限制。第28條規定略以：公務人員協會提出協商時，應就協商事項之性質向各該事項主管機關提出；受理機關如非協商案件主管機關，應將協商案件移轉至該案件主管機關。第29條規定略以：受理協商案件之主管機關與相關機關應自接獲協商之日起三十日內，指定人員與公務人員協會進行協商，並應就協商議題、時間、場所、參加人員及其他相關事項先行會商決定；正式協商時，如發生未經指定之代表出席，或有妨礙機關之正常運作，或有阻礙協商進行之

虞者，得停止協商。第30條規定略以：公務人員協會與協商案件之主管機關及相關機關協商所獲致之結果，參與協商之機關及公務人員協會均應履行。

十七、調解事由及程序：本法第31條規定申請調解事由，略以受理機關未於期限內進行協商，或協商不成，或未完全履行協商結果時，公務人員協會得向其主管機關申請調解。第33條規定調解程序，略以：主管機關於接獲申請調解後，應於三日內通知爭議當事人於五日內選定調解委員，並將調解委員之姓名、性別、年齡、職業及住所或居所具報，逾期不為具報者，視為調解不成立。第35條規定調解成立者，主管機關應作成調解書，並由爭議當事人及出席調解委員簽名；調解不成立者，應於七日內發給調解不成立之證明書。第36條規定調解申請得於調解期日前撤回，調解申請經撤回者，不得復提起同一之申請；申請調解之公務人員協會無正當理由，於調解期日不到場者，視為撤回調解申請。第37條規定參與調解之相對人無正當理由，於調解期日不到場者，視為調解不成立；但主管機關認為有成立調解之望者，得另定調解期日，惟以一次為限。

十八、調解會委員組成：本法第32條規定，公務人員協會申請調解時，主管機關應組成調解委員會處理之；調解委員會置委員三人，分別由爭議當事人雙方選定之第三人各一人、公正並富學識經驗之人士一人組成之，並由雙方共同推選之後者為會議主席，調解委員會應於主席確定後十日內召開之。第34條規定，主管機關於接獲爭議當事人雙方選定之調解委員名單後，應於三日內通知雙方調解委員於五日內共同推選公正並富學識經驗人士為調解委員，逾期不為具報者，視為調解不成立。另規定主管機關應備置公正並富學識經驗人士之名單，俾供推選參考。

十九、爭議裁決之進行：本法第38條規定，主管機關於接獲調解申請後，未依期限進行調解或調解不成立時，原申請調解之公務人員協會得於期限屆滿後，或收到調解不成立證明書之次日起七日內向其主管機關申請

爭議裁決。公務人員協會申請爭議裁決時，中央院級及部級主管機關應於接獲申請之日起十四日內組成爭議裁決委員會處理之；地方主管機關應於接獲申請之日起十日內提出爭議裁決申請書，函請銓敘部組成爭議裁決委員會，銓敘部應於接獲爭議裁決申請書之日起十四日內組成爭議裁決委員會處理之。第41條規定爭議裁決委員會開會時，得邀請爭議當事人或其他關係機關派員列席說明。第42條規定銓敘部應於爭議裁決委員會組成後二十日內召開爭議裁決會議，並將開會處所及期日通知爭議當事人及其他關係機關；爭議裁決委員會應於會議結束後三個月內作成裁決書，必要時得予延長，但以一次為限，最長不得逾二個月。第43條規定爭議裁決委員會之裁決過程均不公開；爭議裁決委員會應有全體爭議裁決委員會過半數之出席，始得開會，其裁決以出席委員過半數同意為之，可否同數時取決於主席；對裁決有不同意見之委員及其意見，得列入紀錄。

　　二十、爭議裁決之組織：本法第39條規定，爭議裁決委員會置爭議裁決委員九人，並互選一人為主席，這九人是由銓敘部、保訓會及人事總處各指派一人，相關機關及公務人員協會就爭議裁決委員名冊中各選定二人，以及由名冊中就其專長與爭議事件領域相關者抽籤選定二人。原應由相關機關及公務人員協會選定之爭議裁決委員，應於接到主管機關通知之日起五日內分別選定具報，逾期不為具報者，即由主管機關代為指定。惟如因爭議裁決案件性質特殊，無法於爭議裁決委員名冊中覓妥適當人選擔任時，於經主管機關同意後，雙方當事人得選定其他人員擔任爭議裁決委員。第40條則規定銓敘部每二年應函請全國公務人員協會及相關業務主管機關分別推薦公正且富學識經驗者十二人至四十八人聘為爭議裁決委員，並建立爭議裁決委員名冊備選；但全國公務人員協會未成立前，僅就相關業務主管機關推薦之人員，建立爭議裁決委員名冊備選。爭議裁決委員會之行政作業，由銓敘部相關人員兼任。

　　廿一、爭議裁決之效力：本法第44條規定，爭議裁決委員會之裁決送達後，有拘束爭議當事人及其他關係機關之效力，爭議當事人及其他關係

機關對於爭議裁決委員會之裁決，不得聲明不服。爭議裁決委員會裁決應為一定行為之關係機關，應於接獲裁決書之次日起二個月內將辦理情形回復銓敘部；必要時得報請銓敘部同意延長一個月。第45條規定各關係機關未依前條第二項規定辦理者，銓敘部應檢具證據將違失人員移送監察院依法處理；但違失人員為薦任第九職等以下人員，由銓敘部通知服務機關之上級機關依法處理；無上級機關者，通知本機關依法處理。若違失人員為民意機關首長，由銓敘部處新臺幣十萬元以上五十萬元以下罰鍰，並公布違失事實。罰鍰經通知限期繳納，逾期不繳納者，依法移送強制執行。

廿二、協會活動之限制：本法第30條第2項規定，公務人員協會不得向主管機關或相關機關請求締結團體協約。第46條規定公務人員協會不得發起、主辦、幫助或參與任何罷工、怠職或其他足以產生相當結果之活動，並不得參與政治活動。此乃明文限制公務人員協會活動之規定。

廿三、協會應報備事項：本法第47條規定，公務人員協會應於每年三月前將：1. 會員名冊；2. 財務收支報告；3. 事業之經營狀況；4. 各項糾紛事件之調處經過，函送其主管機關備查。主管機關必要時，亦得隨時派員查核或請公務人員協會函送。

廿四、與外國團體結盟：本法第48條允許公務人員協會與外國公務人員團體聯合或締結聯盟，但應經會員或會員代表大會之議決，並函報主管機關許可。

廿五、會員權益之保障：本法第49條明文規定各機關不得因公務人員發起、籌組或加入公務人員協會，擔任公務人員協會會務人員或從事與公務人員協會有關之合法行為，而予以不利處分。又第50條亦規定，公務人員協會於不影響服務機關之公務並向機關首長報告後，得於上班時間召開理事會、監事會或進行協商、調解；代表公務人員協會進行協商、調解或列席爭議裁決委員會之公務人員，得請公假。另理事長、理監事因辦理會務，得請公假；但機關公務人員協會理事長每月不得超過二十小時，理

事、監事每人每月不得超過十小時；全國公務人員協會理事長每月不得超過四十小時，理事、監事每人每月不得超過二十小時。

　　廿六、準用與施行規定：本法第51條規定，各機關依法令聘用或僱用人員，得準用加入服務機關之公務人員協會。第52條則授權考試院以命令訂定施行日期。

　　要之，本法計有52條條文，其內容要點大致可歸納如上26點，除一般立法體例皆有，屬於總則部分的立法目的、適用對象規定，屬於附則部分的準用與施行規定之外，在本體部分大致包括公務人員協會的性質、分級、發起、籌組、職掌、主管機關、協會章程、經費來源、理監事會組織、職掌、理監事選任、卸任、遞補、會員（代表）大會之召開、職權、全國公務人員協會代表之產生、協商、調解、爭議裁決程序之進行及效力、協會活動限制、應報備事項及會員權益保障等事項，規範內容可謂鉅細靡遺、要言不煩，所以條文才會如此之多。這些規定中，當以協會三大職掌——得建議、得辦理與得協商事項；爭議事項採三階段處理——協商、調解、爭議裁決；以及明文禁止締結團體協約、怠職罷工與參與政治活動三者，最為重要。

第二節　公務人員協會法特色歸納

　　公務人員協會法之內容要點經已歸納摘述如上，從上述敘述中，吾人不難瞭解，本法至少有下述10個特色：

　　一、首部規範公務人員團體法律：過去規範公務人員人事的法律其實不少，但多數都是從管理的角度切入，以規範個人為主。直至公務人員保障法，始有以保障公務人員權利為主的法律出現，但仍以個人為主。也因此憲法賦予公務人員的結社權始終在沈睡之中，本法不僅是首部，也是目

前唯一規範公務人員團體的法律；公務人員此後終於可以組織團體，只是相較於勞工、教師或其他專業技術人員，如律師、醫師等，顯已慢上數年，甚至數十年之久矣！

二、明定組織分級匡定協會數目：本法明定公務人員協會分爲機關與全國兩級，然而所謂機關，只有中央院級機關是名符其實的單一機關，其他的部級機關均包含其所屬機關在內，而地方機關更是以直轄市、縣（市）之行政區域爲範圍，將區域內所有隸屬機關，如縣（市）警察局、縣（市）立國民中學，與自治監督機關，如鄉（鎮）公所、鄉（鎮）民代表會，及同級不相隸屬機關，如縣（市）議會，一網打盡、包括在內。也因此，除非中央部級機關組織調整或地方行政區域重新劃分，否則機關公務人員協會大致匡定在八十個左右，不會有所變動。（蔡敏廣，2003：24）

三、主管機關採行分類分級規定：本法所稱主管機關，係指一般會務的主管機關，係全面性的，在中央各機關公務人員協會，不分院級或部級，其主管機關均爲銓敘部；在地方各直轄市、縣（市）機關公務人員協會，其主管機關即爲各該直轄市政府、縣（市）政府。此外，復有目的事業主管機關之規定，即公務人員協會所興辦之事業，應受各該目的事業主管機關之指導、監督。此一將主管機關分爲兩種性質，復分爲兩級，中央集中由銓敘部主管，地方則分散由各地方政府主管之情形，實不多見。

四、協會職掌事項列舉方式限縮：本法對公務人員協會職掌之規定，係分爲得建議、得協商、得辦理三大類，然後各以列舉方式明文加以規定。除得辦理事項中尚有「其他法律規定事項」，勉強可說是保留的概括規定外，其他均以列舉方式匡定限制，沒有任何彈性空間；而最重要的協商事項僅列三項，但明文限制不得提出協商的事項則有四項，此一以列舉方式限縮其職權之作法，實與教師法、律師法、工會法、工業團體法等專業或職業團體法律規範明顯不同。

五、發起籌組容易成立門檻仍高：本法明定經各該機關或其所屬機關、行政區域內地方機關之公務人員三十人以上之發起，即得籌組機關公務人員協會，此一發起與籌組之條件可謂不難。然而成立門檻原規定要招募會員達機關預算員額數三分之一始能成立，現雖已向下修正為已達八百人或超過機關預算員額數五分之一且不低於三十人時即得為之，不過門檻仍高，特別是部會所屬機關數多或地方行政區域遼闊者，因所屬人數較多，仍有成立不易之困難。

六、協會經費來源多元管道募集：一般非營利性法人之收入，有的以會員繳費為主，有的以經營事業之獲利為主，有的以社會各界捐款為主，其情形可謂不一而足。本法為充實公務人員協會之經費來源，明文規定有七種管道來源，除會員之入會費與常年會費外，尚包括捐款、政府補助、委託收益在內，這對於協會的正常維持運作，無疑提供非常重要的助力。

七、爭議事件採三階段方式處理：本法對於辦公環境、行政管理、服勤方式之爭議，原則上允許各機關或全國公務人員協會提出協商。若未於期限內進行協商，或協商不成，或未完全履行協商結果時，即允許申請調解。如主管機關未依期限進行調解或調解不成立時，得依限申請爭議裁決。對於爭議裁決之效力，明文規定有拘束爭議當事人及其他關係機關之效力，相關各造不得聲明不服。以此三階段方式處理爭議事件，乃其他爭議處理制度之所無，亦堪為其特色之一。

八、嚴禁罷工怠職締結團體協約：本法將公務人員協會定位為專業團體，不同於工會，因此呼應工會法之規定，嚴格禁止公務人員協會罷工怠職及參與政治活動，也反對向主管機關或相關機關請求締結團體協約。此一規定與多數民主國家均禁止公務人員團體罷工之主流趨勢相符，但對於勞動三權的完整性而言，卻有不足，可謂是與一般工會最大不同之所在。

九、部分會務人員得准公假辦公：本法第49條規定協會理事長、理事、監事每月在不超過一定時數之前提下，得請公假辦理會務；代表公務

人員協會進行協商、調解或列席爭議裁決委員會之公務人員，亦得請公假。另外亦得於上班時間召開理事會、監事會或進行協商。此一只准部分會務人員，而非全部會務人員請公假辦公，且請公假之時數亦遠低於工會法之規定，亦與工會明顯有別。

十、聘僱人員準用規定加入協會：本法第51條明定各機關依法令聘用或僱用人員，得準用加入服務機關之公務人員協會。此一規定使得原非常任人員，即非屬本法所稱公務人員之約聘、約僱人員，得以加入協會為會員；也使得原以常任人員為主體的協會運作出現非常任人員，但同屬常任人員的常務首長、副首長卻被排除在外的特殊情形。這種隨需要而調整可加入的會員情形，亦為本法之一大特色。

總而言之，本法係我國第一部規範公務人員專業團體的法律，雖有工會法、教師法、律師法、人民團體法等相關法律可以援用，也有外國相關立法體例可資參考，但終究不同於其他法律。基於政策的考量，本法從不同法律中採擇一些需要的條文，或逕自援用，或加以修正，或有新的設計，一部與眾不同的法律遂告出現，也因此彰顯其與眾不同的特色。如能掌握以上所述10個特色，自然有助於對本法的理解矣！

第三節　公務人員協會法問題探討

公務人員協會法之內容要點與特色業已敘明如上，從上面敘述中，吾人自不難窺見其中一些值得探討的問題。謹分述如次：

一、未分章節體系略顯冗長：本法條文達52條之多，在所有法律中係屬中大型的法律，而在行政法中則屬條文數較多的大型法律。依一般立法體例，通常在條文數超過三十多條時即考慮分章規定，將相關事項放在同一章中予以規定，俾能更加清楚明確的呈現。本法條文數既然多達52條，

卻未分設章節，即未分總則、組織、職掌、程序、附則等章加以規範，以致相關事項可能相隔甚遠才出現，不能不說是個美中不足的缺陷。

二、適用人員規定有欠周妥：本法並未直接規定適用對象，而是先在第2條界定公務人員之意義，再以列舉方式排除相關人員，然後在第9條規定公務人員得組織及加入機關公務人員協會，間接說明其適用對象。此一方式殊屬少見，況且排除人員中的政務人員、公立學校首長、副首長、教師、軍職人員等本就不屬狹義的、常任的公務人員。既先將公務人員定義放寬，然後又明文排除本就不屬公務人員範圍的人員，寧非怪哉！

三、協會數目匡定偏重中央：本法將機關公務人員協會區分為院級、部會級及地方直轄市、縣（市）級三類，惟院級機關可以院本身單一機關為範圍成立協會，但部會級機關必須包括其所屬機關在內，而地方級機關係以行政區域為範圍，將所有地方機關一網打盡，包括該地方政府隸屬之機關、受其監督之自治機關、監督其施政之同級機關，頗為廣泛。因此，地方機關公務人員協會頂多25個，中央機關則可成立50餘個，嗣後還可能隨著機關組織調整而增加，在數目上明顯有利於中央機關；而在成立門檻上，雖然條件已大幅放寬，然而對於所屬機關眾多且分散的部會級機關以及行政區域遼闊的地方機關仍有成立不易的困窘，這也明顯有利於中央機關，無怪乎當前已成立的機關公務人員協會，大多屬中央沒有或較少所屬機關的部會級機關矣！

四、限縮協會職掌形同花瓶：依本法規定，公務人員協會享有得建議、得協商與得辦理的3類17項職掌，看似洋洋灑灑。然而細究其實，任何自然人在法律範圍內，本就對任何事項有陳情、請願、建議權；既是法人，自然也有，何勞特別規定？而得辦理事項中多屬機關原應辦理的事項，由協會接手辦理，機關將難辭怠惰之嫌；況且協會既是具有獨立人格且享有一定權利與負擔一定義務的法人主體，在不違背法令的前提下，本就可以辦理與其宗旨相符的任何事項，自然無需特別規定。在3類職掌事

項中最爲重要的得協商事項，僅列有3項，但不得協商事項則列有4項。很顯然的政府主管隱隱然不願協會提出協商，更遑論是可影響機關形象與同仁士氣的罷工權？在協商權橫遭限制的情況下，公務人員協會大概僅存花瓶的象徵意義，與聯誼會相去不遠，若想達成「維護權益」的實質功能，恐怕不易啊！

　　五、門檻仍高阻礙協會成立：按本法制定公布施行至99年5月止，雖已有30個機關成立公務人員協會；迄至102年11月止，共有34個機關成立公務人員協會（如表14-1），全國公務人員協會也於98年10月成立。但招募會員人數達800人或超過預算員額數五分之一，且不低於30人時，始得爲之；對於成立意願較不積極、所屬人員較多、較分散或轄區較遼闊的大型部會機關或地方政府，條件仍苛，亦不易成立。由本法制定公布迄今已逾10年，但成立之公務人員協會數仍未逾半，即不難理解。

　　六、雖設分會未見相關規定：本法由於已匡定機關公務人員協會的數目與範圍，以致在大型部會，其所屬機關必多，所屬人員亦眾，協會會務之運作與協調聯繫不易，勢必顯得鬆散，故同意在所屬機關成立機關公務人員協會之分會，不過除規定同一機關以設一分會爲限，分會受其機關公務人員協會之指導處理一切事務外，再無其他相關規定。究竟四級機關（如刑事警察局）能否成立分會？抑或只限制三級機關？分會能否單獨召開會員（代表）大會？能否對會員另外加收會費？能否與該服務機關進行協商？這些事項完全未見規範。嗣後如眞有機關公務人員協會成立分會，而分會幹部與協會本會的領導幹部意見又不合時，這些法律上的爭議恐怕就會一一浮現。

　　七、理監事解任處罰未明定：本法對於協會違背法令或章程等情事，雖明定可予以警告、撤銷其決議等處罰，但對於理事長、理事、監事，除將其撤免外，卻無處罰規定，似有不足。又理、監事依法可以罷免與解任，罷免係經會員（代表）大會之決議爲之，但解任由誰爲之，是主管機

關？還是會員（代表）大會？還是理監事會議即可？亦未見明定。這些日後雖可依第1條「本法未規定者，適用民法有關法人之規定」辦理，但終究不是正途，仍以在本法明定爲宜。

八、全國協會規定有欠周妥：本法第26條所定全國公務人員協會之組織，明定以機關公務人員協會爲會員共同組成，即以法人團體爲會員，但會員代表又按照會員人數比例計算產生，即以自然人爲會員代表。此舉雖有符合比例平等之用心，但明顯有違法理邏輯。又第10條明定各機關公務人員協會以一個爲限，卻未明定全國公務人員協會以一個爲限；在全國公務人員協會成立門檻，由原先的中央機關協會四分之一與地方機關協會二分之一，調降爲中央機關協會五分之一與地方機關協會三分之一後，在理論上就可能出現兩個全國公務人員協會，事實上如果眞是如此，相信不是主管機關或全國公務人員所樂見。

九、經費有限恐將難以爲繼：本法雖明定公務人員協會經費有七種管道來源，但眾所皆知，公務人員薪資所得不豐，所以入會費與常年會費不可能訂得太多，而因爲自由入會，效果外溢的問題始終存在，也不可能百分之百可以參加的同仁全數參加；又個別性的捐款雖然有，畢竟也不會太多；此三部分的收入自屬有限。可能較大也較穩定的來源應是政府補助費，不過協會一旦接受補助，是否會失卻維護會員權益的立場，淪落成爲花瓶的角色？（劉昊洲，2004：16）如果不願接受補助，協會經常處於捉襟見肘、阮囊羞澀的情況，恐怕所有會務都不容易推動矣！

十、主管機關角色有所衝突：本法對於主管機關採分散制，在中央爲銓敘部，在地方爲各該直轄市、縣（市）政府。雖符分權與自治之時代潮流，然而就銓敘部公務人員協會而言，銓敘部既是其服務機關與對抗機關，更是其主管機關與監督機關，兩種角色混淆合一，使得該協會與銓敘部之爭議，不論是協商、申請調解或申請爭議裁決，對抗能量勢將弱化，銓敘部亦難辭球員兼裁判之嫌；同樣的，地方機關公務人員協會與地方政

府之爭議，亦是如此。依現行規定，這兩種公務人員協會功能之發揮勢將大打折扣。

十一、會員及幹部保障仍不足：本法對於會員及幹部之保障在第49條，僅規定各機關對於有關協會之合法行為，不得予以不利處分。另在第50條給予理事長、理事、監事等幹部每月一定的公假時數。除此之外，再無其他保障或相關權益規定。平實論之，「不得予以不利處分」一語過於抽象空泛，僅具宣示效果而已，更何況長官手握權力，對付部屬的方法有多端，「莫須有」的情形所在多有。至於理事長、理事、監事在工作付出之餘，可否支領車馬費或其他酬勞？本法亦未規定，恐怕有所不足。

十二、協會退場機制未見規定：按民法及人民團體法等法律均有解散或撤銷登記等退場機制規定，但公務人員協會成立後，若會員陸續退出不足原來成立門檻，或有違背法令情事經主管機關處罰後仍未見改善，或經會員（代表）大會決議解散等情形者，到底可否予以解散或撤銷登記？本法完全未見規定，他日如有需要，雖可依第1條第2項後段「本法未規定者，適用民法有關法人之規定」辦理，但如此重要事項，未在本法規定，總是有所不妥。

綜上述之，本法既屬首創，純就紙上規劃設計，並無前例可援。在條次安排方面，難免有不盡周妥之處；在實質內容方面，也難免有疏忽遺漏的地方。如上所述12點，均是值得吾人深切思考的問題，透過這一層檢視，相信應能提供主管當局未來的修法參考。

公務人員協會是公務人員的專業團體，攸關公務人員集體權益的保障，至為重要。不過近數年來，各機關公務人員協會成立的情形似乎不如預期，此中原因固然繁多，例如公務人員心態保守、畏懼長官打壓、滿足現狀照顧或工作繁忙、無暇他顧，甘於層級結構體系之下等等，但也可能

是制度或環境因素所使然。如果制度設計不佳，縱使公務人員有意推動協會的成立，仍會是困難重重。

　　從上述對公務人員協會法的檢討中，吾人不難瞭解，此法之制定原非迫於公務人員之要求，而是主管機關體察世界及國內潮流趨勢主動為之。然而對於職掌事項卻多所匡定防範，使得公務人員協會不易發揮，或雖不至於聊備一格、淪為花瓶角色，但能發揮的空間恐怕不多，不必期望真能達到立法所揭櫫的目的。試想既無正常收入來源，在職掌功能的設計上，「罷工的硬手段」全被剝奪，「協商的軟功夫」也僅剩一半，勞動三權僅有一個半；協會還能有什麼大作為呢？如果各機關能儘量成立協會，而會務也能維持正常運作，且比聯誼會的情況好些的話，應該就值得安慰矣！（劉昊洲，2006：18）

表 17-1：公務人員協會成立情形一覽表

一、全國公務人員協會

協會名稱	成立日期	主管機關	理事長	備考
中華民國全國公務人員協會	2009/10/02	銓敘部	陳川青	

二、中央機關公務人員協會

編號	協會名稱	成立日期	理事長	會員人數	備考
1	銓敘部公務人員協會	2003/01/15	陳紹元	211	
2	僑務委員會公務人員協會	2003/05/01	張賜	221	
3	行政院人事行政總處公務人員協會	2003/09/01	林書賢	179	2012/03/07 配合機關改制更名
4	公務人員保障暨培訓委員會公務人員協會	2004/02/10	彭富源	44	
5	考選部公務人員協會	2005/03/01	葉炳煌	169	
6	臺灣省政府公務人員協會	2005/10/18	陳耀宗	62	

編號	協會名稱	成立日期	理事長	會員人數	備考
7	教育部公務人員協會	2005/10/23	洪泰雄	4671	
8	最高法院公務人員協會	2005/12/08	謝家鶴	65	
9	經濟部公務人員協會	2005/12/29	游瑞德	825	
10	監察院公務人員協會	2006/01/10	鄭旭浩	281	
11	行政院海岸巡防署公務人員協會	2006/03/29	丹明發	1381	
12	總統府公務人員協會	2006/09/14	蕭惟仁	151	
13	財政部公務人員協會	2006/12/28	韓錦花	1409	
14	行政院勞工委員會公務人員協會	2008/02/22	李來希	311	
15	考試院公務人員協會	2008/06/27	吳福輝	108	
16	外交部公務人員協會	2009/05/06	何建功	406	
17	交通部公務人員協會	2009/06/26	劉韻珠	2574	
18	行政院衛生署公務人員協會	2009/12/01	林南海	966	
19	國家通訊傳播委員會	2010/03/30	翁柏宗	160	
20	法務部公務人員協會	2010/08/30	羅吉旺	1204	
21	行政院經濟建設委員會公務人員協會	2012/09/17	詹方冠	167	

三、地方機關公務人員協會

編號	協會名稱	成立日期	理事長	會員人數
1	臺北市公務人員協會	2006/03/10	陳川青	1635
2	彰化縣公務人員協會	2007/06/01	杜國忠	1087
3	桃園縣公務人員協會	2009/03/27	賴維哲	1983
4	基隆市公務人員協會	2009/04/17	李國商	1502
5	新竹市公務人員協會	2009/05/01	倪瑞穗	575
6	花蓮縣公務人員協會	2009/06/08	溫軍花	1727
7	新竹縣公務人員協會	2009/06/16	劉家滿	1167
8	雲林縣公務人員協會	2009/11/27	蔡篤輝	1567
9	南投縣公務人員協會	2010/06/28	王源鍾	1237
10	宜蘭縣公務人員協會	2011/03/03	陳茂琳	821
11	臺中市公務人員協會	2012/02/24	林輝堂	3256

編號	協會名稱	成立日期	理事長	會員人數
12	新北市公務人員協會	2012/04/02	武爲檪	924
13	高雄市公務人員協會	2012/06/22	柯春共	5000
備考：原高雄市政府與高雄縣政府於 2010 年 12 月合併更名爲高雄市政府，原臺中市政府與臺中縣政府於 2010 年 12 月合併更名爲臺中市政府。				

資料來源：銓敘部全球資訊網。網址：www.mocs.gov.tw（最近上網瀏覽日期：103.2.26）

第十八章　結論

第一節　公務員法整體特色

　　由上述各章對個別公務員法律的探討中，如果吾人稍加留意，即不難發現這些法律的共同特點，即整體特色之所在。如不加入價值判斷，便無所謂優點或缺點，只要與他國法制或與其他行政法律體系有所不同，即可謂之特色。大致言之，我國公務員法整體特色約有如下7點：

　　一、規範文官為主：我國公務員體制之建立，係以狹義公務人員，即常任文官為主要對象。在立法政策上，通常先就常任文官立法規範，其他人員如軍人、教育人員等，儘管主管機關不同，且文武分治、公教分途已成為政策，但除職務性質不符者外，無不配合立法跟進，例如強制休假規定、歷次退撫改革、職前與在職訓練要求等，莫不如此。我國公務員法在考試院自我設限之下，大致均以狹義公務人員為主，只有服務法、行政中立法、保險法等適用或準用對象擴及其他領域；至於狹義公務人員亦以經考試及格正式任用之常任文官為核心，旁及派用、機要與政務人員。晚近考試院有意建構政務人員法制為第二軌，整合聘用、聘任、派用、機要與約僱人員等5種人員為新制聘用人員，是為第三軌；但在上述法制尚未完成前，我國公務員法仍屬規範常任文官為主之單軌制。

　　二、法制統歸考院：在五權分立憲政體制下，我國特設考試院，將原屬行政權一環的考試、銓敘與保障業務抽離出來，交由考試院及所屬機關分別辦理。惟因這些業務原屬行政事項，有些甚難完全切割，故憲法增修條文第6條明定考試院掌理考試、公務人員銓敘、保障、撫卹、退休之全部事項；至於公務人員任免、考績、級俸、陞遷、褒獎，僅限於法制事

項；在執行部分，則分別交由各主管機關辦理。顯然的就全部考銓事項言之，考試院僅在政策與法制上擁有全權。易言之，我國考銓事項在政策與法制面是完整的，但在執行面則多數是分裂的。考試院執掌的考銓職權，亦依主管機關之不同，分別交由考選部、銓敘部與公務人員保障暨培訓委員會辦理之；院本部原則上只保留主動的提案權與被動的審議權與監督權而已。

　　三、設部外制管理：我國各機關學校除規模過小而派兼者外，均設內部一級幕僚單位人事處（人事室或人事管理員），辦理各該機關學校及所屬之人事業務；惟此單位係歸上級機關人事單位指揮監督，本機關首長並非主管長官，只是兼管長官而已，此即一般所稱之部外制或一條鞭制。其優點在於可超然客觀的執行職務，避免受到機關內部傾軋的影響；缺點則是與本機關容易疏離、產生隔閡。不容否認的，前述公務員法律，在中央雖分由不同機關執掌，但在基層機關全部交由人事單位辦理。

　　四、法規範密度高：依照中央法規標準法規定，凡涉及人民權利義務者，均應以法律明定之。公務員既係人民之一部分，是較特殊的人民，關於其權利與義務，自應以法律加以規範；而在法治國的嚴格要求下，公務員日漸擴大增加的義務事項，也被要求以法律明文規定，俾符法律明確性原則及救濟保障原則。職是，在公務員管理這個領域，法律規定顯然較為完整周延，法規範密度相對較高，從進用至退離，幾乎無所遁逃、難以脫離，較之其他職業法領域，可謂有過之而無不及。

　　五、名詞定義不一：我國公務員法目前並無統攝的基準法律，在個別立法主義之下，每一事項原則上均以一法律加以規定，幾乎所有法律均對各法的適用對象及相關名詞予以界定，因此同一名詞在不同法律的意義卻不盡相同。以公務員法律名稱觀之，雖以公務人員為名者佔絕大多數，但亦有稱為公務員或公教人員者；所謂公務人員，考試法、任用法、陞遷法、俸給法、考績法、保障法之定義雖然相當，謹守正式任用人員之底

線，但訓練進修法、退休法、撫卹法、協會法規定已擴大範圍，將派用人員、機要人員亦包括在內；至於行政中立法、服務法與保險法，其適用或準用範圍更是超出傳統認知之公務人員範圍甚多。同一名詞卻有不同定義與適用範圍，與常情不符，自可謂為特色之一。

六、按照程序區隔：我國公務員的管理，是從考試開始，經錄取後分配參加基礎訓練與實務訓練，成績合格，即分發機關任用，從此與國家發生特別權利義務的連結關係，隨之而來的是與身分職務相關的權利義務，包括服務、俸給、陞遷、考績、保險、訓練進修、行政中立、協會、保障等，最後如達一定年資或條件，則辦理退休或撫卹，離開政府機關，結束與國家的連結關係。（如圖1-3）大致言之，這些規範事項是按照時間進程一段一段的來，一件一件的用，儘管有些人可能用不上某些法律，也不得不有準備。公務員法律按照程序分別規定的特色明顯可見。

七、偏重義務規定：因為受到特別權力關係理論的影響，我國早期公務員法律規定一向站在管理本位，所偏重的是義務要求，包括作為義務、不作為義務與容忍義務；縱使給與權利或利益，也是從恩賜與施捨的角度出發，權利的享有與義務的負擔可謂嚴重的不對等。晚近雖已漸朝公法上職務關係調整改進，在某些事項，稍微拉近權利與義務的對等關係，也允許公務員在遭受不利處分時提起行政與司法救濟；不過就整體而言，義務規定仍然遠多於權利規定。

總之，公務員法之所以為公務員法，自有其與眾不同的特色。除前述各章所論個別公務員法之特色外，本章復就整體公務員法的體系加以探討，其特色大致可歸納為上述7點，吾人不能不予重視。

第二節　公務員法建議事項

　　如上所述，我國公務員法制是規定的較為完整周延、法規範密度相對較高的領域。通常言之，「多毛的牛是健康的」，法律規定較多較密的領域也是運作較為健全、法制較為成熟穩定的區塊。職是，在個別公務員法，雖有一些值得檢討或改進之處已如前述外；但就整體而言，似無太多可以挑剔之處。茲就前面所言，就個人管見提出4點建議事項如下：

　　一、建立公務員基準法律予以統攝的問題：前言之，我國公務員法因採個別立法主義之故，每一法律一開始通常先就適用對象及相關名詞予以界定。就性質相近的法律來看，此一界定難免有所重複、衝突或不盡一致之處，既不符立法經濟，也會滋生困擾。釜底抽薪的解決之道是制定一基準法律予以統攝，在同一屋脊架構下始允許個別的不同規定。考試院早在民國八十年左右即責成銓敘部研擬公務人員基準法草案，並數度函請立法院審議，可惜始終未能達成共識，以致功敗垂成，仍陷困境之中。

　　二、移向公法上職務關係修正規定的問題：在威權統治時期，我國公務員法律規定係基於特別權力關係，國家對於公務員享有絕對的權力，兩者不但地位嚴重的不對等，公務員負有無定量的、概括性的義務，縱使受到不利處分，也無法尋求救濟。然而解嚴之後，司法院大法官會議已明確解釋公務員與國家的法律關係是公法上的職務關係，故所有公務員法律均應重加檢視，將各法律條文中仍然留存的管理或恩賜規定，修正為權利義務對等的規定，以符現代法治的要求。

　　三、解構考試院與一條鞭組織體系的問題：雖然人事機構採取一條鞭領導體系，即所謂部外制的作法，並非我國所獨有，但專設考試院，下轄二部二會專管考銓政策、法制及部分執行事項的組織建制，其層級之高、規模之大，則是世界獨一無二。在政府再造已蔚為世界潮流，精簡組織及提昇效率已是主要趨勢的情形之下，考試院是否配合政府再造，只保留其

獨立機關的地位，而予以縮減組織規模及降低組織層級？其實應是一個可以考慮的方向。又當前人事一條鞭領導體系的時空背景已大不相同，是否仍有保留必要？也可一併予以考量。

　　四、建構政務人員完整法制與規範的問題：不論就職務性質、任命方式、所具資格等方面言之，政務人員與狹義公務人員明顯有所不同。在政黨輪替成為常態、政務人員人數勢必越來越多的情形下，建構一套完整的政務人員法制其實已刻不容緩。然而遺憾的是，我國迄仍無一套完整的政務人員法制；多數政務人員在人事上的相關規定仍然準用公務人員規定，明顯有所不妥。自有必要儘速通過政務人員法草案及相關規定，俾能建構周延完整的政務人員法制。

　　要言之，公務員法雖屬我國法制較為健全、運作較為成熟的領域，然而這並不代表十全十美、一切都沒有問題。就整體而言，如上建議4點，顯然仍有值得改進的地方。野人獻曝、雞蛋裡挑骨頭，所期盼的不外是精益求精、好還要更好、明天比今天更好而已！

　　美國學者珍達（Kenneth Janda）說：政府的目的是維持秩序、提供公共設施與增進平等。（Kenneth Janda, 1990: 2）公務員法的建制乃以健全吏治基礎，確保行政穩定有效的運作為主；對於前述3個目的之達成，無疑提供有力的保證。吾人深信：當公務員法制更為周延健全可行後，公務員必能更加安心工作，更無後顧之憂的奉獻，那將不只是國家社會之幸，亦將是全民之福！

參考資料

中文部分

公務人員保障暨培訓委員會（2005），公務人員行政中立訓練成效之研究，公務人員保障暨培訓委員會委託研究。

公務員懲戒委員會（2006），中華民國94年公務員懲戒統計年報。

王廷懋（2006），我國公務員懲戒制度與其人權保障——從新制公務員懲戒法談起，公務員懲戒制度相關論文彙編第2輯，司法院。

台灣行政法學會（2003），公務員法與地方制度法，元照出版公司。

立法院法制局（2003），文官政策與立法研究，立法院法制局。

朱武獻（2007），人事行政法制論文集，三民書局。

朱敬一（2009），哪些事情的中立性該立法規範，中國時報。

江大樹（1997），國家發展與文官政策，憬藝出版公司。

考試院（1990），中華民國銓敘制度下冊，考試院考銓叢書指導委員會，正中書局。

考試院（1991），中華民國公務人員退休撫卹制度，考試院。

考試院（1993），公務人員行政中立規範之研究，考試院考銓研究發展小組銓敘分組。

考試院（1995），中華民國公務人員保險制度，考試院編纂室。

考試院（1997），公務人員保障法專輯，考試院彙編。

考試院（2000），考銓詞彙，考試院考銓詞彙編輯小組。

吳　庚（1992），行政法之理論與實用，作者自行發行。

李建良等人（2006），行政法入門，元照出版公司。

李飛鵬（1980），考銓法規概要，五南圖書公司。

肖鳴政（1998），國家公務員考評教程，中央民族大學出版社。

周秋玲（2009），公務人員的行政中立內容簡介，人事行政季刊168期，中國人事行政學會。

林文益（2004），銓敘部公務人員協會之誕生與成長，公務人員月刊第
　101 期，公務人員月刊社。
林水波（1989），考績制度——理論研析與經驗印證，五南圖書公司。
林明鏘（2000），公務員法研究（一），國立台灣大學法學叢書，學林文
　化公司。
林紀東（1977），行政法，三民書局。
邱建輝（2004），我國公務人員陞遷制度之研究，世新大學行政管理學系
　碩士論文。
邱創煥（1993），文官制度論叢，中華民國國家發展策進會。
城仲模（1988），行政法之基礎理論，三民書局。
施能傑（1999），美國政府人事管理，商鼎文化出版社。
柯慶賢（2001），公務員彈劾懲戒懲處之理論與實務，公務員懲戒委員會
　90 年度研究發展報告。
孫本初（2006），新公共管理，一品文化出版社。
徐有守（1988），我國當今人事制度析論，台灣商務印書館。
徐有守（1991），我國撫卹制度的基本概念，中華民國公務人員退休撫卹
　制度，考試院考銓叢書指導委員會，正中書局。
徐有守（2007），考銓制度，台灣商務印書館。
徐頌陶等人（1994），新編國家公務員制度教程，中國人事出版社。
涂懷瑩（1980），行政法原理，五南書局。
國立高雄大學政治法律學系（2010），公益揭發——職場倫理新趨勢，巨
　流圖書公司。
梅嶙高（1979），人事行政，正中書局。
許南雄（2002），各國人事制度——兼論比較人事制度，商鼎文化出版社。
許南雄（2004），行政學術語，商鼎文化出版社。
許南雄（2006），人事行政學，商鼎文化出版社。
許濱松（1993），各國人事制度，華視文化公司。
許濱松（1995），英美公務員政治中立之研究——兼論我國公務員政治中

　立應有之作法，行政管理論文選輯第 9 輯，銓敘部。

許濱松（1997），中華民國公務人員權利保障之過去、現在與未來，公務
　人員保障法專輯，考試院。

張潤書（1989），行政學，三民書局。

郭祥瑞（2009），公務員行政法——行政法基礎教材，元照出版公司。

陳志華（2007），行政法概要，三民書局。

陳炳生（1988），新人事制度析論，正中書局。

陳新民（2005），行政法總論，三民書局。

傅肅良（1990），考銓制度，三民書局。

傅肅良（1995），人事行政，三民書局。

彭錦鵬（1996），文官體制之比較研究，中央研究院歐美研究所。

舒放等人（2001），國家公務員制度教程，中國人民大學出版社。

黃　異（2004），行政法總論，三民書局。

趙其文（1993），人事行政，華視文化公司。

趙其文（1997），中國現行人事制度，五南圖書公司。

銓敘部（1994），各國公務人員行政中立相關規定輯要，銓敘部。

銓敘部（1995），公務人員行政中立法專輯，銓敘部。

銓敘部（2003），退休新制施行後公務人員自願退休因素之研究，銓敘部。

銓敘部（2013），中華民國 101 年銓敘統計年報，銓敘部。

劉昊洲（1993），我國教育人事制度析論，龍展圖書公司。

劉昊洲（2002），公務員服務法之探討，研習論壇月刊第 23 期，研習論
　壇月刊社。

劉昊洲（2004），公務人員協會法制現況及展望，公務人員協會法制學術
　研討會會議資料，銓敘部。

劉昊洲（2005），行政中立專論，商鼎文化出版社。

劉昊洲（2006），公務人員協會法之探討，研習論壇月刊第 63 期，研習
　論壇月刊社。

劉昊洲（2006），公務員懲戒法修正草案及相關問題之探討，公務員懲戒

制度相關論文彙編第 2 輯,司法院。

劉昊洲(2007),民主與法治的出路,商鼎文化出版社。

劉昊洲(2008),公務人員人事論叢,商鼎文化出版社。

劉昊洲(2008),公務人員任用法之探討,人事行政季刊第 165 期,中國
　人事行政學會。

劉昊洲(2008),公務人員陞遷法之探討,公務人員月刊第 150 期,公務
　人員月刊社。

劉昊洲(2009),公務人員考績法之探討,公務人員月刊第 158 期,公務
　人員月刊社。

劉昊洲(2009),公務人員行政中立法的檢視,公務人員月刊第 161 期,
　公務人員月刊社。

劉昊洲(2009),公務人員俸給法之探討,公務人員月刊第 151 期,公務
　人員月刊社。

劉昊洲(2009),公務人員訓練進修法之探討,公務人員月刊第 160 期,
　公務人員月刊社。

劉昊洲(2009),從公務人員退休法修正草案論退休政策方向的調整,人
　事行政季刊第 168 期,中國人事行政學會。

劉昊洲(2013),公職人員財產申報法評析,人事行政季刊第 184 期,中
　國人事行政學會。

劉昊洲(2013),公職人員利益衝突迴避法評析,飛訊第 168 期,國家文
　官學院。

劉昊洲(2013),公務員懲戒法之探討,游於藝電子報第 147 期、第 148
　期,公務人力發展中心。

劉昊洲(2013),公務人員自殺死亡者遺族得否辦理撫卹之探討,飛訊第
　177 期,國家文官學院。

劉昊洲(2013),公務人員撫卹法之探討──民國 100 年 1 月修正施行之
　現行法,飛訊第 181 期,國家文官學院。

蔡良文(2008),我國文官體制之變革:政府再造的價值,五南圖書公司。

蔡祈賢（2000），終身學習與公務人力發展，商鼎文化出版社。

蔡祈賢（2008），公務人力資源管理，商鼎文化出版社。

蔡敏廣（2003），公務人員協會法之評析與建議，人事行政季刊第 142 期，中國人事行政學會。

繆全吉等人（1989），人事行政，國立空中大學。

關　中（1995），健全文官制度的理念與作為，銓敘部。

英 文部分

Bagchi, A. (1972) , Civil Service Neutrality: Concept and Practice, National Academy of Administration, Journal 17.

Caiden, Gerald E. (1989), The value of Comparative Analysis, International Journal of Public Administration 12.

Denhardt, Janet V. & Denhardt, Robert B. (2003). The New Public Service: Serving, not Steering, M.E. Sharpe.

Denhardt. Robert B. & Deleon, Linda (1995), Great Thinkers in Personnel Management, Handbook of Public Personnel Administration, Marcel Dekker.

Dessler, Gary (2006), Human Resource Management, Pearson/Prentice Hall.

Elliott, Robert H. (1985), Public Personnel Administration: A Values Perspective, Reston.

French, W. L. (1974), The Personnel Management Process: Human Resources Administration, Houghton Mifflin Co.

Hughes, Owen E. (2003), Public management and Administration, Palgrave Macmillan.

Janda, Kenneth (1990), The Challenge of Democracy, Houghton Mifflin Co.

Wilson, W. (1887), The study of Administration, Political Science Quarterly, Vol. 2.

國家圖書館出版品預行編目資料

公務員法專論／劉昊洲著. －－二版. －－臺
北市：五南, 2014.03
　　面；　公分
ISBN 978-957-11-7485-3（平裝）
1.公務人員法規　2.論述分析
588.12　　　　　　　　　102027515

4T42

公務員法專論

作　　者— 劉昊洲

發 行 人— 楊榮川

總 編 輯— 王翠華

主　　編— 劉靜芬

責任編輯— 宋肇昌

封面設計— 佳慈創意設計

出 版 者— 五南圖書出版股份有限公司

地　　址：106台北市大安區和平東路二段339號4樓

電　　話：(02)2705-5066　　傳　　真：(02)2706-6100

網　　址：http://www.wunan.com.tw

電子郵件：wunan@wunan.com.tw

劃撥帳號：0 1 0 6 8 9 5 3

戶　　名：五南圖書出版股份有限公司

台中市駐區辦公室/台中市中區中山路6號

電　　話：(04)2223-0891　　傳　　真：(04)2223-3549

高雄市駐區辦公室/高雄市新興區中山一路290號

電　　話：(07)2358-702　　傳　　真：(07)2350-236

法律顧問　林勝安律師事務所　林勝安律師

出版日期　2 0 1 0 年 6 月 初 版 一 刷
　　　　　2 0 1 4 年 3 月 二 版 一 刷

定　　價　新臺幣 4 2 0 元